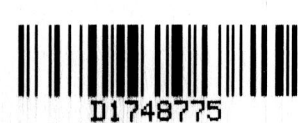

5・6・7月

ぼくの、わたしのこいのぼり（50）

てるてる坊主のれん
（68）

ネクタイかけ（71）

お化けうちわ（89）

アジサイ時計（69）

とばせ！ かざぐるま（51）

おり姫、ひこ星飾り（86）

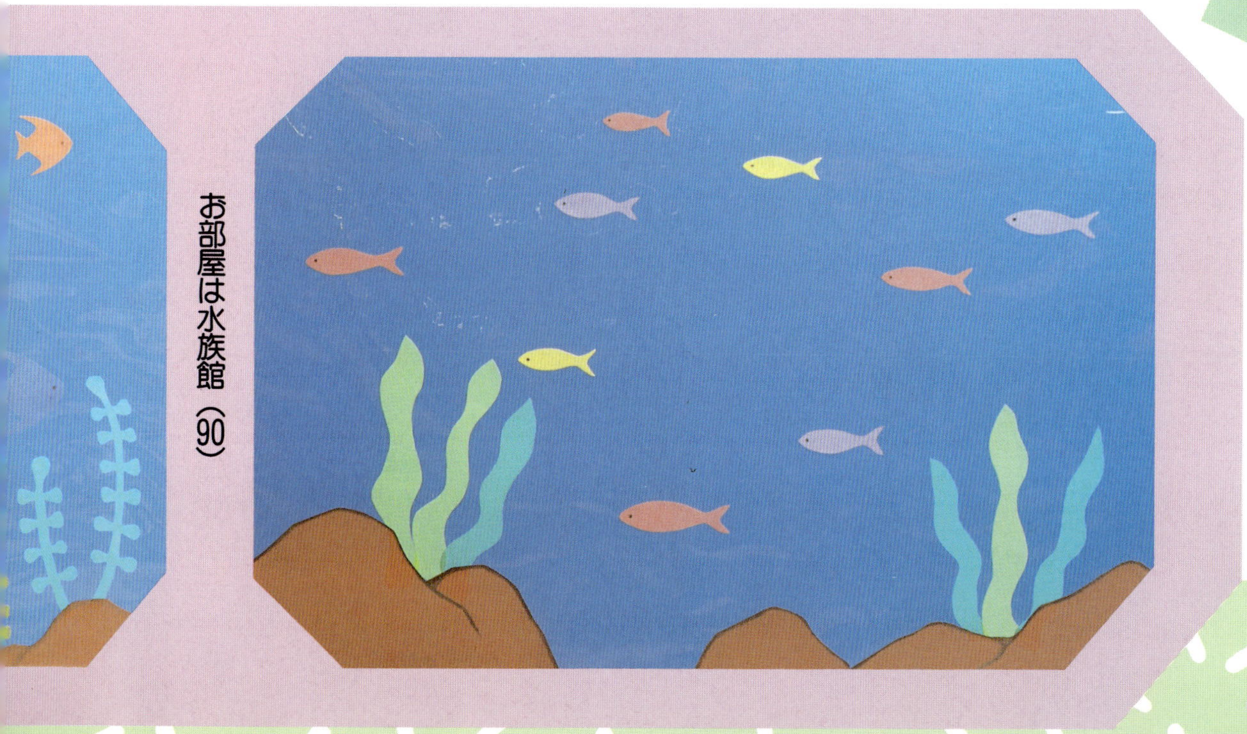

お部屋は水族館（90）

8・9・10月

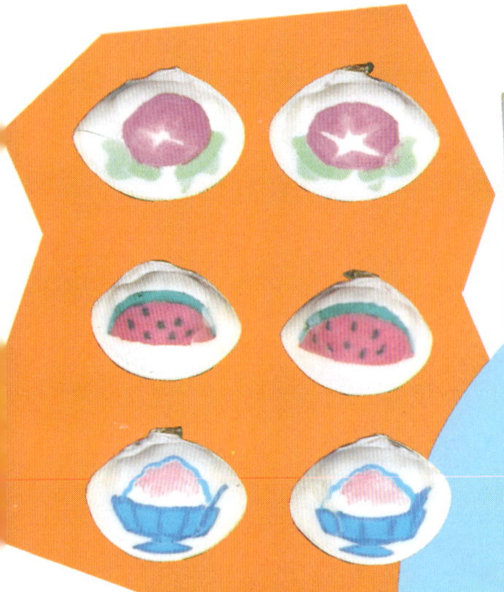

貝がら絵合わせ（105）

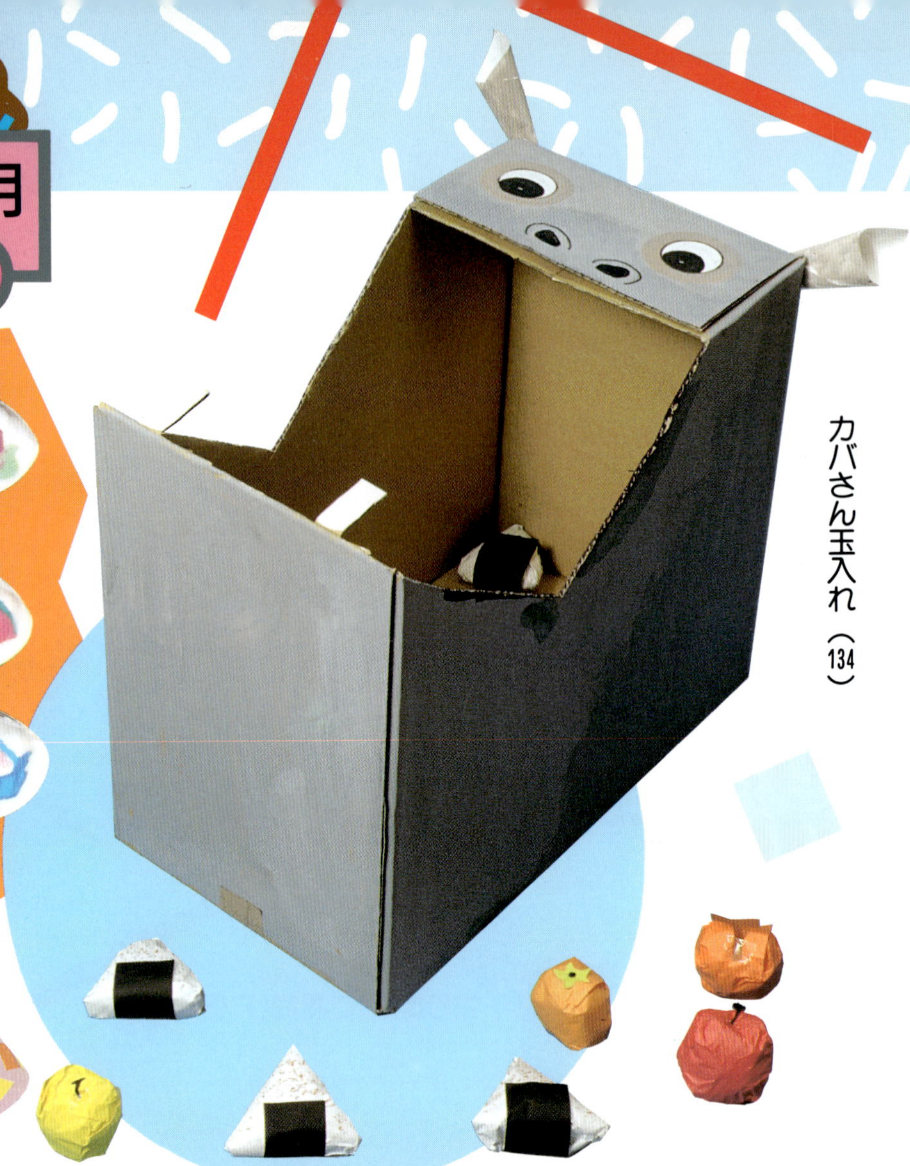

カバさん玉入れ（134）

応援メガホン（142）

カラフル軍手ウサギさん（106）

動物玉入れ（122）

まつぼっくりけん玉（141）

パタパタ応援旗（142）

走るの大好き（108）

11・12・1月

指人形サンタ（176）

首飾りサンタ（176）

みんなのクリスマスツリー（177）

折り紙だこ（194）

お母さんの宝箱（161）

パクパクお獅子（198）

2・3月

コスモスの花束（233）

まあるい顔のニコニコ鬼（212）

豆まきバッグ（212）

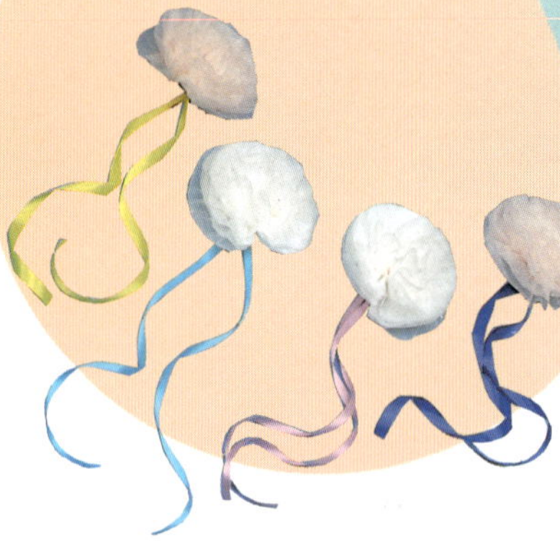

お花の冠（231）

壁かけおひなさま（230）

年齢別保育資料②

3歳児の
保育資料12か月

創造保育研究会　編・著

ひかりのくに

本書を利用される方へ

創造保育研究会

子どもたちの生活は遊びが中心です。さまざまな環境と触れ合って遊ぶ中から、人間として生きていくのに必要なこと全てを学びます。

わたしたち保育者の使命は、子どもたちにとって必要な触れ合いができるように身近な環境を整え、遊びが発展していくように援助し、望ましい発達ができるように正しく見守ってあげることです。

そのためには、子どものようすをよく見きわめ、その時々にふさわしいと思われる環境を作り出してあげることが大切です。

本書は、子どもたちの発達過程や生活の流れなどを意識して、年齢別・12か月の保育資料シリーズとしました。

内容は、その期の子どもたちが、経験したらよいと思われる活動をいくつか予想して、まとめてあります。地域の実態や生活経験などを踏まえてご利用ください。さらに、毎月の保育の中で生かせる絵本や童話、紙芝居、保育図書、歌や手遊びなどの資料、各年齢での動植物との触れ合いに参考となる飼育・栽培の資料も精選してまとめました。

これらの活動や資料がうまく生かされるために、ポイントも一部示しました。現場で直接子どもたちと触れ合っている保育者のみなさんの手で、さらに工夫し、よりふさわしい環境の中で生かしてくださることを念願しております。

● 年齢別保育資料 ② ●

3歳児の保育資料12か月

CONTENTS

●各月の子どもの姿

●各月の予想される活動

●各月の遊び

●各月の絵本・紙芝居・CD・ビデオ・保育図書

●各月の音楽リズム

●各月の製作

●栽培

●飼育

ジャンル別　さくいん

遊　び

絵本・図鑑
お話・紙芝居
CD・ビデオ
保育図書

手遊び 指遊び リズム遊び

製　作

4月

April

子どもの姿

入園当初の子どもたちは、期待や不安でいっぱいです。新しい環境にすぐに慣れて遊び出す子、保育者に親しみを持って話しかけてくる子、逆に、母親から離れることができずに泣いている子、保育室に入っても何をしたらよいのかわからず立ちすくんでいる子など、さまざまな姿が見られます。

保育者は〝何とか早くクラスをまとめなくては……〟とあせりがちになりますが、ゆったりとした気持ちで、徐々にひとりひとりと信頼関係を築いていくようにしましょう。

家庭にあるようなおもちゃですと、足が向きやすくなります。お母さんといっしょにうたったことのある歌ですと声が出ます。保育者のポケットから興味のあるものが次々に出たり、人形などでお話をしてくれれば、保育者と過ごすことが楽しくなります。園庭に出て、心ゆくまで遊んでいれば、園に来ることが楽しくてしかたなくなります。

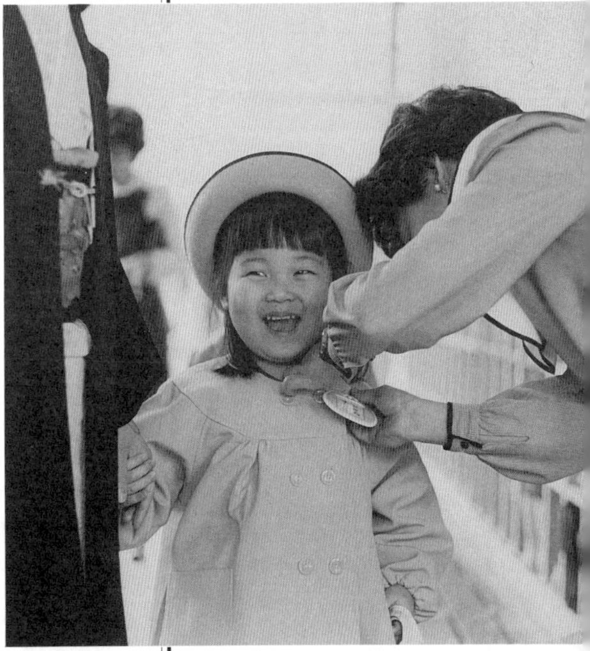

第1週

今週の予定

・入園式
・始業式
・午前保育

予想される主な幼児の活動

○保護者といっしょに登園する

○入園式に参加する
・年長児の生活劇を見る
・絵話を見る
・園長先生の話を聞く
・記念写真を撮る

○自分の靴箱、園舎内や園庭、ロッカーなどの場所を知る
・年長児に案内してもらう
・保護者といっしょに持ち物の始末をする

○自分の好きな遊びをする
・ブロック、積み木、自動車、人形、ままごと、絵本など

○紙芝居を見る　『カレーライスがにげだした』(29)

第2週

今週の予定

・午前保育

予想される主な幼児の活動

○持ち物の置き場所、着替え方を覚える
・保育者といっしょに所持品の始末をする
・スモックに着替える

○手洗い、トイレなどの場所を知り、使い方を覚える

○知っている歌をうたったり、手遊び、テレビ体操で遊んだりする
・『チューリップ』『いぬのおまわりさん』
・『げんこつ山のたぬきさん』『ひげじいさん』
・『ぞうさんのあくび』

○バスごっこで遊ぶ (22)
・園内めぐりをする
・園庭の動物・植物・遊具を見る

○自分の好きな遊びをする
・ブロック、積み木、ままごと、ブランコ、砂場など

○絵本を見る
・『げんきにごあいさつ』(28)
・『でんしゃでぽっぽー』(28)

(注) ＊「予想される主な幼児の活動」は、本書の資料を中心にまとめてあります。
＊(　　)の数字は、本書のページ数です。

第3週

今週の予定

・午前保育
・家庭訪問

予想される主な幼児の活動

○好きな遊びをする
　・手づくりのままごと遊具で遊ぶ（34）

○砂場で遊ぶ
　・宝探しを楽しむ
　・用具を使って自由に遊ぶ

○友達紹介遊びをする（23）

○簡単なゲームで遊ぶ
　「どこでしょう」（24）

○イスの扱い方を覚える

○保育者といっしょに触れ合って遊ぶ
　・「ぐるりん、パッ！」「ジェットコースター」（25）

○歌をうたったり、手遊び・体操をする
　・『せんせいとおともだち』（30）
　・『グーチョキパーで』『スキャット体操』

○紙芝居を見る　『おむすびころりん』（29）

第4週

今週の予定

・午前保育
・家庭訪問

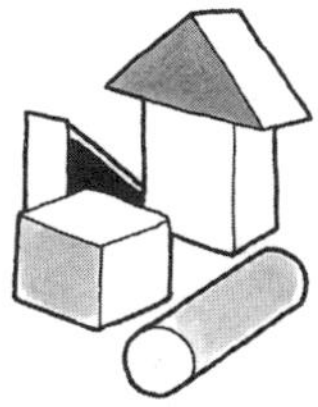

予想される主な幼児の活動

○飼育動物を見る
　・ウサギにえさをやる（262）
　・メダカを見る（252）

○好きな遊びをする
　・積み木、ままごと、ブランコ、砂場など

○自由画帳の使い方を知る
　・絵を描く

○ハサミで紙を切る
　・新聞紙、広告紙を細長く切って、そばづくりをする

○園内めぐりに参加する
　・年長児と手をつないで、園の周りを一周する

○ハンカチ遊びをする（26）
　・保育者のハンカチ遊びを見る
　・自分のハンカチで遊ぶ

○パネルシアターを楽しく見る
　・『いないいないばあ』『三びきのやぎのガラガラドン』

園に慣れる遊び

★子どもたちはバスごっこの歌が大好きです。バスに乗って、園内を回ってみましょう。自分たちの園という意識が持て、親しみがわいてきます。また、一日も早く保育者や友達に慣れるための遊びを集めてみました。

バスごっこ

[用意するもの]

・バスガイド用の帽子、笛、クラス表示。

[作り方]（下図参照）

〈ガイド用の帽子〉

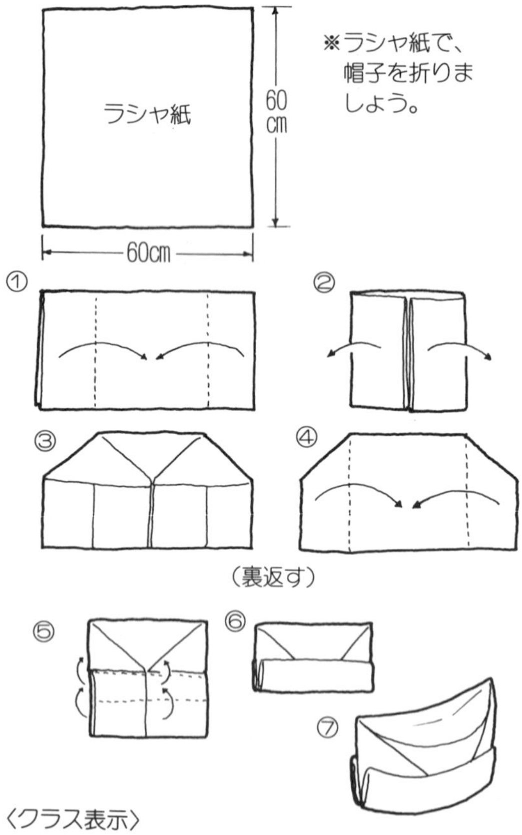

〈クラス表示〉

※ラシャ紙を自動車の形に切り、クラス名を書きます。

[遊び方]

① 各クラス、職員室、ホールなど、回る部屋の前に表示しておきます。

② 保育者が先頭になり、子どもたちは前の子どもの服につかまり1列になります。

③ 園舎内や園庭の動物小屋など、保育者がバスガイドのように話しながら回ります。「右に見えますのが、ウサギ小屋でございます。ウサギは、笹の葉が大好きです。えさをあげすぎないように、指をかまれないように気をつけてください」

[ポイント]

○遊戯室、園庭など遊べる場所に着いたら、しばらくバラバラになり、遊びましょう。また、合図でバスに乗るように集まります。

○クラス表示は、子どもの目の高さにはるとよいでしょう。

お返事なあに!?

初めての集団生活で、期待と不安でいっぱいの子どもたち。大勢の友達の前で名前を呼ばれて、返事をすることは、とても緊張するものです。そこで、楽しみながら返事ができるような工夫をしてみましょう。

[遊び方]

① 動物カードを作ります（イヌ、ネコ、ライオン、ウシ、カエル、ヤギ、ブタなど）。

② 保育者が「○○○　○○○さん」と名前を呼び、動物カードの中から1枚抜いてみせます。

③ 子どもは、そのカードの動物の鳴き声で返事をします。

[ポイント]

○「ハイ」という返事しかしない子には、動物の鳴き声を強制せず、「ハイ」でもよいでしょう。

○子どもたちは自分は何になるか、どんな動物が出てくるか、期待しながら楽しむことができます。

○ウサギのように、鳴き声ではなく、「ピョンピョン」というような返事ができるカードを作ってもよいでしょう。

友達紹介遊び

入園当初は、靴箱、ロッカー、持ち物などに、それぞれのマークをつけておくと、場所を覚えやすくなります。そのマークを利用して、紹介遊びをしてみましょう。

[用意するもの]

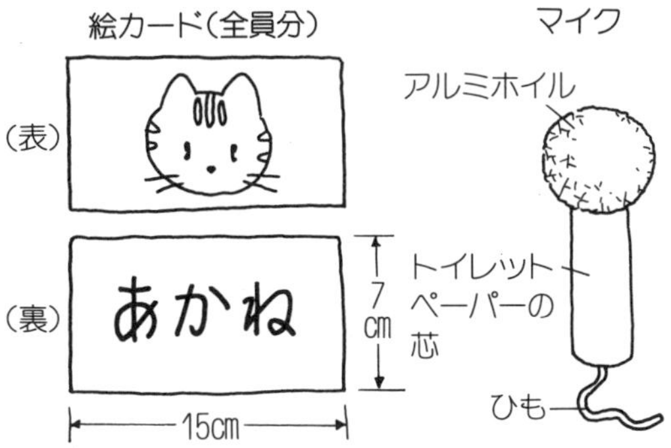

[遊び方]

① 保育者が、絵のカードの中から1枚ずつ引き、そのマークの子どもを前に出します。

② マイクを使って、インタビューのように質問をしていきます。

「お名前は？」

「好きな果物は何ですか？」

「きらいな食べものは何ですか？」

[ポイント]

○保育の合い間を見て、毎日何人かずつ紹介していきます。カードを選ぶときは、トランプのように切ったり、おまじないをかけると盛り上がります。

おとなりへ、ハイ！

バスごっこの歌に合わせて遊ぶゲームです。子どもたちは、この歌が大好きです。サークルになって遊ぶと、友達の顔がよく見えます。

［用意するもの］

・イス、保育室にある玩具（ブロック、ぬいぐるみ、絵本、積み木、ボールなど）。

［遊び方］

① イスを丸く並べ、円形に座ります。

② バスごっこの歌をうたい、切符の代わりに用意した玩具を回します。

バスごっこ（香山美子・作詞／湯山昭・作曲）

♬おおがたバスに　のってます。
ボールをじゅんに　わたしてね
おとなりへ　ハイ　おとなりへ　ハイ
おとなりへ　ハイ　おとなりへ　ハイ
おわりのひとは　**あたまのうえ**に♬

③ 最後は、ポケットでなく、頭の上など、体のどこかに置くようにします。

［ポイント］

○小さな円をいくつか作って遊ぶと、自分のところへすぐに回ってくるので楽しめます。

○保育室にあるものを使うと、自分の部屋にあるものに関心が持てます。

どこでしょう

目、鼻、口、耳など、顔の部位の名称を遊びの中で覚えましょう。まだ、自分の口がすぐに触れない子どももいます。その姿が、なんともかわいらしく感じます。

［遊び方］

① 保育者が「くちくちくち」など、顔の部位の名称を言いながら、自分の口を指さします。

② 子どもたちは、保育者のまねをして、その部分を指さします。

③ 何度か繰り返してから、今度は、言ったところとは違う部分を指さします。子どもは、つられずに、保育者の言う部分を指さすようにします。

［ポイント］

○ひざ、つま先、ひじなど、体の部位でやっても楽しいでしょう。

先生と遊ぼう

★子どもと保育者が１対１でする遊びです。体を使った遊びですから、跳躍力、腕の力、腹筋など、基礎体力づくりになります。体での触れ合いにより、コミュニケーションもとれます。

ぐるりん、パッ！

［遊び方］

① 向き合って、手をつなぎます。

② 保育者の体をかけ上がるようにして回ります。

［ポイント］

○回れないときは、片足のひざで背中を押してやると、回るコツがつかめるでしょう。鉄棒の前回りの練習になります。

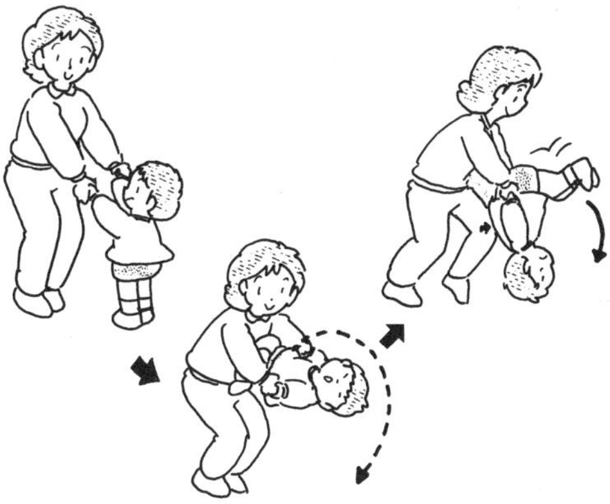

ジェットコースター

［遊び方］

① 後ろから子どもの腕の下に手を入れるようにして、かかえて持ち上げます。

② そのままの姿勢で、ぐるぐると回ります。

［ポイント］

○怖がる子どもには、向き合ってかかえてやるとよいでしょう。

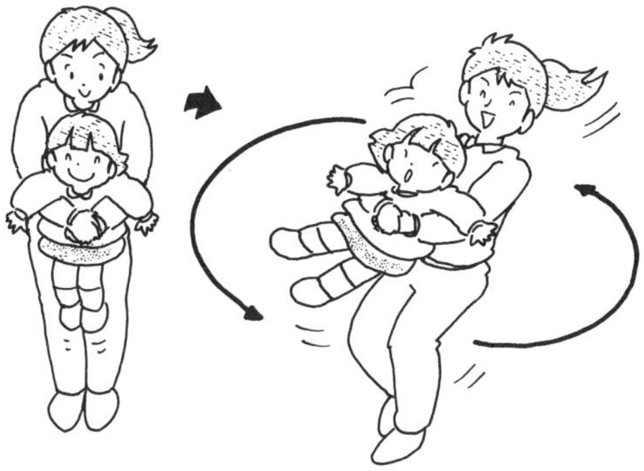

ウサギでピョン！

［遊び方］

① ゴムの両端をイスの背などに結び、30cmぐらいの高さにします。

② 向き合って手をつなぎ、ジャンプさせます。ジャンプしながらゴムを、右、左ととびます。

［ポイント］

○ジャンプのコツがつかめてきたら、「片手だけ手をつなぐようにする」「１人でとぶ」と、段階を追って進めていきましょう。

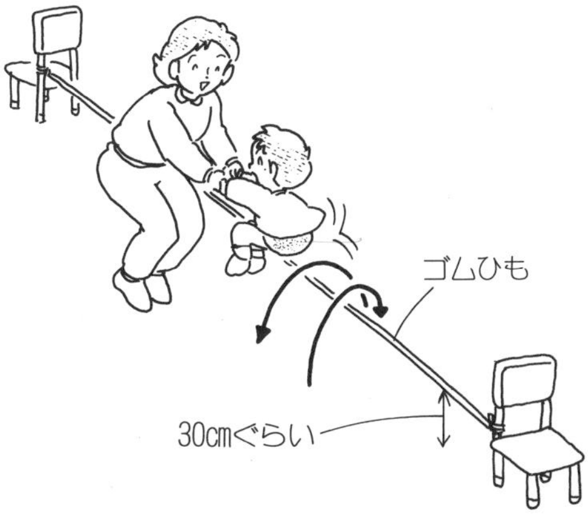

ハンカチ遊び

★１枚のハンカチがあれば、いつでも、どこでも遊ぶことができます。「先生のハンカチは、魔法のハンカチだよ！」いろいろなものに変身するハンカチに、子どもたちもびっくりです。

魔法の棒

[遊び方]

① 細く、ぐるぐると巻きます。

② 左手でハンカチを持ち、ピン！とはるようにして立てます。

③ ハンカチの先に糸がついているように見せます。その糸を引くようにして、左手でハンカチを動かします。

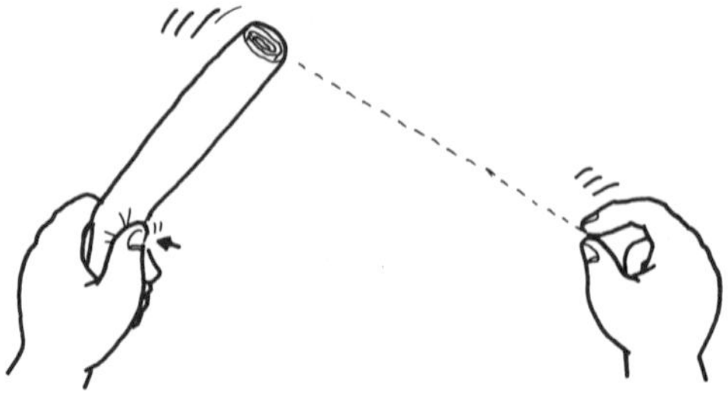

[ポイント]

○糸がいかにもあるように見せるのがコツです。

○糸が切れてしまったように見せ、引いても動かさないなど、工夫して楽しんでみましょう。

びっくりヘビ

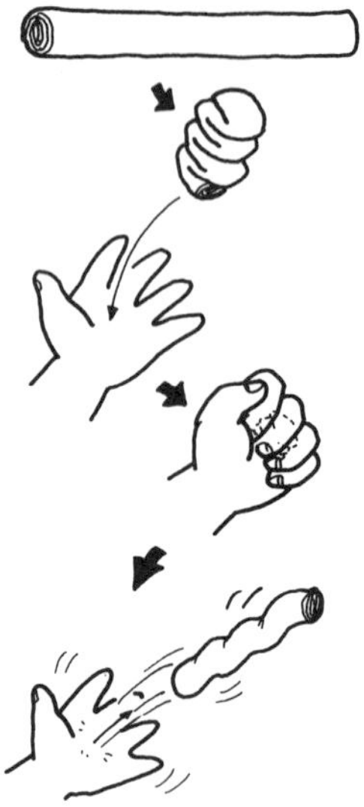

[遊び方]

① ハンカチを、ぐるぐる巻きます。

② 細長くなったハンカチをジャバラ折りにして、手のひらに握ります。

③ 1、2、3、で、手のひらを広げると、ハンカチがヘビのようにとび出します。

ひらひら拍手

[遊び方]

① 保育者がハンカチを振り上げます。ハンカチが手から離れている間じゅう、子どもたちは拍手し続けます。

[ポイント]

○何度かやっている間に、振り上げるふりをするなど、変化をつけましょう。落ちたハンカチを拾わないで拍手を続ける方法もあります。

ハンカチポーズ

［遊び方］

〈おかあさん〉

○三角に折って後ろで結びます。

〈ひつじ〉

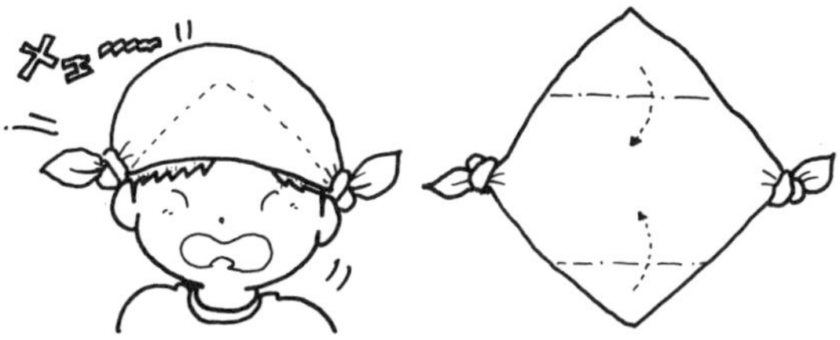

○対角線上の角２か所を結び、残りの角を内側に折ります。

〈海ぞく〉

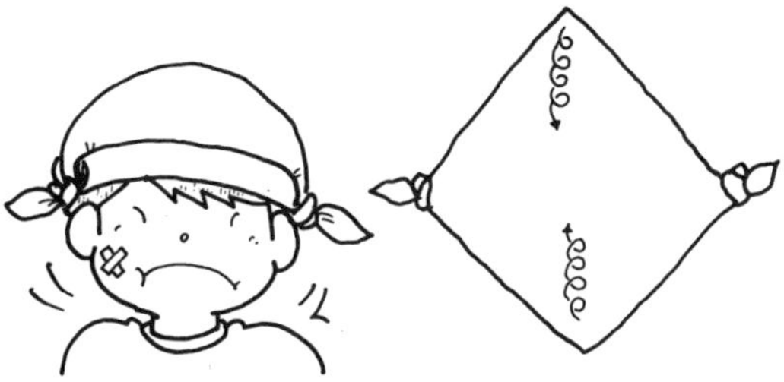

○対角線上の角２か所を結び、残りの角を外側に巻きます。

〈赤ちゃん〉

ばぶ〜ばぶ〜

○三角に折り、首の後ろで結びます。

折って丸めて、へんしん！

［遊び方］

〈かりんとう〉

① くるくると巻きます。

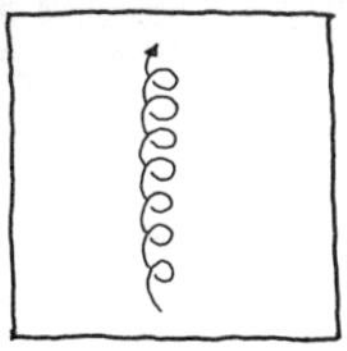

② ぐるぐると引っぱりながら、よくねじります。

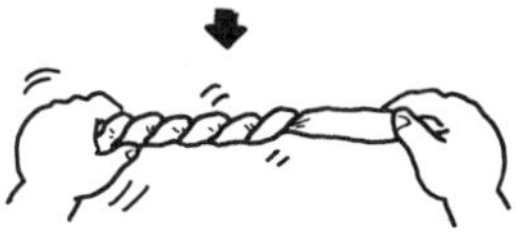

③ 力をゆるめると、自然にねじれます。

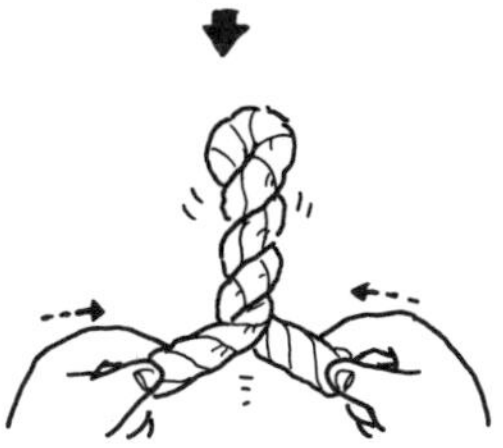

〈お弁当〉

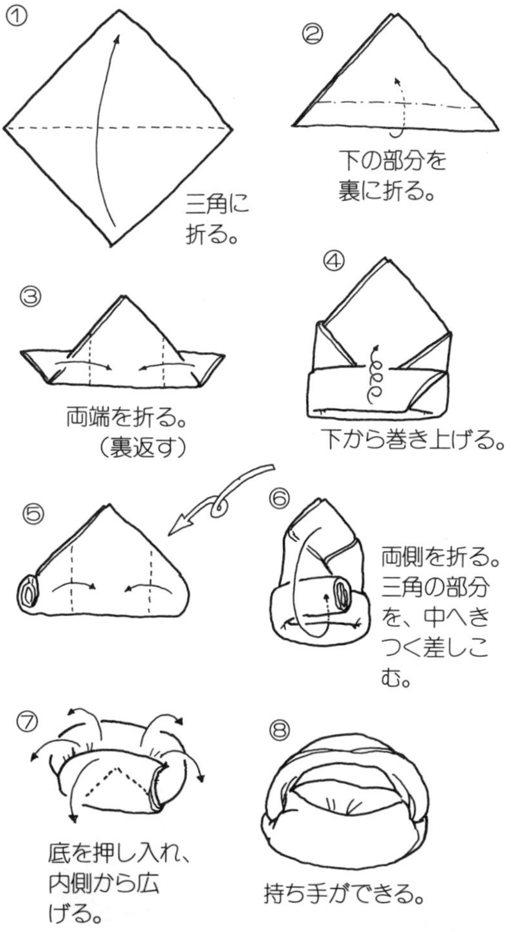
①
三角に
折る。
②
下の部分を
裏に折る。
③
両端を折る。
（裏返す）
④
下から巻き上げる。
⑤
⑥
両側を折る。
三角の部分
を、中へき
つく差しこ
む。
⑦
底を押し入れ、
内側から広
げる。
⑧
持ち手ができる。

絵本

『でんぐり　でんぐり』　あかね書房・刊

くろいけん／作・絵

けんちゃんがでんぐりがえると、ねこ、うさぎ、ぞうもころんころん。かわいい絵と、リズムのある言葉の繰り返しを楽しみながら、いっしょにでんぐり遊びのできる本です。

『げんきに　ごあいさつ』　偕成社・刊

木村裕一／作　田中四郎／絵

うさたは、友達のくまおくんのお誕生日会に行きます。きちんとごあいさつができるかな？楽しいしかけ絵本で、みんなも元気にごあいさつ！

『おしっこ　したい！』　ひかりのくに・刊

ひがしおあやこ／文　あおやまみなみ／絵

３歳になると、少しずつ外へ出かける機会が増えてきます。公園やデパートのトイレも使用するようになりますが、家以外のトイレですることは、子どもにとって、なかなかむずかしいものです。

こねこちゃんえほん『でんしゃで　ぽっぽー』　金の星社・刊

いもとようこ／作・絵

きれいなお花を編んで、いっぱいつないだら、電車ができました。うさぎちゃん、たぬきくん、きつねくん、ねずみくんをのせて、「しゅっぱつしんこー。」ほのぼのとしたかわいいお話です。

お話

おはなしのポケット『しつけに役だつお話選集』　ひかりのくに・刊

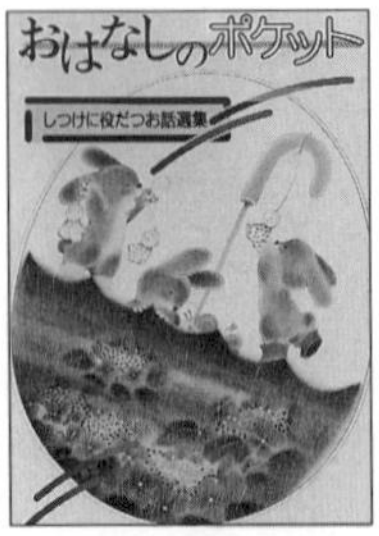

小春久一郎／編

身近な出来事をテーマに69話を収録してあります。お話を通して、子ども自身がこうすれば気持ちがいいんだなと気づくように配慮した童話集です。

紙芝居

むかしばなし第2集『おむすびころりん』　教育画劇・制作

柴野民三／文　安井康二／画

16画面　全7巻　（文部省選定）

山道をころころ、ころがって、おむすびは穴の中に。後追いかけておじいさんも穴の中へ……。

あたらしいしつけ紙芝居『ぼくにも　のせてよ』　教育画劇・制作

関　七美／作　山本まつ子／画

12画面　全6巻　（文部省選定）

自分のものと他人のものの区別――公園のすみにぽつんと三輪車。そこへ小さな男の子が来て、……。

ゆかいなたべもののおはなし第1集『カレーライスが　にげだした』

教育画劇・制作

しばはら　ち／作・画

12画面　全6巻

カレーライスは好きだけど、たまねぎ、にんじん、じゃがいも、おにくはいらないよ。いわれてたまねぎたちは……。

保育図書

『パンダのつぶやき』おとこ先生とこどもだち　聖恵授産所出版部・刊

井原忠郷／著

男性保育者として20年、子どもたちと接してきた著者の保育記録の一部です。自然環境に恵まれた中での子どもたちとのやりとりは、最後まで一気に読める魅力があります。

問い合せ先　広島県竹原市聖恵授産所(08462-6-1002)

年齢別クラス運営②『3歳児のクラス運営』　ひかりのくに・刊

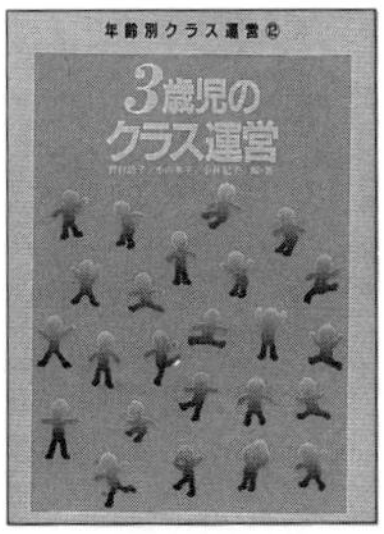

野村睦子・小山孝子・小林紀子／編著

これからますます注目を浴びる3歳児保育のあり方に焦点を当て、具体的な指導計画を中心に、保育資料や園便りに至るまで、月別にサンプル例を掲載しています。

せんせいと　おともだち

吉岡　治・作詞／越部信義・作曲

遊び方　元気に歌いながら遊びましょう。

①せんせいと　おともだち

胸の前で、手を左右に振ります。

②せんせいと　おともだち

拍手をしながら、歩きます。

③あくしゅを　しよう

近くの人と握手します。

④ギュ　ギュ

握手をしたまま、手を上に2回振ります。

⑤ギュ

④のまま、手を下に振り下ろします。

◀指導のポイント▶

○新入園児の場合には、保育者と対面して握手したつもりで遊んでもよいでしょう。

○２番は、肩をたたき合ってあいさつします。

○３番は、腕を組んでにらめっこしましょう。

おみやげを作ろう

★入園当初、おみやげとしてあげるものです。簡単に作れるもので、楽しいものがよいでしょう。

チューリップバッジ

［用意するもの］

・折り紙、ビニールテープ、安全ピン。

［作り方］

① 折り紙で、チューリップを折ります。

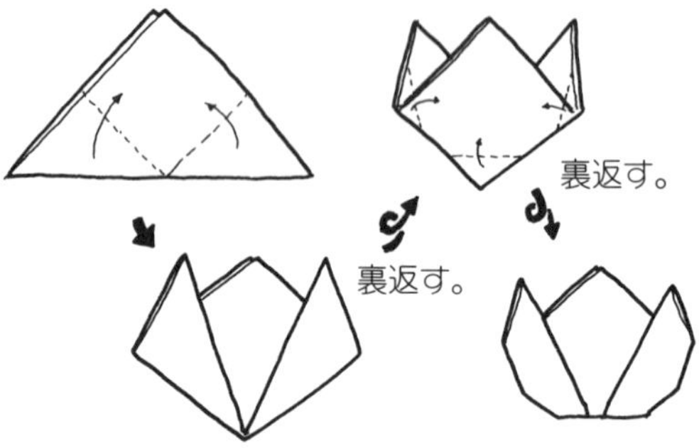

② 裏に、安全ピンをビニールテープでとめます。

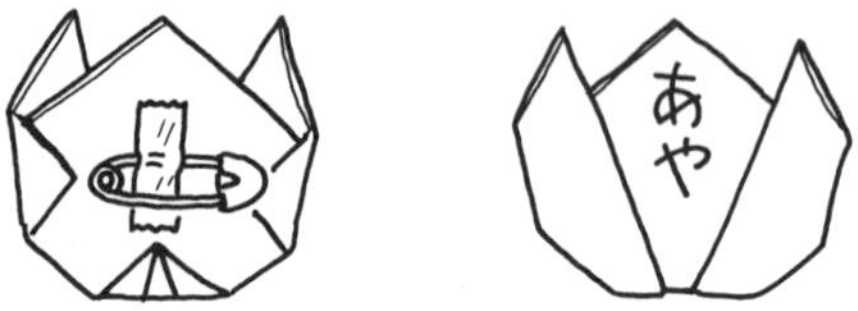

［ポイント］

○表に名前を書いて、名札にしてもよいです。

ペンダント

［用意するもの］

・ラシャ紙、折り紙、リボン。

［作り方］

① ラシャ紙を円形に切ります。

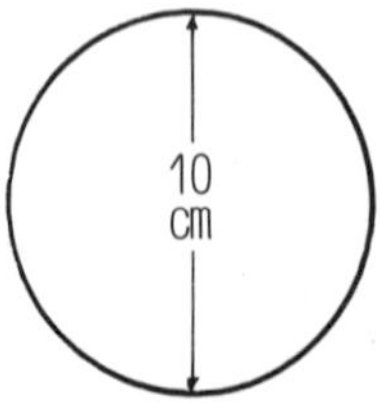

② 折り紙を切って模様をつけます。

③ 穴をあけ、リボンを通します。

自動車

［用意するもの］

・折り紙、のり。

［作り方］

① 半分に折ります。

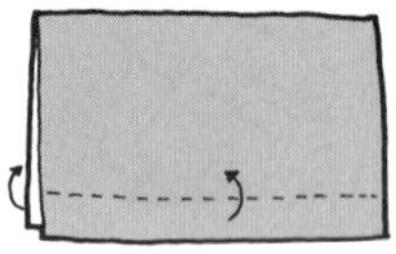

② 中へ折りこみます。

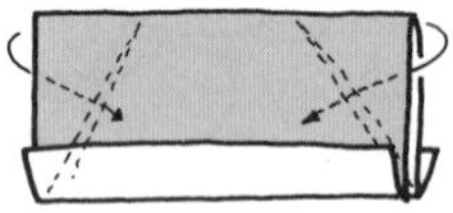

③ 黒の折り紙を丸く切り、表と裏からはり合わせます。

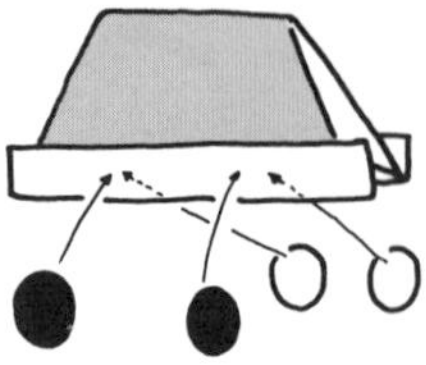

④ 水色の折り紙を四角に切り、窓ガラスにします。

［ポイント］

○丸や四角、三角に切った折り紙を用意し、子どもたちが自由にはって作ってもよいでしょう。

おどるピエロ

[用意するもの]

・ラシャ紙、油性ペン。

[作り方]

① ラシャ紙を円形に切り、半分に折り、折り線をつけます。

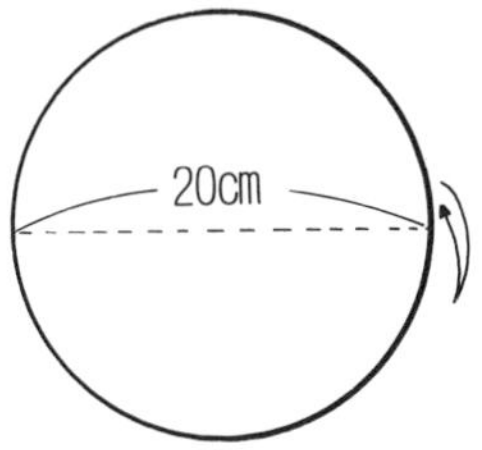

② 円の中央に、三角の切りこみを入れます。

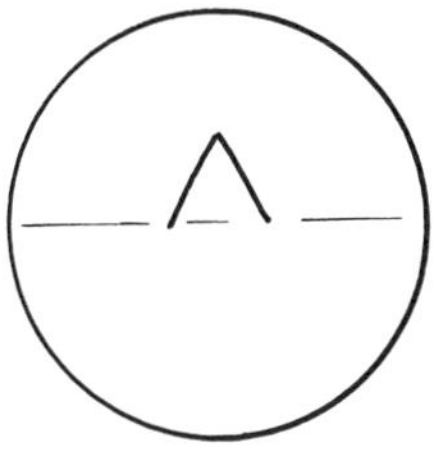

③ 切りこみを入れた三角形の部分を残し、半分に折ります。

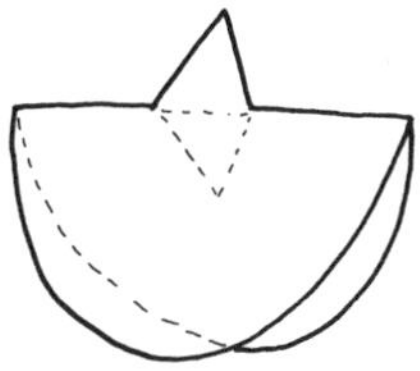

④ 油性ペンで、顔や服、帽子を描きます。

[ポイント]

○その他、小鳥、スイカなど、工夫して作ってみてもよいでしょう。

手紙かご

[用意するもの]

・ラシャ紙、折り紙。

[作り方]

① ラシャ紙を正方形に切り、2枚用意する。

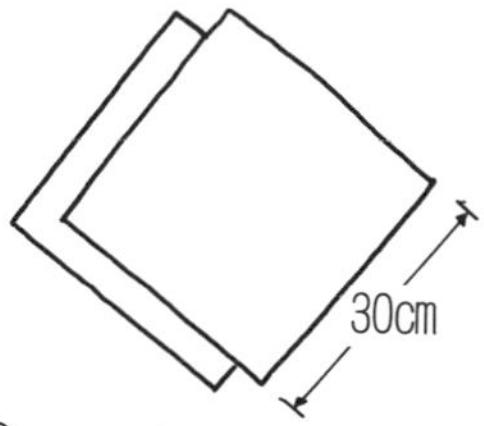

②

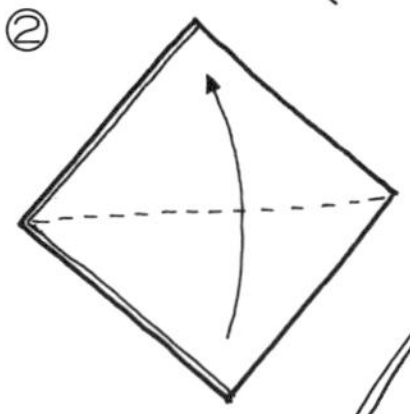

③

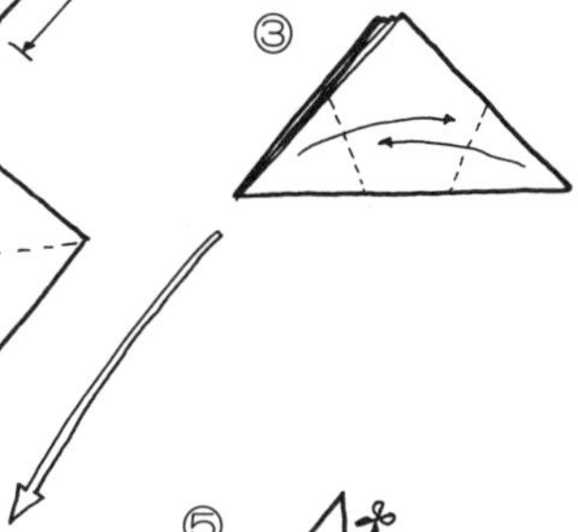

④

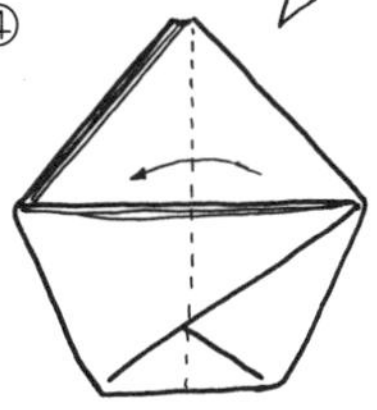

⑤

切りこみを入れ三角形を下に折る。

折り紙を切り、周りに模様をつける。

⑥

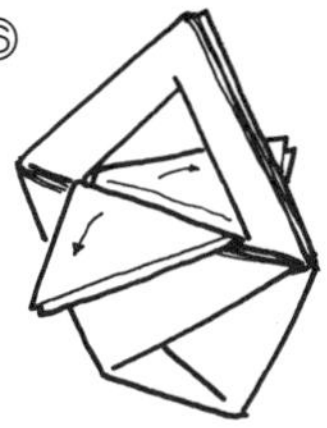

⑦

⑧

[ポイント]

○中へ小さなプレゼントを入れたりしてもよいでしょう。手紙があるときは、ここへ入れてあげましょう。

楽しい部屋づくり

★４月は園生活のスタートです。初めて園へ来る子どもにとっては、とても緊張するものです。楽しい保育室の環境づくりをしましょう。

ままごとセット

〈ホットケーキ〉

[用意するもの]

・段ボール、和紙、ポスターカラー。

[作り方]

① 段ボールを円形に切ります。

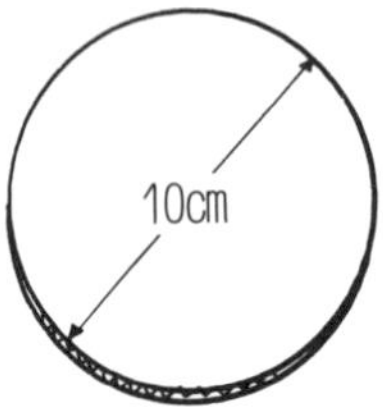

② 円形に切った段ボールを３枚重ね、接着剤でとめます。

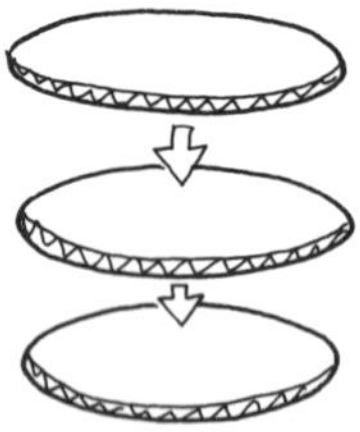

③ 周りに和紙をはります。

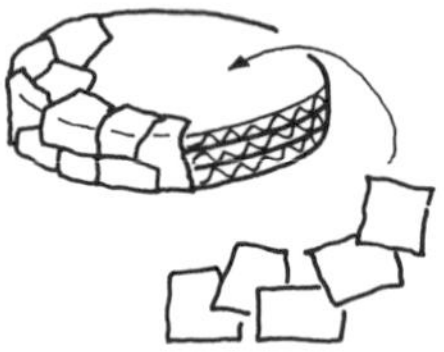

④ ポスターカラーで色を塗り、乾いたら、水で薄めた接着剤を塗ります。

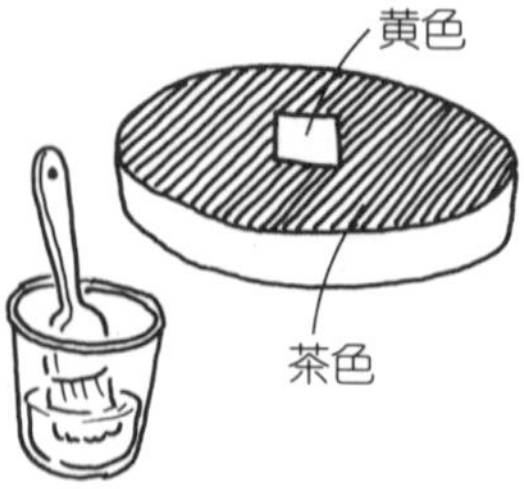

〈おにぎり〉

[用意するもの]

・新聞紙、和紙、折り紙。

[作り方]

① 新聞紙４分の１を丸め、おにぎりの形にします。

② 周りに和紙をはります。

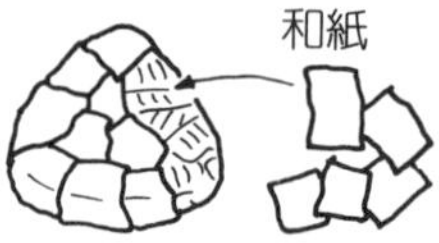

③ 黒の折り紙をのりのように巻きます。

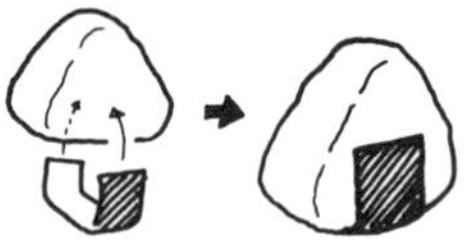

〈おだんご〉

[用意するもの]

・紙粘土、ポスターカラー、竹串。

[作り方]

① 紙粘土を丸め、竹串に刺します。

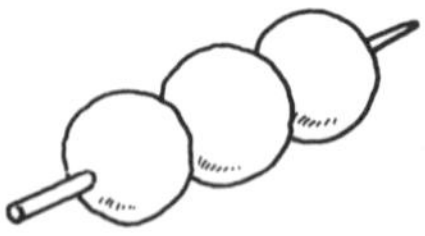

② 乾いたらおだんごにポスターカラーで、色を塗り、さらに薄めた接着剤を塗ります。

〈リンゴ〉

[用意するもの]

・果物が入っているネット、折り紙。

[作り方]

① 口の部分からくるくると全部丸めます。

② 折り紙で葉をつけます。

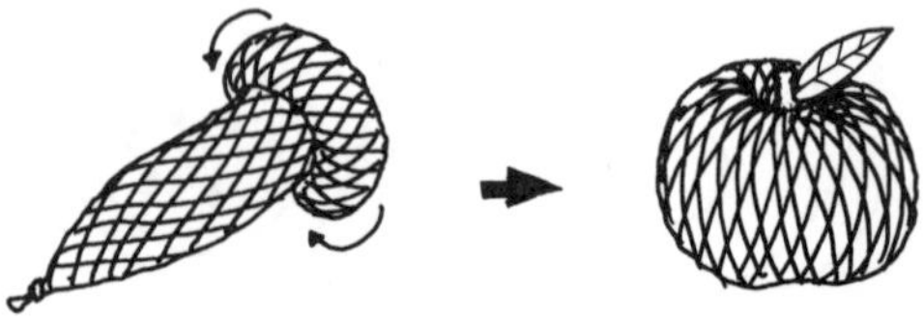

手づくりレンジ

［用意するもの］

・牛乳パック、包装紙、アルミはく、新聞紙、粘着テープ、接着剤。

［作り方］

① 牛乳パックの口を平らにして、粘着テープでとめます。

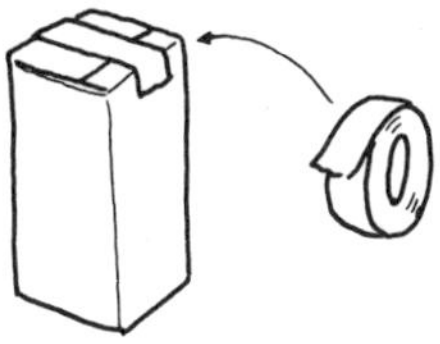

② 牛乳パックを４つ並べ、粘着テープでとめます。

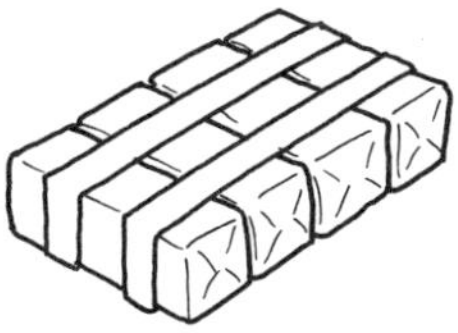

③ これを12組積んで、上から粘着テープでとめます。

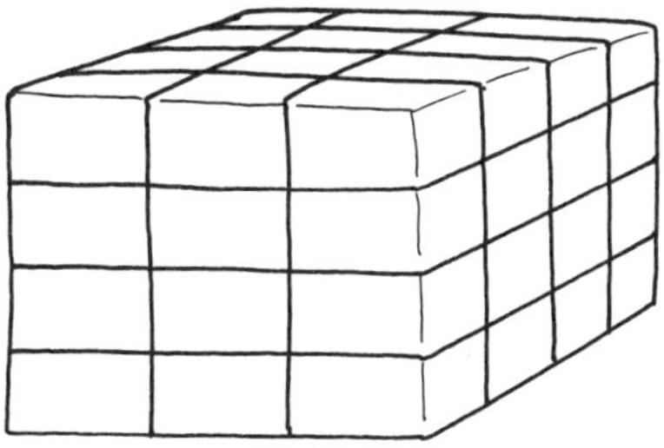

④ 周囲に包装紙を接着剤ではります。

⑤ 上部にアルミはくを巻きます。

⑥ ガスコンロのつまみ、おなべを置く台をラシャ紙で作り、はります。

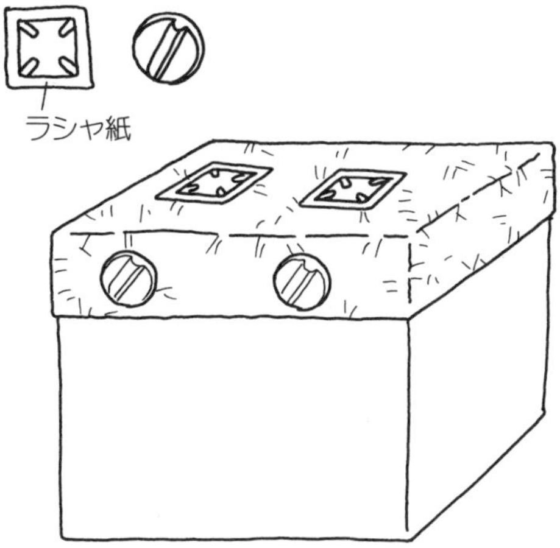

［ポイント］

○牛乳パックの口の部分を平らにするときは、十分に中へ押してから粘着テープでゆるみなくとめましょう。組み立てが簡単になります。

○段ボールで作るとくずれやすいので、牛乳パックを組み合わせます。

おいしいもの　集まれー

★折り紙で簡単に作れるおいしいものです。入園当初の子どもたちにも作れます。

ホットドック

[用意するもの]

・茶色の折り紙、クレヨン。

[作り方]

① 茶色の折り紙の裏に、保育者がクレヨンでソーセージを描きます。

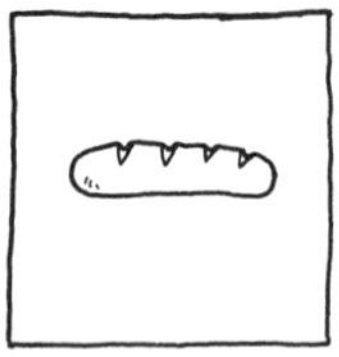

② 折り紙をとびら折りにします。

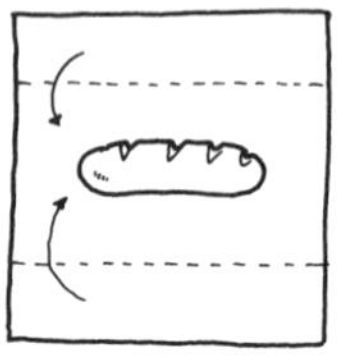

③ 黄色のクレヨンで、マスタードをかけるように描きます。

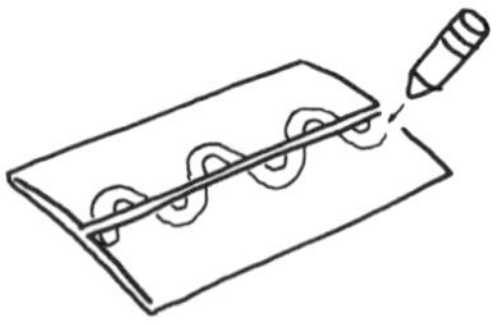

ソフトクリーム

[用意するもの]

・クリーム色の折り紙、クレヨン。

[作り方]

① 折り紙の角に、保育者が図のようにクレヨンで線を描いておきます。

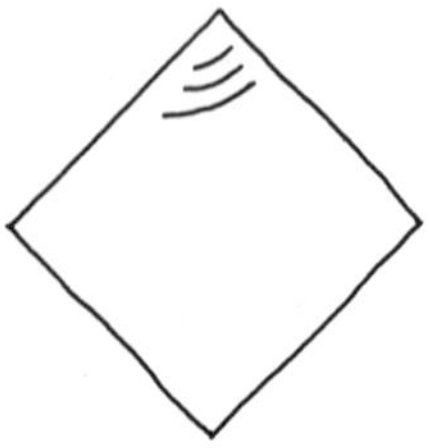

② ①で描いた線を上にして、左右を折りこみます。

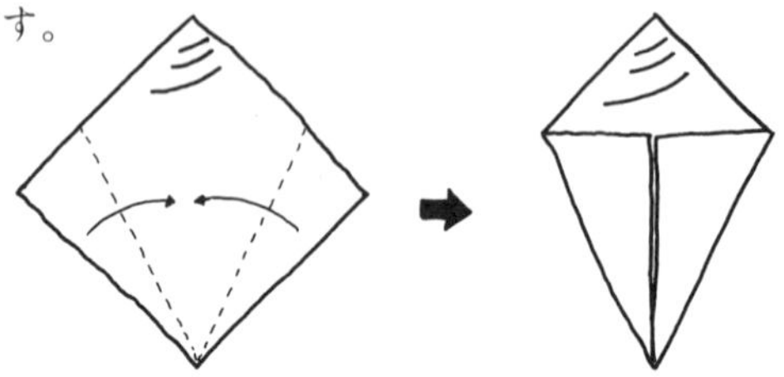

③ コーンの柄を上から描き、できあがりです。

おにぎり

[用意するもの]

・折り紙（黒、白）、クレヨン。

[作り方]

① 白の折り紙の中央に、赤のクレヨンで梅干しを描きます。

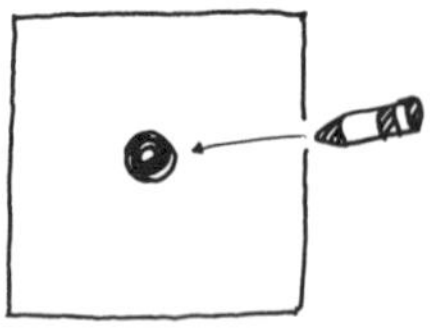

② 三角に折り、のりを巻くように黒の折り紙をはってできあがりです。

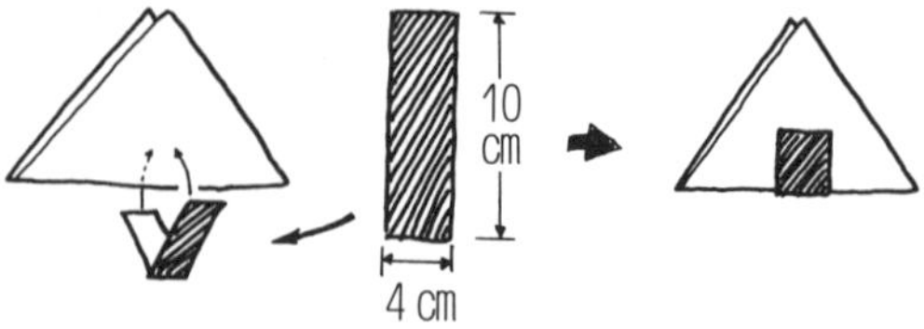

[ポイント]

○子どもが簡単に作れるよう、あらかじめ保育者が準備し、作った喜びを味わわせるようにしましょう。

○ホットドッグ、おにぎりの中身を変え、バラエティーにとんだおいしいものを作りましょう。

5月

May

子どもの姿

ゴールデンウイークが明けると、４月当初のように泣き出したり、今までは元気に登園していると思っていた子が急に泣いたり、登園をいやがったりすることがあります。園生活に少し慣れ、緊張がとれたことも原因の一つと考えられます。しかし、たいていの子は保育者と遊ぶことを楽しみに登園してきます。

屋外の砂場や固定遊具、保育室のおもちゃ、だいたいお気に入りのものがはっきりしてきます。それだけに、場所やおもちゃの取り合いから、トラブルもよく見られるようになります。

行動範囲も広がってきて、園内のさまざまな場所に行ってみようとします。降園のときの点呼で一人いないことに気づき、園内じゅうを探して、園庭の隅にいるのをやっと見つけるといったこともよくあります。

５月は、気候のよい月です。できるだけ屋外に出て、園庭の植物、飼育動物と触れ合う機会を作ってください。

第1週

今週の予定

・午前保育
・こどもの日集会

予想される主な幼児の活動

○こいのぼりづくりをする（50）
　・本物のこいのぼりに触れて大きさを知る
　・手型押しをして、こいのぼりを作る

○こどもの日集会に参加する
　・人形劇を見る
　・年長児のイス取りゲームを見たりして楽しむ

○動物を表現して遊ぶ（42）

○体操をする　『ぞうさんのあくび』『ハトポッポ体操』

○新聞紙で遊ぶ
　・先生の話を聞きながら、新聞紙の造形を見る
　「鼓笛隊のバトン」「はしご」「Tシャツ」を作る（44）
　・ちぎったり、破いたりして遊ぶ

○屋外で自由に遊ぶ
　・砂場、ブランコ、すべり台、タイヤ、ジャングルジム

○紙芝居を見る　『じゃんけんゴリラ』（47）

第2週

今週の予定

・遠足

予想される主な幼児の活動

○好きな遊びをする
　・ままごと、積み木、すべり台、ブランコなど

○屋外でのびのびと過ごす
　・土の上に自由に絵を描く（41）
　・砂場でままごと遊びをする

○母の日のプレゼントづくりをする
　「エプロン手紙入れ」（52）

○みんなで言葉遊びを楽しむ
　「鳴いた、鳴いた」（45）
　「お店やさん」（45）

○遠足に行く動物園の話を聞いたり、絵本や紙芝居を見る
　・卒園児の作った絵話『どうぶつえん』を見る
　・絵本を見る　『ごんちゃんとぞうさん』（46）
　・紙芝居を見る　『くいしんぼうのカバ』（47）

○遠足に参加する
　・いろいろな動物を見る
　・保護者といっしょにお弁当を食べる

（注）＊「予想される主な幼児の活動」は、本書の資料を中心にまとめてあります。
＊（　　）の数字は、本書のページ数です。

第3週

今週の予定

・4、5月生まれ誕生会

予想される主な幼児の活動

○遠足の楽しかったことを話し合う

○アサガオの種まきをする（238）

○ボールで遊ぶ
・保育者のころがしたボールを受け止めたり、自分でころがしたりする
・ボウリング遊びをする

○フィンガーペインティングをする（40）
・大きな模造紙に思いきり絵の具をぬる
・手型、足型押しをする

○風車を作って遊ぶ（51）
・カラーペンで好きな絵を描く
・風車を回して遊ぶ

○4・5月の誕生会に参加する

○遊戯をする
・『むすんでひらいて』をカセットに合わせて歌いながら踊る

○手遊びをする　『あたまてんてん』（48）

第4週

今週の予定

・避難訓練
・健康診断

予想される主な幼児の活動

○好きな遊びをする

○園庭で遊ぶ
「園庭なぞなぞ遊び」（43）
「ジャングル遊び」（43）

○年長児と交流保育でいっしょに遊ぶ
・大型積み木、ままごと
・いっしょにイス取りゲームをする
・年長児から、ペープサートのおみやげをもらう

○ビニール袋で製作を楽しむ
・「小鳥」「ヘビ」「こびとさん」を作る（53）

○避難訓練に参加する
・避難場所の公園まで年長児に手をつないでもらって歩く

○健康診断を受ける

○絵本、紙芝居を見る
『くいしんぼかいじゅうもいもい』（46）
『びっくりだいすききょうりゅうくん』（47）

フィンガーペインティング

★絵の具遊びは、子どもたちも大好きです。汚れを気にしないで、思いきり遊ばせてあげましょう。
暖かい日に、上着を脱いで遊んでみるのも楽しいです。

[用意するもの]

・ポスターカラー、バケツ、模造紙、新聞紙、ぬれぞうきん。

○ポスターカラーを水で溶き、3色ぐらい用意します。

○溶いたポスターカラーを、少しずつバケツに分けます。

○模造紙を4枚はり合わせ、大きな紙を用意します。

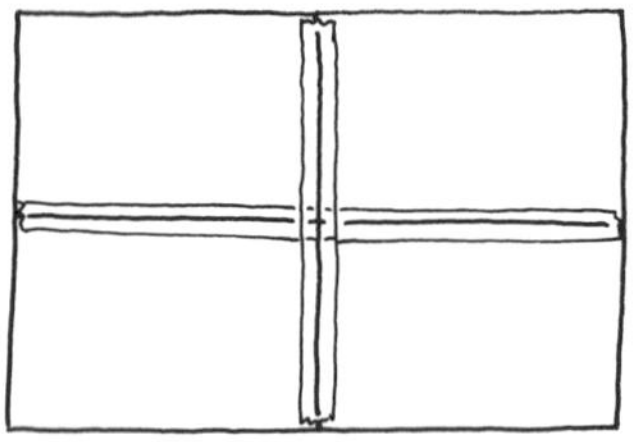

○部屋いっぱいに新聞紙を敷き、その上にバケツと模造紙を置き、子どもたちが遊びやすいように用意します。

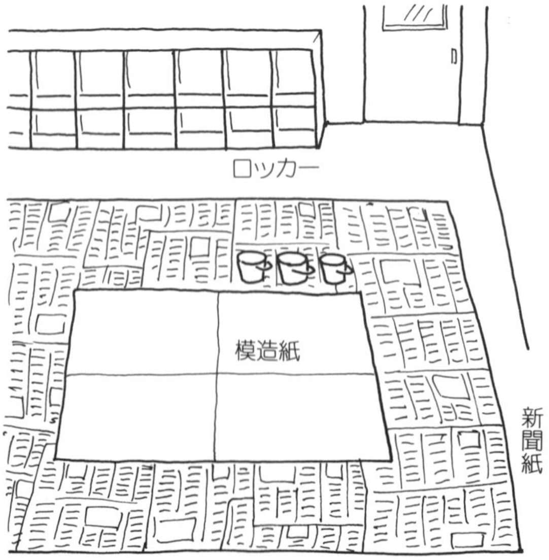

[遊び方]

○絵の具用のスモックを着て、はだしになりましょう。暖かい日には、上半身はだかになると、思いきり遊べます。

① 初めは絵の具の感触を味わうことを目的とし、手に絵の具をつけて、自由に白い模造紙に色を塗ります。

② 新しい模造紙に、手型、足型を自由に押し、楽しませます。

③ できあがったものを壁面に利用すると、子どもたちも興味を持ちます。

[ポイント]

○足跡ができることから、手型、足型を発見させます。

たくさん描こう

★自分の好きなものをのびのびと描きましょう。画用紙ばかりでなく、土の上に描くと、今まで小さな絵を描いていた子どもも、大きく描くようになります。暖かい日ははだしになり、土を肌で感じることも良いことです。

［用意するもの］

・割りばし。

［遊び方］

① はだしになって、地面に割りばしで、自由に絵を描きます。

② 保育者が加わり、線路や道路を描きます。

③ そこへ子どもたちが車や家、電車を描いていきます。

［ポイント］

○はだしになるときは、あらかじめ石などを拾っておき、危険がないようにしましょう。

○砂場にある遊具、トンネルなどを使っても楽しくなります。

動物さんだぞー！

★子どもは、体を動かすことが大好きです。全身を使って、表現できる遊びを取り入れていきましょう。ピアノのリズムに合わせ、動物になって動いてみましょう。

[動き方]

〈ゾウ〉

片手を前に伸ばし、ゾウの鼻を表現します。

〈ウサギ〉

両手で耳を表現し、ウサギとびをします。

〈カエル〉

ひざを広げてしゃがみ、手を足の間に入れ、地面につきます。

〈アヒル〉

両手を下にし、少し広げ、アヒルの羽を表現します。そのままの姿勢でしゃがみ、左右に揺れながら前に進みます。

〈クマ〉

高ばいになって、のっしのっしと、強そうに歩きましょう。

〈ペンギン〉

両手をななめ下に伸ばし、ペンギンの羽を表現します。左右に揺れながら歩きます。

[遊び方]

① 動物図鑑などを見て、動物の歩き方を話し合いましょう。

② 初めは、子どもたちに自由に表現させましょう。楽しい表現が出てきます。

③ 子どもたちの表現で良いものがあったら、その動きを取り上げ、みんなでやってみましょう。

④ それぞれの動きをピアノの音で表現し、この音のときはこの動物と約束します。

⑤ ピアノで次々と音を変え、その音に合わせた動物の動きをします。

[ポイント]

○動きは、型にはめるのでなく、子どもたちがのびのびとできるよう、自由に表現させましょう。

○動物園へ行ったときは、動物の動きをよく見てきましょう。

園庭で遊ぶ

園庭なぞなぞ遊び

楽しくなぞなぞ遊びをしながら、園庭にある固定遊具などの名前を知らせ、使い方を指導していきましょう。

［遊び方］

① 園庭中央に集まります。

② 保育者が子どもたちになぞなぞを出します。

〈例〉保「お窓しかないおうちはなーに。

ここから見えるけど、わかるかな」

子「あった、あれ！（ジャングルジム）」

保「あたりー！ジャングルジムね。では、

あそこまでかけっこしよう」

③ 保育者の合図で、固定遊具までかけっこをします。保育者は、ジャングルジムでの遊び方を知らせます。

④ みんなで一度遊んだら園庭の中央に戻り、次の固定遊具のなぞなぞ遊びをしましょう。

ジャングル遊び

園庭やブロックや平均台、タイヤなどを使ってジャングルを作りましょう。運動を取り入れた遊びです。

［用意するもの］

・平均台、タイヤ、ブロック、ロープ、段ボール箱。

［遊び方］

① 図のように平均台などを並べ、コースを作ります。

② ジャングルへ探検に行こうと保育者が演出して、「ここから先は川です。川の中にはワニがいるから、注意してね」などと言いながら、用意したコースを通っていきます。

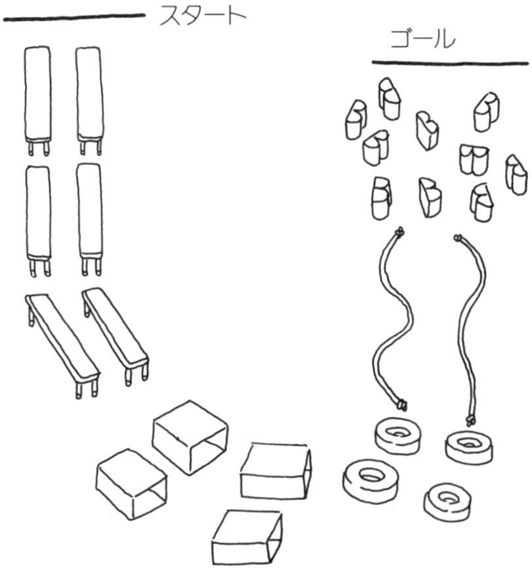

新聞紙で遊ぼう

★新聞紙が１枚あると、いつでも、どこでも遊べます。手品のようにあっという間にいろいろなものができるので、子どもたちは大喜びです。

鼓笛隊のバトン

［遊び方］

① 新聞紙を丸めます。

② 上から⅓の部分までを、たてに４つに切ります。

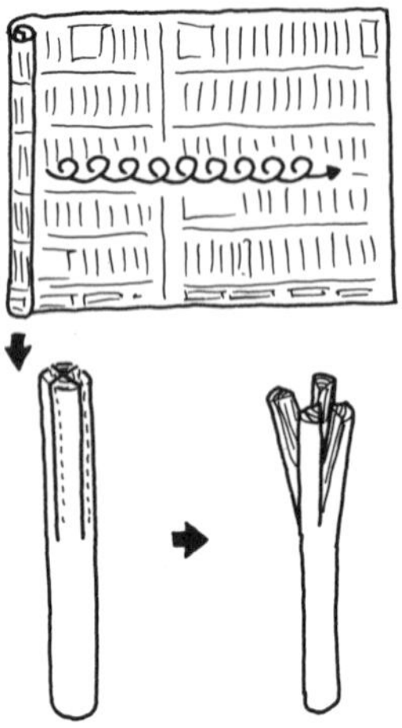

③ いちばん内側の新聞紙を抜き上げます。

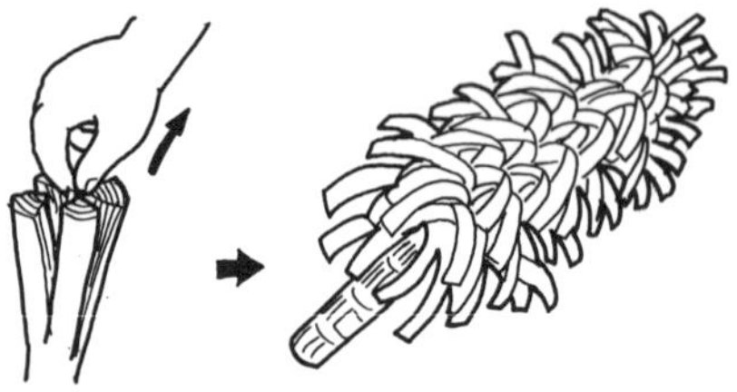

［ポイント］

○みんなで好きな楽器を持って並び、鼓笛隊ごっこをしましょう。

Tシャツ

［作り方］

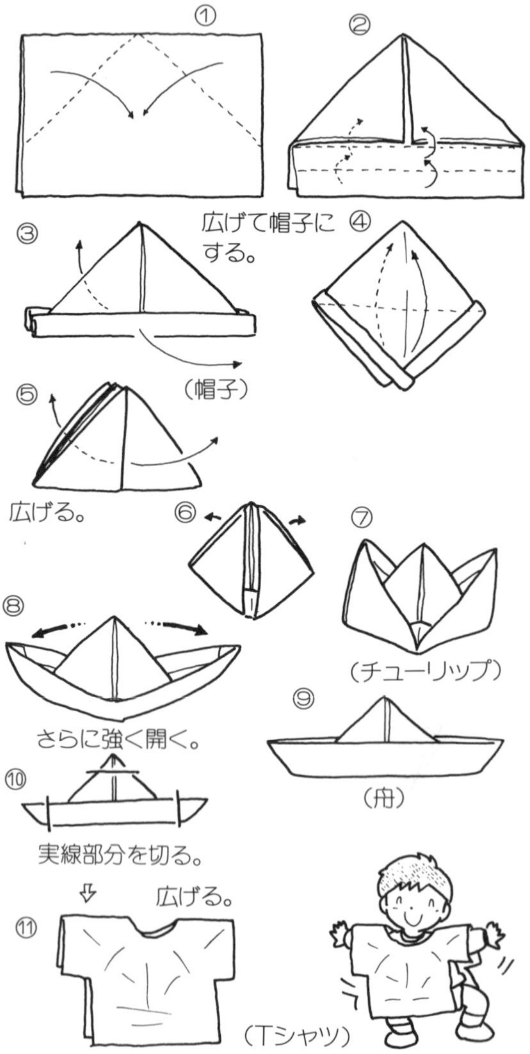
①
②
③
広げて帽子にする。
④
（帽子）
⑤
広げる。
⑥
⑦
⑧
（チューリップ）
⑨
さらに強く開く。
⑩
（舟）
実線部分を切る。
広げる。
⑪
（Tシャツ）

［ポイント］

○Tシャツができるまでの中で、帽子、チューリップ、舟ができます。話をしながらそれらを出していくと、一つのお話になります。

言葉遊び

鳴いた！鳴いた！

[遊び方]

「ないた、ないた」「なーにがないた！」と、保育者と子どものかけ合いで遊びます。

〈サル〉「サールがないた」

キャッ！キャッ！ キャッ！

ひっかくようにサルのまねをします。

〈小鳥〉「ことりがないた」

ピョ ピョ ピョ

両手を横にし、小鳥が飛んでいるまねをします。

〈ライオン〉「ライオンがないた」

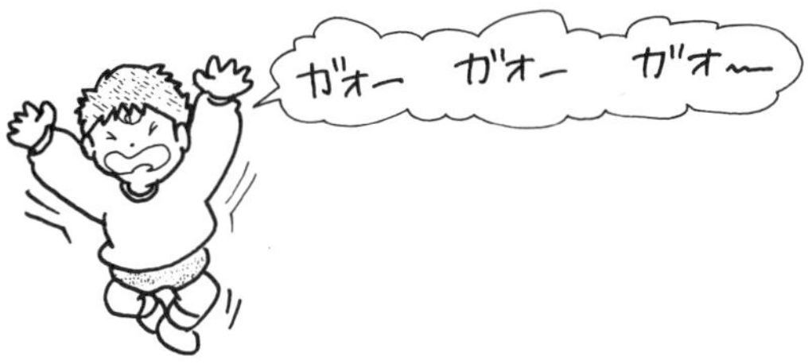
ガオー ガオー ガオ～

ライオンが、おそいかかるようなまねをします。

[ポイント]

○子どもたちは、鳴き声ばかりでなく、動作をとても喜びます。

○ときどき鳴かない動物を入れると、変化があって楽しくなります。

○ウサギなどは、「ピョンピョンピョン」と動作を言ってもよいことにします。

お店やさん

いろいろなお店やさんにある品物を次々に言っていく遊びです。

[遊び方]

① 保育者が中心になって遊びます。

② 歌に合わせて言った品物がそのお店にあるときは、繰り返し言って手をたたきます。

やおやのおみせ

作詞・不明／フランス民謡

や おや の おみせ になら んだ
全 員
しなも の みてごらん よくみてごらん
全 員
かんがえてご らん だいこん だいこん
(全 員)
(保育者)
拍手
(子ども)

③ ときどきそのお店にないものを言って、「あーあ！」と終わりにします。

だいこん
だいこん!!

[ポイント]

○パンやさん、おもちゃやさん、くだものやさんなど、いろいろなお店で遊びましょう。

○お店ばかりでなく、「テーブルの上にあるもの」などで遊んでもよいでしょう。

絵本

『くまくんの　くしゃみ』　ポプラ社・刊

角野栄子／作　佐々木洋子／絵

くしゃみが大好きになったくまくんは、はくしょん、はくしょんとごきげんです。ところが、そのくしゃみに驚いて、森中の赤ちゃんが泣きだしました。困ったくまくんは、いいことを思いつきました。

『きいろいのは　ちょうちょ』　偕成社・刊

五味太郎／作・絵

ちょうちょ、ちょうちょと思って網をかぶせると、意外や花だったり、木の実だったり……。ちょうの形の穴をあけ、めくる楽しさをいっそう大きくした絵本です。

『くいしんぼかいじゅう　もいもい』　ひかりのくに・刊

中島和子／作　中村景児／絵

森の奥に、くいしんぼの怪獣「もいもい」が住んでいました。怪獣といっても、花が大好物のかわいい怪獣です。そのもいもいが、チューリップ園の子どもたちと……。

『ごんちゃんとぞうさん』　PHP研究所・刊

馬場のぼる／作・絵

ごりらのごんちゃんが見つけた大きなおなべ。ぞうさんとブランコにして遊ぶのですが、ひもがプツンと切れてしまって…。

子どもの共感を呼ぶ楽しい絵本です。

（全国学校図書館協議会選定）

図鑑

『ちいさないきもの―くらしとかいかた』　ひかりのくに・刊

日高敏隆／監修

身近なカタツムリやザリガニ、カエルなどの小さな生き物の生態と飼い方、エサなどを豊富な写真や絵で紹介します。生き物が大好きになる本です。

（全国学校図書館協議会選定）

紙芝居

じゃんけんシリーズ**『じゃんけん　ゴリラ』**　　教育画劇・制作

尾崎真吾／作・画　矢崎節夫／脚色

12画面　全６巻　（文部省選定）

「じゃんけんだいすきじゃんけんぽん」じゃんけんゴリラが次々とじゃんけんで勝って……。

いってみたいなこんなくに**『びっくりだいすききょうりゅうくん』**

教育画劇・制作

木村裕一／作・画　12画面　全６巻

きょうりゅうのくに――ビビが海辺で拾ったタマゴは、なんだかおかしい。それもそのはず、それはなんと、きょうりゅうのタマゴでした。

ぱくぱくぱっくんシリーズ**『くいしんぼうの　カバ』**　　教育画劇　製作

小出保子／作・画

12画面　全６巻　（文部省選定）

何でも食べたいカバくんは、とうとうお日さまに目をつけました。そして沈む夕日の谷間で大きく口をあけて、夕日を……。

カセット

『よい子におくるオルゴール』　ビクター音楽産業／制作

ひかりのくに／販売　２巻組

ミッキーマウスマーチをはじめディズニーの名曲と数々の名曲を、アンティークオルゴールが奏でます。美しい旋律で心地よい気分にさせられます。(全24曲収録)

保育図書

園における３歳児保育のすべて**『３歳児』**　ひかりのくに・刊

中村きみ／編著

３歳児の本質、特性をふまえながら、その生活を探り、保育の進め方を具体的に紹介しています。実践例も豊富で、すぐ役立つ内容です。

あたまてんてん

阿部　恵・作詞／家入　脩・作曲

C F C G7
あ たまてん てん かー たたん たん お ててしゃんしゃん あしとん とん
C F C G7 C
あ たまててて てん かー たたた たん お ててしゃしゃしゃん あしととと とん

遊び方　てんてん、たんたん、いろんな音が聞こえます。頭やおでこをたたき、音を出しましょう。

①あたま　てんてん

頭を手のひらで軽く２回たたきます。

②かた　たんたん

肩を手のひらで軽く２回たたきます。

③おてて

しゃんしゃん

拍手を２回します。

④あし　とんとん

足踏みをします。

⑤あたま　てててん　かた　たたたん　おてて

しゃしゃしゃん　あし　とととん

①から③の動作を、それぞれ３回ずつ行い、最後に足踏みを繰り返します。

◀指導のポイント▶

○最初はゆっくりと、慣れたらだんだんと速くし、何回も繰り返して遊びます。

○下図のように、おでこ……でんでん、おみみ……みんみん、などと、いろいろな体の部位にも触ってみましょう。

あたま
てんてん
おでこ
でんでん
おめめ
めんめん
おみみ
みんみん
おはな
なんなん
かた
たんたん
おてて
しゃんしゃん
おなか
ぽんぽん
おしり
ぺんぺん
あし
とんとん

げんこつ山のたぬきさん

わらべうた

Am
げんこつやまの たぬきさん おっぱいのんで
Am
ねんねして だっこして おんぶして またあした

遊び方　げんこつ山のたぬきの赤ちゃんになったつもりで、かわいらしく遊びましょう。

①げんこつやまの
　たぬきさん
　握りこぶしを作り、左右交互に重ね合わせます。

②おっぱいのんで
　自分の胸に、両手をあてます。

③ねんねして
　左右の手のひらを合わせ、右、左のほおの下にあてます。

④だっこして
　赤ちゃんを抱っこするしぐさをします。

⑤おんぶして
　両手を後ろに回して、おんぶのしぐさをします。

⑥またあした
　両手を胸の前でくるくる回し、「た」でジャンケンをします。

◀指導のポイント▶

○楽しんで遊べるようになったら、いろいろな動物の替え歌で遊んでみましょう。

「こぶたさん」
　両手の親指、人差し指で輪を作り、鼻にします。

「きつねさん」
　両手できつねの形を作ります。

ぶ!

こん!

こいのぼりを作ろう

みんなで作ろう！こいのぼり

５月の壁面に使える大きなこいのぼりを、みんなで作りましょう。

［用意するもの］

・ラシャ紙、絵の具、のり。

［作り方］

①　ラシャ紙を４枚はり合わせます。

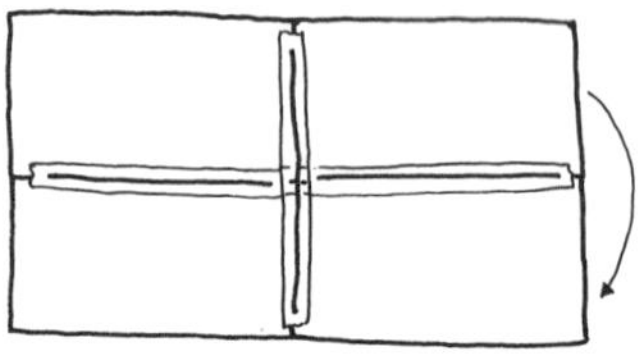

②　つなげたラシャ紙を輪にして､のりづけします。

③　尾の部分をハサミで切り取ります。

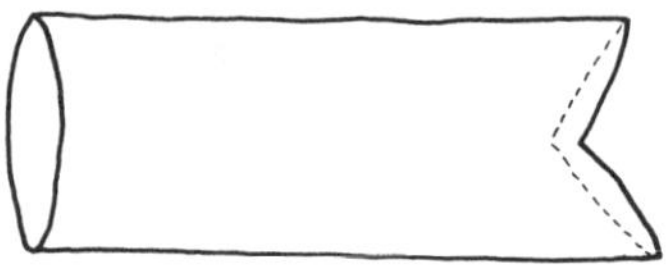

④　絵の具を溶いてタオル地につけ、手型用のスタンプを用意します。

⑤　子どもたちが自由に手型を押します。

⑥　目をはってできあがりです。

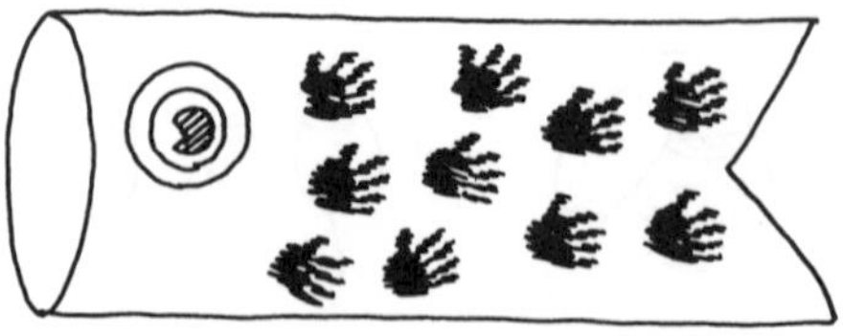

ぼくの、わたしのこいのぼり

小さなこいのぼりを作りましょう。個人製作にして家へ持ち帰り、飾ります。

［用意するもの］

・牛乳パック、牛乳キャップ、折り紙、接着剤。

［作り方］

①　牛乳パックの口を閉じ、ビニールテープでとめます。

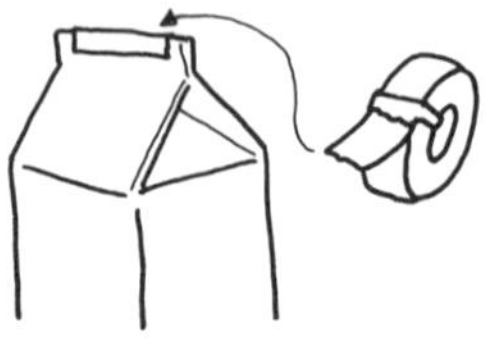

②　牛乳キャップにクレヨンで色を塗ります。

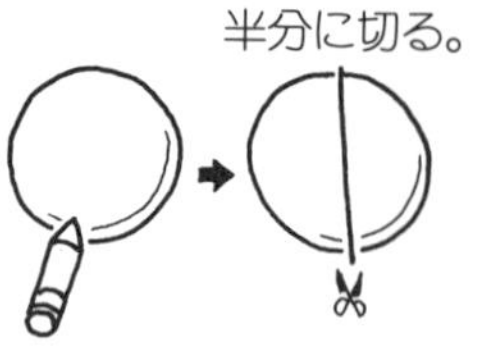

③　牛乳キャップを半分に切り、牛乳パックにはります。

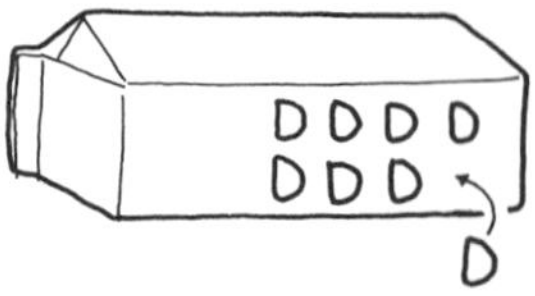

④　折り紙で目を作り、はります。

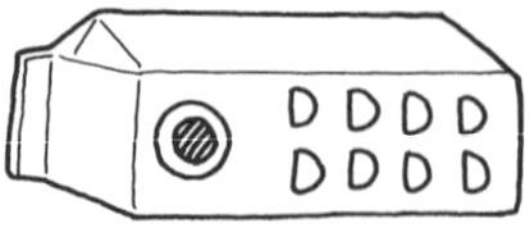

⑤　たこ糸をセロハンテープでつけてできあがり。

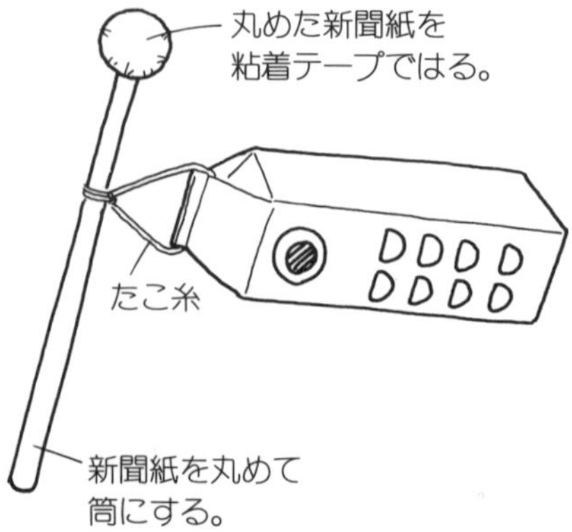

くるくる回る

とばせ！かざぐるま

風車を作りましょう。春の風に、くるくるときれいに回ります。

[用意するもの]

・上質紙、油性ペン、割りばし、画びょう、接着剤、のり。

[作り方]

① 上質紙を、折り紙の大きさに切ります。

② 油性ペンで好きな絵を描きます。

③ 図のように切りこみを入れます。

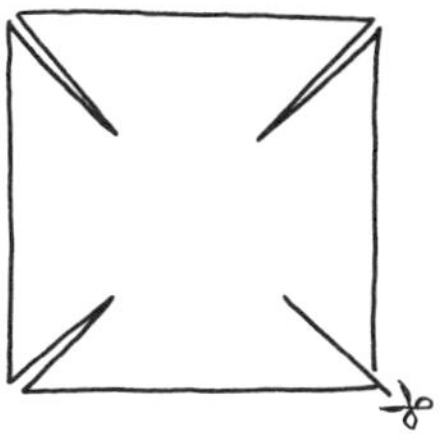

④ •印部分を中心に集め、のりでとめます。

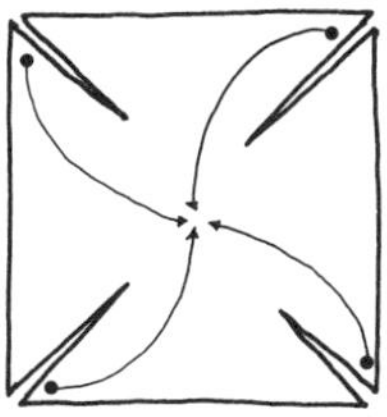

⑤ できあがった風車を割りばしに画びょうでとめ、画びょうと割りばしは接着剤で固定します。

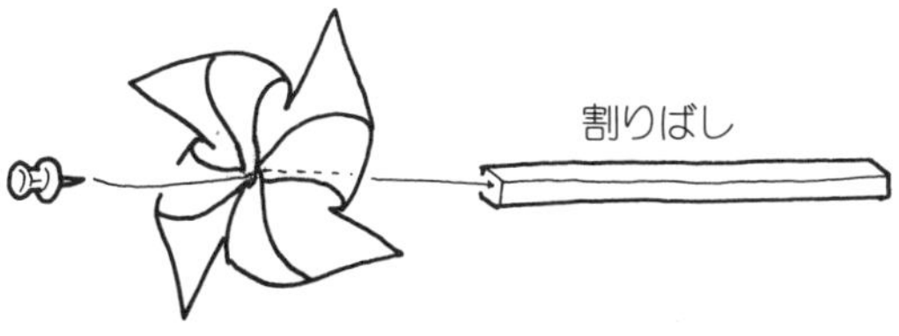
割りばし

[ポイント]

○切りこみを入れたり、組み立てるのは、保育者が手伝いながら作ります。

くるくるパンダ

[用意するもの]

・ラシャ紙、折り紙、割りばし、のり。

[作り方]

① ラシャ紙を図の大きさに切ります。

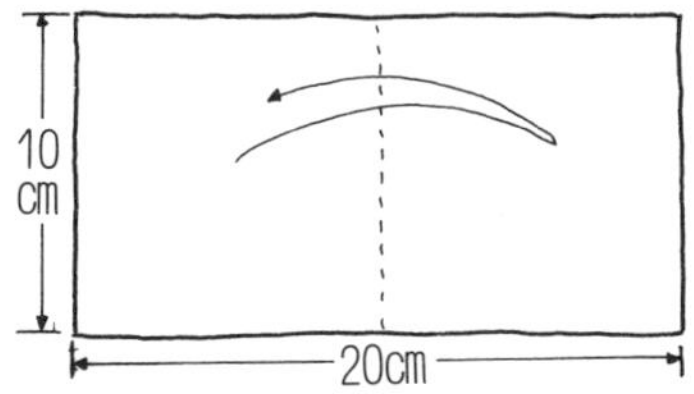
10cm
20cm

② 割りばしを間にはさみ、のりづけします。

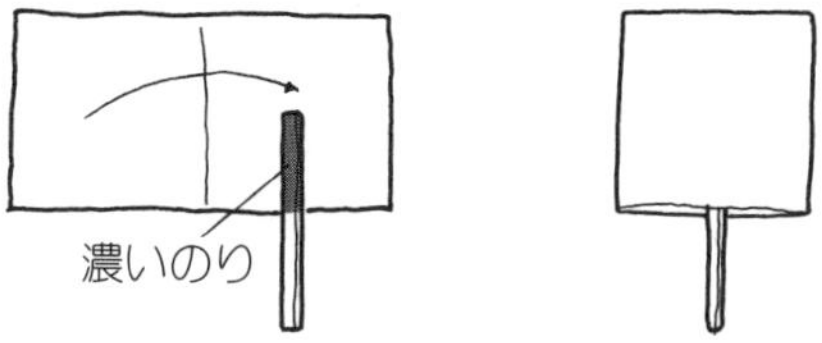
濃いのり

③ 片面にパンダの笑い顔、もう片面にはパンダの泣き顔を、折り紙で切ってはります。

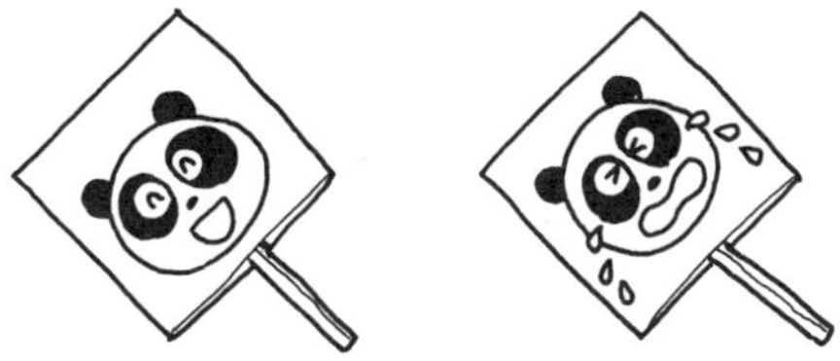

[遊び方]

○ペープサートの回転の要領でくるくる回し、パンダが泣いたり、笑ったりするように見せます。

[ポイント]

○いろいろな動物の顔を作ったり、表情を変えたりして、工夫してみるのも楽しいでしょう。

お母さんにプレゼント

★簡単に作れる、お母さんへのプレゼントです。お母さんもきっと大喜び！

エプロン手紙入れ

［用意するもの］

・ラシャ紙、クレヨン、のり。

［作り方］

① ラシャ紙を図のように切り、用意します。

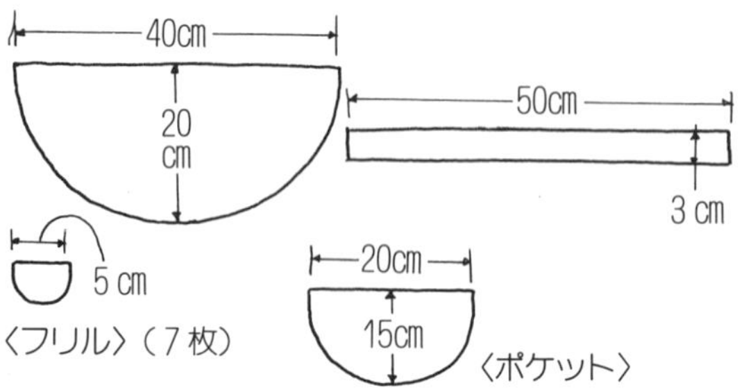

② ラシャ紙にひもをはります。

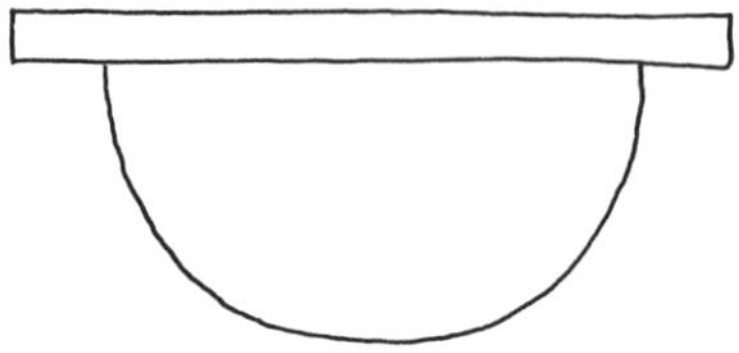

③ フリルをはります。

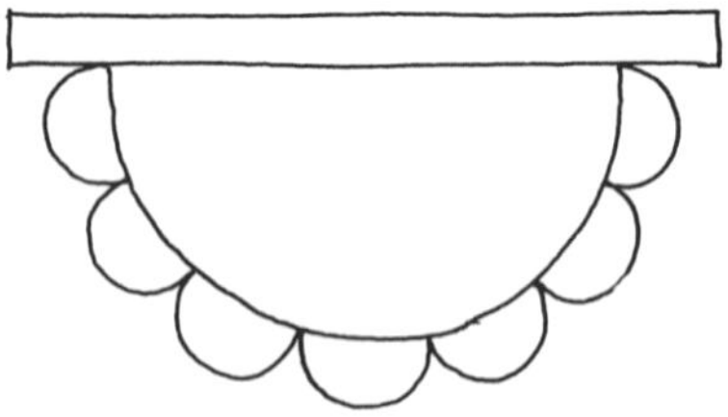

④ ポケットにお母さんの顔を描き、はります。

洗たくバサミホルダー

［用意するもの］

・段ボール、画用紙、クレヨン、包装紙、接着剤。

［作り方］

① 段ボールを円形に切ります。

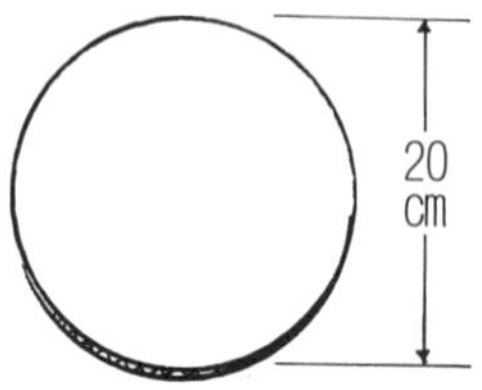

② 周りに包装紙をはります。

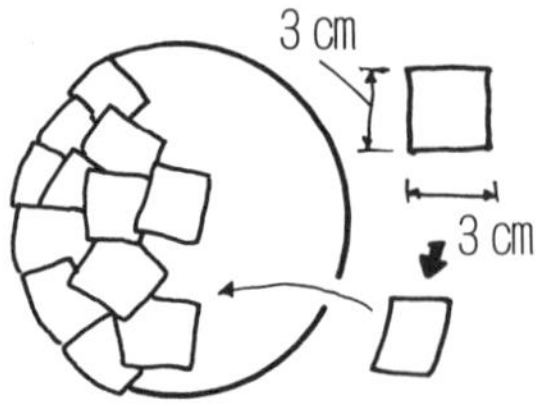

③ 画用紙にクレヨンでお母さんの顔を描き、周りを切り取ります。

④ 段ボールに絵をはり、上から接着剤を塗ります。

⑤ 穴をあけ、リボンをつけてできあがりです。

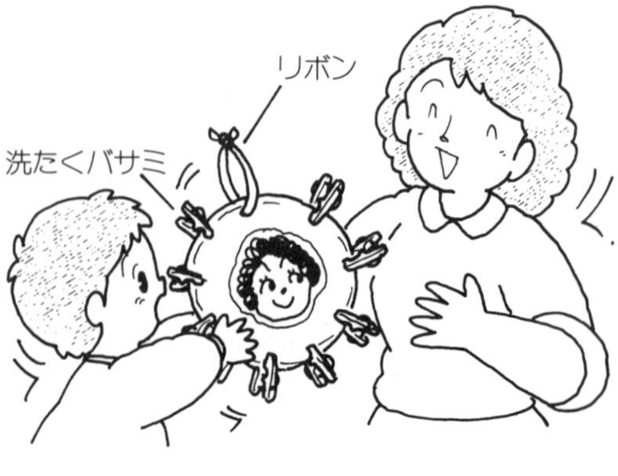

ビニール袋を使って

★ビニール袋を使って、小鳥やヘビなどを作ってみましょう。ビニールはやわらかいので、動きのあるものも作れます。

[用意するもの]

・ビニール袋、花紙、画用紙、セロハンテープ、ひも。

小鳥

[作り方]

① 花紙をやわらかく丸め、ビニール袋に入れてセロハンテープでとめ、頭の部分を作ります。

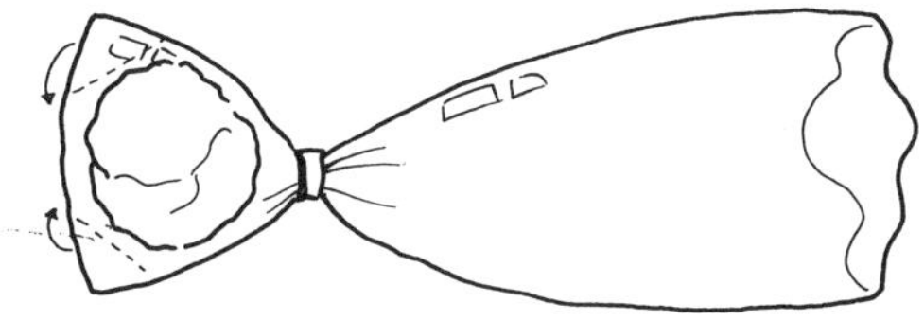

② とがった部分を折り、セロハンテープでとめます。

③ 体の部分に花紙を入れ、同じようにセロハンテープでとめます。

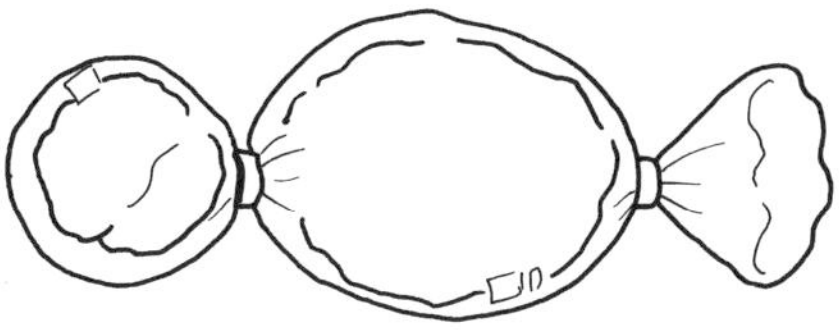

④ 画用紙に、目、羽を描いて切り取り、セロハンテープでつけて、できあがりです。ひもをつければ、窓に下げられます。

[ポイント]

○体の組み立ては保育者が行い、目や羽を子どもたちにつけさせるとよいでしょう。

ヘビ

① 花紙を2枚ずつ丸め、ビニールの中へ入れ、セロハンテープでとめます。

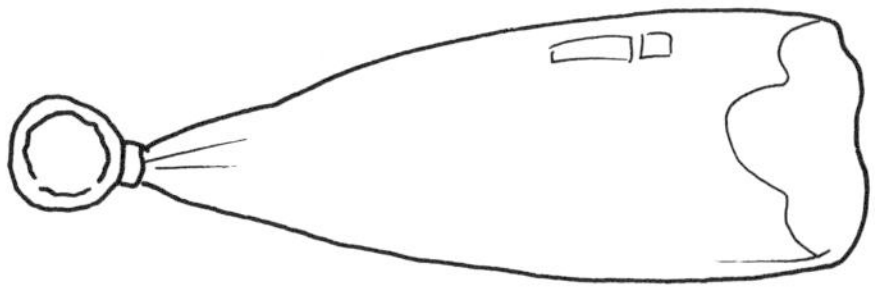

② これをビニールの端まで繰り返します。

③ 3枚ぐらいのビニール袋をつなげ、長くします。

④ ひもを何か所かにつけ、動きが出るようにつり下げます。

こびとさん

[作り方]

① ビニール袋の上から⅔のところへ、クレヨンで模様をつけます。

② 花紙を丸め、ビニール袋に入れ、セロハンテープでとめます。

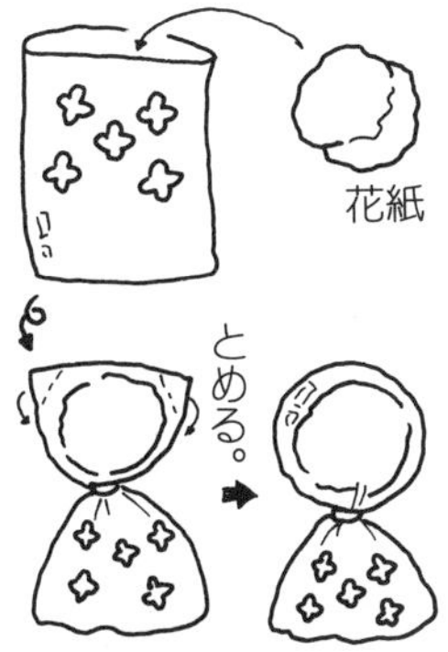

③ 油性ペンで目、鼻、口、髪を描き、画用紙で作った手をつけてできあがりです。

整理箱を作ろう

★園生活に慣れ、おもちゃの整理もできるようになってきます。おもちゃ箱を作って、整理しやすいようにしましょう。

★いろいろな大きさの空き箱を組み合わせ、動物の小物入れを作りましょう。

おもちゃ箱

[用意するもの]

・段ボール箱、包装紙、折り紙、接着剤、粘着テープ。

[作り方]

① 段ボール箱のふたを中へ折り込み、粘着テープでとめます。

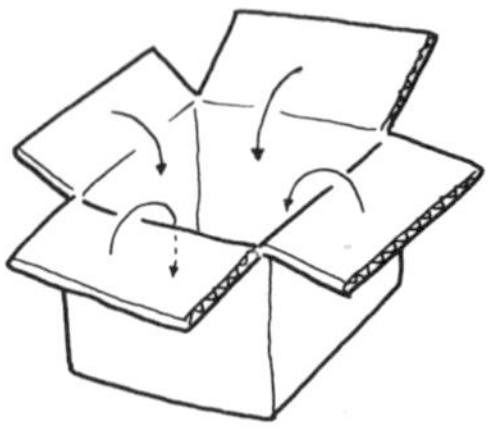

② 内側、外側の両方に、包装紙をはります。

③ 画用紙に、その箱へ入れる玩具の絵を描きます。

④ 切り取った紙を段ボール箱へはります。

[ポイント]

○玩具が入る段ボールの大きさを選んで作りましょう。あまり大きすぎると、整理が雑になってしまいます。

動物・小物入れ

[用意するもの]

・空き箱、折り紙、ラシャ紙。

[作り方]

① 箱のふたの部分を切り取ります。

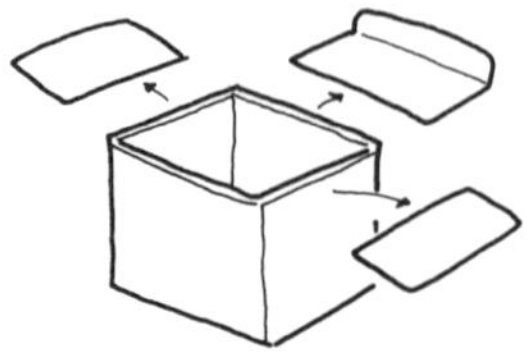

② 小さな箱を組み合わせてはり、内側に折り紙をはります。

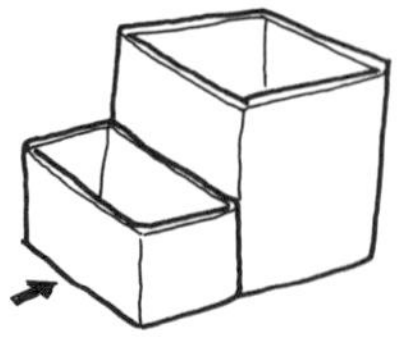

③ 表に、動物の顔をラシャ紙をはって作ります。

〈パンダ〉

〈ライオン〉

〈ウサギ〉

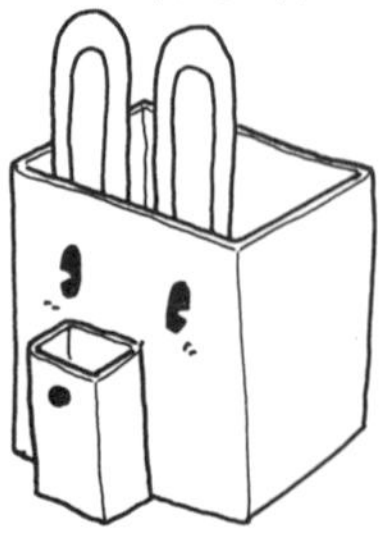

[ポイント]

○鉛筆、ハサミ、油性ペンなど、用途に合わせて箱の素材を選んでください。

6月

June

子どもの姿

園の雰囲気にも慣れ、安定した毎日を過ごせるようになってきます。生活の流れもだいたいの子が理解し、登園、排泄、手洗い、お弁当の準備、かたづけなどと、ある程度、予測した行動ができるようになっています。しかし、10時ごろからひとりでお弁当を広げて食べ始める子や、午前中から「せんせい、もうお帰り？」と、不安そうに聞いてくる子もいます。「まだよ。たくさん遊んで、お弁当を食べてからお帰りよ」の保育者の言葉で、安心して遊び出します。

梅雨入りして雨の日が多くなると、室内遊びが多くなり、おもちゃの奪い合いや、ちょっとしたことで手が出たりして、トラブルも増えてきます。

カスタネットで遊んだり、マットに転がったり、新聞紙破りやかさをさして園庭に出たりと、できるだけ変化のある活動をしたいものです。逆に、偶発的ながら友達とのかかわりも見られるようになってきます。

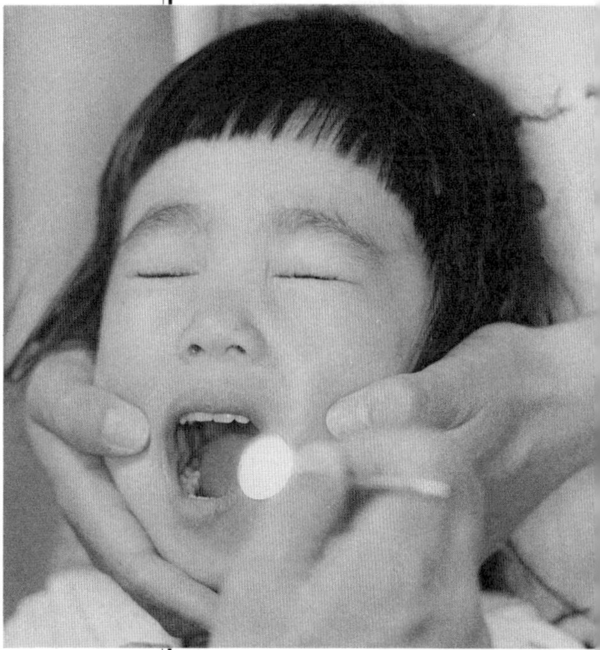

第1週

今週の予定

・お弁当開始
・日本脳炎
　予防接種

予想される主な幼児の活動

○好きな遊びをする
　・ままごと、積み木、ブロック、絵本、砂遊び、遊具

○お弁当を食べる
　・用意、後かたづけのしかたを知る
　・音楽を聞きながら楽しく食べる『ＣＤこどものうた全集』(65)

○歯みがきをする
　・昼食後、歯みがきの練習をする

○集団遊びを楽しむ
　・ひよことおおかみ　あぶくたった

○時計づくりをする
　「アジサイ時計」(69)

○オタマジャクシを見る(248)
　・オタマジャクシがカエルになるまでの話を聞く
　・パネルシアター『ケロケロ池のカエル』を見る

○紙芝居を見る　『こまったでんわ』『おべんとうのえんそく』(65)

第2週

今週の予定

・歯科検診
・日本脳炎
　予防接種

予想される主な幼児の活動

○父の日にお父さんにあげるプレゼントづくりをする
　・ボール紙に絵を描いて、「ネクタイかけ」を作る(71)

○雨降りの中で遊ぶ(59)
　・雨具を着る
　・雨のさまざまな音を聞く
　・水たまりに入ってみる

○てるてる坊主を作って保育室に飾る
　・のれんを作る「てるてる坊主のれん」(68)

○ごっこ遊びをする
　・「バスごっこ」をしながら園内を回る(60)
　・おにぎりを食べる

○はじき絵をする

○歯科検診を受ける
　・童話を聞く『むしばになったねずみ』

○絵本を見る　『ねずみくんのおやくそく』(64)

(注)＊「予想される主な幼児の活動」は、本書の資料を中心にまとめてあります。
　　＊(　　)の数字は、本書のページ数です。

第3週

今週の予定

・避難訓練
・保育参観
（父の日）

予想される主な幼児の活動

○お父さんと遊ぶ（58）
・お父さんとペアになり、いろいろな動物になって遊ぶ
・お父さん先生といっしょに過ごす
・プレゼントを渡す

○保育室に飾ってあるアジサイの花を見る

○リズム遊びをする
・『あめのこびと』を歌ったり、動作をつけて遊ぶ（66）
・太鼓をたたいてみる
・カスタネットやタンブリンを鳴らしてみる

○カタツムリを飼育する（254）
・名前をつけてあげる
・カタツムリの歌遊びをする

○保育絵本、図鑑を見る
・『こどものずかん』の気に入った本を見る（64）

○紙芝居を見る　『おかしだいすきくいしんぼ王さま』（65）

第4週

今週の予定

・誕生会
・園外保育

予想される主な幼児の活動

○園庭で遊ぶ
・追いかけっこ、平均台渡り

○友達のあてっこゲームをする
「でんでん虫はだあれ」（62）

○歌をうたったり、手遊びで遊ぶ
『かたつむり』『カエルのうた』
『くいしん坊のゴリラ』（63）

○園外保育で植物公園へ行く
・アジサイの花を見る
・カタツムリ探しをする

○誕生会に参加する
・音楽劇『森のせんたくやさん』を見る
・誕生児を祝う

○はじき絵をする

○絵本を見る　『いちばんすごいまほうつかい』（64）

お父さんと遊ぼう

★父親参観などで、ふだん遊べないお父さんと、思いきり遊びましょう。

動物さんにへ〜んしん！

［遊び方］

① お父さんと子どもでペアを組み、手をつないで、音楽に合わせて行進します。

② 保育者の言葉に合わせて、「ペンギン」「ウマ」「キリン」「コアラ」に変身し、音楽に合わせて動きます。

トンネルくぐり

［遊び方］

① お父さんと子どもが１対１になり、お父さんは足を開いて立ちます。

② 保育者の合図で、子どもはお父さんのトンネルをくぐります。

③ 子どもは帽子をかぶり、お父さんは手を頭にします。合図で子どもは帽子を取られないように素早くトンネルをくぐります。

お父さん先生!?

［遊び方］

① 子どもの名前を呼ぶ――朝、出席をとるとき、お父さんに言ってもらいます。いつもは小さな声の子も、元気に返事をすることでしょう。

② 折り紙、お絵かきを教える――保育者が説明したあと、お父さんと子どもが協力しながら折り紙やお絵かきをします。

③ 紙芝居を読む――お父さんの知っている昔話や、簡単な文章の紙芝居を、２～３枚ずつ交代で読んでいきます。

［ポイント］

○盛り上げる小道具として、お父さんにエプロンをしてもらうと、子どもたちは大はしゃぎです。

雨の日だって遊べるよ！

★６月は梅雨のまっ盛り……、ついつい室内にこもりがちですが、雨もすてきな季節の贈り物です。雨の中、子どもたちと外に出て遊んでみませんか。

［用意するもの］

・かさ、レインコート、長ぐつ、タオル。

［遊び方］

〈雨の音ってどんな音〉

① レインコートを着て、かさをさして、園庭に出ます。

② 静かに、よく耳をすまし、雨つぶがかさに当たる音を聞きます。

※バケツや空き缶を置くと、どんな雨の音楽が聞こえてくるでしょう。

〈水たまり大好き〉

① 子どもは水たまりが大好きです。思いきってバシャバシャと水たまりに入ってみます。

〈どのくらい雨が降ったかな〉

① 家から空き缶やビンを持ってきて、自分の名前を書きます。

② 自分の好きな場所（雨がたくさん集まると思うところ）に置き、時間を決めて、雨の量を比べます。

※透明なビンを使って、雨の量を比べてみましょう。

●お天気予報●

「あした天気にしておくれ」のくつとばしで、距離とコントロールを競いましょう。

［ポイント］

○くつを取りに行くときは、片足ケンケンにも挑戦してみましょう。

◆雨の量を比べる◆

バスごっこ—園内遠足

★子どもといっしょに思いきり〝ごっこ遊び〟を楽しみましょう。バスに乗るのも、気分を盛り上げるのも、保育者のアイディアしだいです。保育室をバスに見たてて、さあ、出発進行!!

[用意するもの]

- **ハンドル**……段ボール紙を切り抜きます。
- **切符**……画用紙を切ります。
- **クラス旗**
- **おにぎり**……新聞紙と折り紙で作り、子どものハンカチで包んでお弁当にします。

〈ハンドル〉

段ボール紙など、
しっかりしたもの。

〈切符〉

画用紙で作る。

〈クラス旗〉

〈おにぎり〉

新聞紙を丸め、白色の折り紙で包み、黒色の折り紙をはる。

子どものハンカチに
包んで

〈お弁当〉

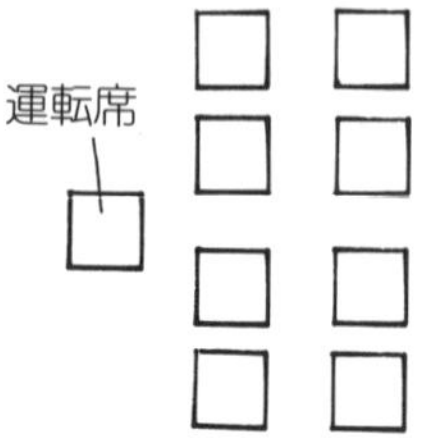

[遊び方]

① 子どものイスを、バスの座席のように並べます。保育者は運転手、子どもは乗客になり、乗車するときに切符を渡します。

② バスから降りて、園内を回ります。各部屋の名前やようすなどを、保育者がガイドしていきます。

③ バスから降りるとき持ってきたお弁当（新聞紙のおにぎり）を、ホールや園庭などで丸くなって広げ、いただきます。

ゆり
ここは ゆり組さんの お部屋です!
あっ! おり紙をしていますよ。
○○ぐみ

④ 食べ終わったらバスに戻り、次の目的地へ向かってバスごっこを続けます。

[ポイント]

○バスの中では、曲がる方向を言って、その方向に体を曲げたり、「右をごらんください。○○が見えま～す」と楽しいアナウンスも入れます。

○保育者が、想像力豊かにいろいろなものを見たてたりして、遊びを展開していきましょう。

○バスの中でゲームや歌をうたったりすると、遊びはさらに盛り上がります。

歌ゲーム遊び

★子どもの大好きな歌を大きな声で歌って、ゲーム遊びをしましょう。

でんでん虫はだあれ

［用意するもの］

・カタツムリの殻……段ボールを子どもが１人隠れるぐらいの円形に切り、油性ペンで殻の形を描き入れます。

［遊び方］

① 全員目をつぶり、保育者は隠れる子を内緒で選びます。

② 保育者がカタツムリの殻を持ち、その後ろに子どもが１人隠れます。

③ 「かたつむり」の歌を保育者と他の子が歌い、「♪つのだせ」のときに片手を、「♪やりだせ」のときにもう一方の手を、「♪あたまだせ」で頭を出します。

④ このでんでん虫はだれか、当てっこをします。当たったら次の子を保育者が選んで続けます。

〈カタツムリの殻〉

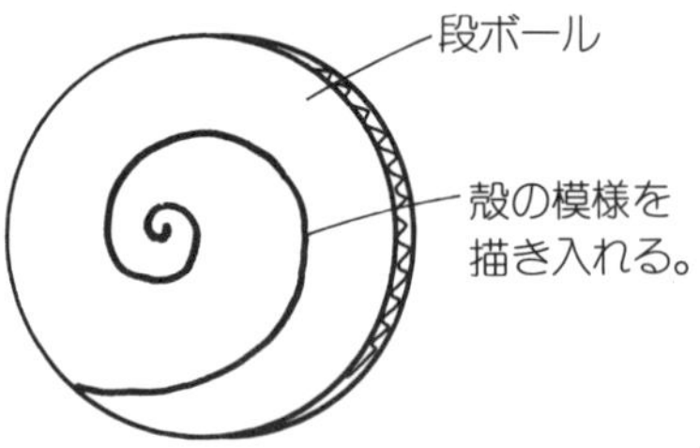
段ボール
殻の模様を
描き入れる。

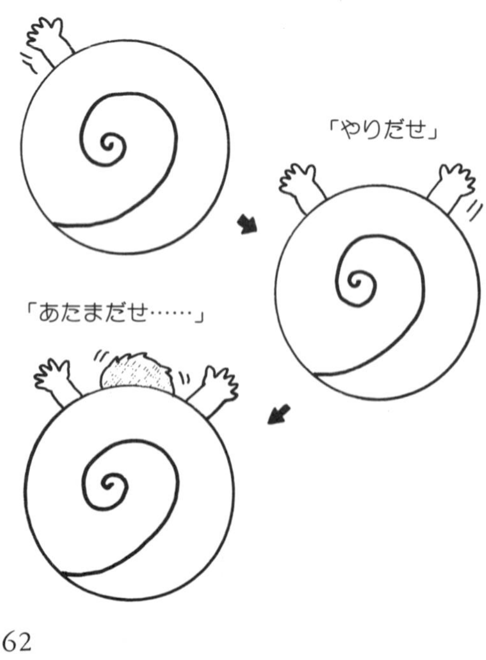
「つのだせ……」
「やりだせ」
「あたまだせ……」

あたまだせ〜〜

くいしん坊のゴリラ

［歌］

（阿部直美・作詞／作曲）

トン　トン　トン　トン
くいしん坊のゴリラが　バナナをみつけた
皮むいて　皮むいて　パックンと食べた
ドン　ドコ　ドン　ドン　ドコ　ドン
あーおいし！

［遊び方］

① 〰〰を、図のようにリズム打ちをしながら言います。

② ○囲みの歌詞のところは、いろいろな食べ物の名前を言います。

③ 「皮むいて皮むいて」のところは、上から下に皮をむくように体を動かします。ここは、食べ物によって動き方を変えます。

④ 「パックンと食べた」のところは、口を大きくあけて、食べるまねをします。

⑤ 「ドンドコドン」は、ゴリラのように胸をたたきます。

⑥ 「あーおいし！」は、ほほを両手で押さえて、おいしそうな顔をします。

※食べ物によって、言葉と表情を変えます。

〈例〉・レモン――「あーすっぱい！」

・タマネギ―「あーなくなっちゃった」と泣く動作をします。

［ポイント］

○保育者は、おおげさに見えるぐらいに表情を変えたり、手ぶりをすると、子どもたちも楽しくいろいろな表情を見せてくれます。

①

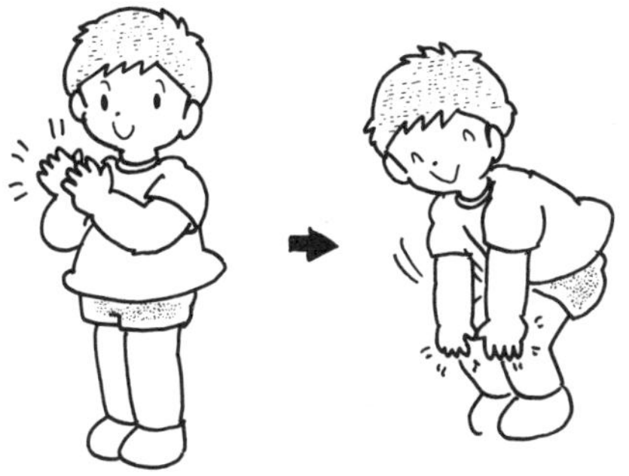

「トン」
手をたたく。

「トン」
ひざをたたく。

③

④

⑤

⑥

絵　本

『ヒヨコ、ようこそ！』

評論社・刊

ミラ・ギンズバーグ／文　バイロン・バードン／絵　まつかわまゆみ／訳

白くて、すべすべした小さなおうちがパカッと割れて、黄色でふわふわのヒヨコが生まれます。簡潔な文と絵から、ヒヨコを守る母さんの愛が感じられる絵本です。

『ねずみくんのおやくそく』

ポプラ社・刊

なかえよしを／作　上野紀子／絵

ねみちゃんとディズニーランドへ行く約束をしたねずみくんはぞうさんを誘い、ぞうさんは……。約束の時間は１時。いったいだれがやってくるのかな？

『いちばんすごい　まほうつかい』　ひかりのくに・刊

岡田　淳／文　高見八重子／絵

ある日、ゆかはおにいちゃんとケンカをしました。一人で歩いていると変なおじさんに呼びとめられて……。

ゆかのちょっと不思議な体験が、楽しい絵本です。

『わにくんぞうくん』

小峰書店・刊

森山　京／文　梶山俊夫／絵

わにくんとぞうくんは好きなものがいっぱいあります。「ぼく、ブランコのるのすき」「ぼく、さかあがりするのすき」と、仲よく遊びます。繰り返しが楽しい絵本です。

（全国学校図書館協議会選定）

図　鑑

『こどものずかん』

ひかりのくに・刊

全10巻

動物、昆虫、植物などのくらし方や見つけ方、飼い方や栽培方法などを紹介し、図鑑も載せています。子ども自身が体験し、発見した喜びを味わえる楽しい図鑑です。

紙芝居

ゆかいな６人の王さまシリーズ『**おかしだいすきくいしんぼ王さま**』

教育画劇・制作

飯島敏子／作　相沢るつ子／画

12画面　全６巻

ぶたの国のプー王さまは、おかしがたいへんお好き。ある日、なんでもおかしに変えてしまう不思議なじゅもんを覚え……。

おはなしチャチャチャ『**こまったでんわ**』　教育画劇・制作

阿部　恵／作　夏目尚吾／画

８画面　全７巻

うさぎさんは、お誕生会に友達を呼ぶつもりで電話をかけました。でも、だれもいません。なぜかしら。

ゆかいなたべもののおはなし第１集『**おべんとうのえんそく**』

教育画劇・制作　矢玉四郎／作・画

12画面　全６巻

おにぎりたちがおべんとうを持って遠足に行くと、くいしんぼの子どもたちの遠足に出会いました。さあ、たいへん……。

ＣＤ

『**CDこどものうた全集**』　日本コロムビア(株)／制作

ひかりのくに／販売

「あめふりくまのこ」「おはなしゆびさん」などの名作の作曲者、湯山昭の作品集です。未発表の曲を含めた全88曲のノスタルジーあふれる童謡は現代の子どもたちに大切な情操教育にも役立つ傑作集です。(12cmCD盤４枚組)

保育図書

『**０～５才児の手あそび歌あそび**』　ひかりのくに・刊

阿部直美／著

集会などに欠かすことのできない「手あそび歌あそび」を年齢別に構成し、実践で人気のあったものばかりを集めた本です。

あめのこびと

まどみちお・作詞／箕作秋吉・作曲

𝅗𝅥 = 60
mf
1.2.ばら ばら ばら ばら こん こん こん
あ め の こ び と
ぎ ん の こ び と
mp
や ねでおいけで かいだんで た いこたたいて たん たら た ん
か さではっぱで いぬごやで は ねてすべって あっ はっ は ー

遊び方　表情豊かに、かわいらしい動作で遊びましょう。

①ぱら　ぱら　ぱら
ぱら　こん　こん
こん

胸の前で手を振ります。

②あ

右手を胸の前におきます。

③めの

左手をその上に重ねます。

④こびと

首を左右に振ります。

⑤やねで　おいけで
かいだんで

胸の前で、手を左右に振ります。

⑥たいこ　たたいて
たんたらたん

太鼓をたたく動作をします。

◀指導のポイント▶

○「たいこたたいて　たんたらたん」の部分は、手で机をたたいたり、ばちを持って、たたいて遊ぶこともできます。

てるてる坊主を飾ろう

★てるてる坊主は、簡単に作れて、とてもかわいい6月のマスコットです。子どもたちといっしょに、ちょっと手を加えたてるてる坊主の部屋飾りを楽しみましょう。

てるてる坊主の指人形

[用意するもの]

・画用紙、ティッシュペーパー、手さげビニール袋、モール。

[作り方]

① ビニール袋を20×20cmぐらいに切り、中にティッシュペーパーを2枚丸めて入れ、てるてる坊主を作ります。

② 人差し指に合わせて画用紙で円筒を作り、①の内側にセロハンテープではります。

[ポイント]

○てるてる坊主づくりは、最初にやわらかい紙で作ってみると練習になります。

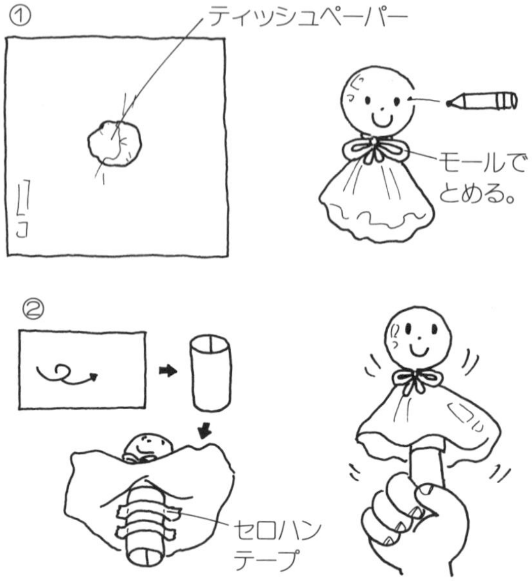

てるてる坊主のれん

[用意するもの]

・いろいろな端ぎれ(20×20cm)、ティッシュペーパー、折り紙、色画用紙、ボール紙、ピンキングバサミ、ひも（毛糸など）。

[作り方]

① 布の周りをピンキングバサミで切り、ティッシュペーパー2枚を丸めて入れ、てるてる坊主を作ります。

② のれんの幅に合わせてボール紙を切り、てるてる坊主をつるす間隔に、パンチで穴をあけます。折り紙でアジサイの花を作り、飾ります。

③ てるてる坊主を3つぐらいずつひもで結び、ボール紙の台につけてできあがりです。

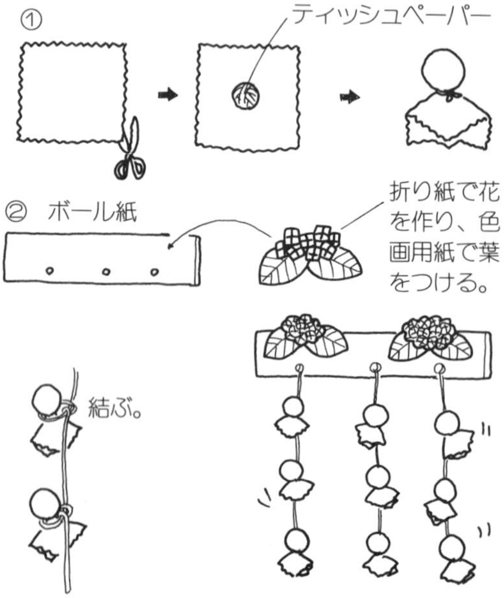

[ポイント]

○花柄、水玉など、かわいい端ぎれをいろいろ使うと楽しくなります。布の色は、明るい色のものを選ぶようにするとよいでしょう。

時計を作ろう

ベルト時計

[用意するもの]

・牛乳パック、画用紙、ボール紙、白ゴム。

[作り方]

① 牛乳パックを図のように切ります。

② 画用紙をパックの底に合わせて丸く切り、時計の文字盤を描きます。長針と短針を画用紙で作り、割りピンでとめます。

③ 子どものウェストに合わせてボール紙でベルトを作り、バックルの時計を真ん中に合わせてとめます。

[ポイント]

○ホッチキスでとめた上からセロハンテープを巻くと、強度が増します。

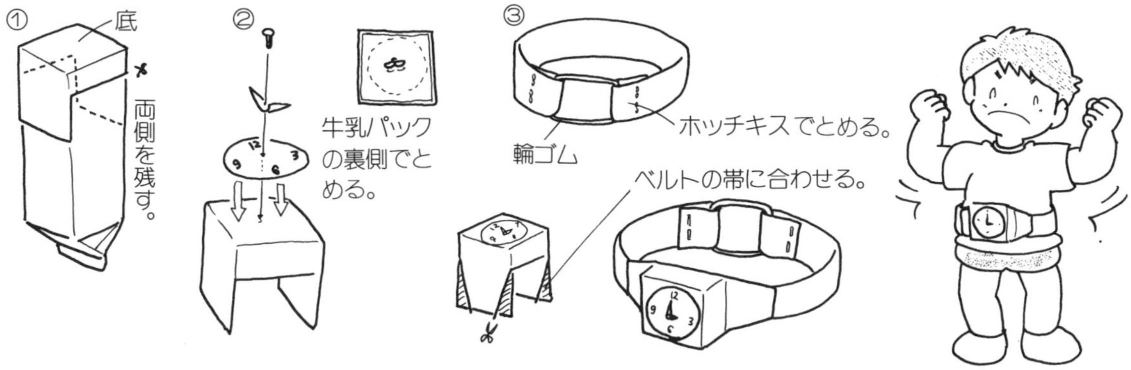

アジサイ時計

[用意するもの]

・紙皿、折り紙、色画用紙、牛乳びんのふた、毛糸、割りピン。

[作り方]

① 2～3色の折り紙をちぎり、紙皿にアジサイの花のようにはります。

② 緑の画用紙で葉を作り、①の裏にのりづけします。

③ 画用紙で文字盤と針を作り、割りピンで紙皿にとめます。

④ 牛乳のふたと画用紙でカタツムリを作ります。

⑤ 時計の下にパンチで穴をあけ、毛糸でカタツムリをぶら下げます。

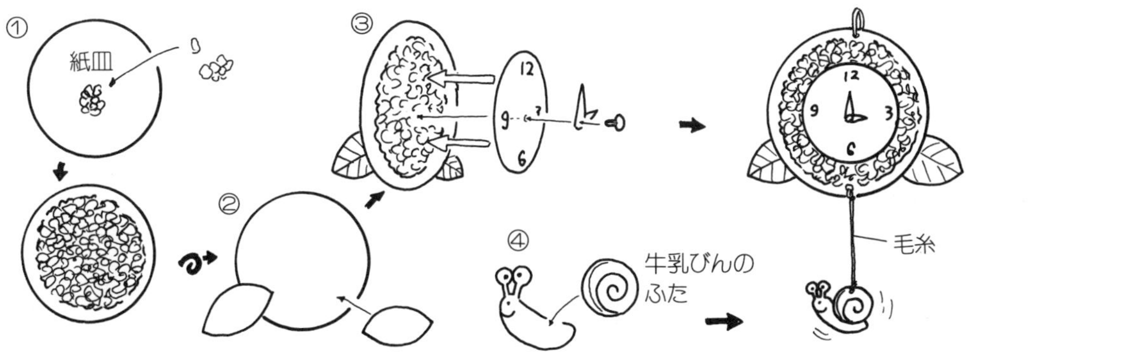

父の日のプレゼント

折り紙ネクタイ

[用意するもの]

・きれいな包装紙か千代紙（25×25cm)、リボン。

[作り方]

① 紙の表を上にして、Ⓐを横の中心線まで折ります。

② 折り下げたⒶを、上の辺まで折り上げます。

③ 裏返して縦の中心線に合わせて左右を折ります。

④ 縦の中心線に合わせて、左右を2回ずつ折ります。

⑤ Ⓑ、Ⓒ、Ⓓの順に折り、裏返します。

⑥ リボンをつけてできあがりです。

[ポイント]

○白い模造紙を使ってメッセージや絵を描き入れると、カードがわりになります。

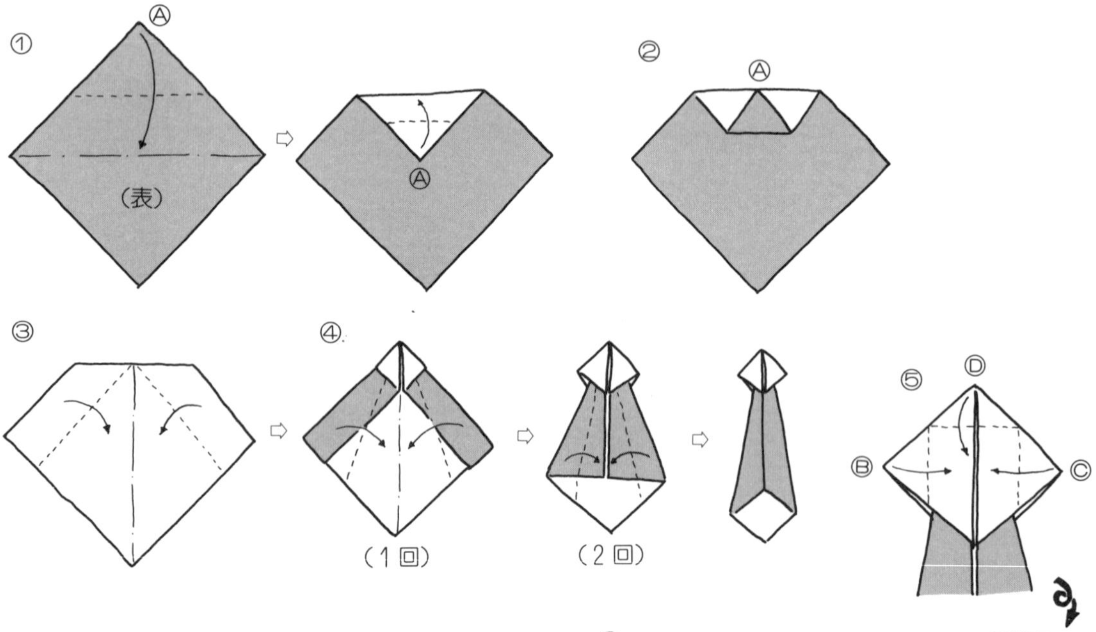

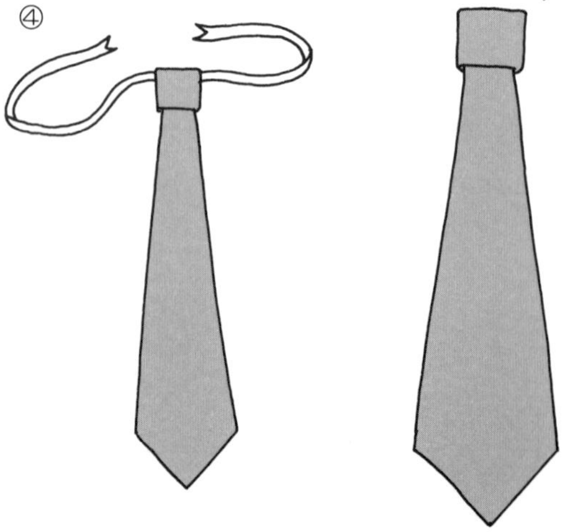

ネクタイかけ

[用意するもの]

・クリーニング店で使う針金のハンガー、ボール紙（直径15cmぐらいの円）、折り紙。

[作り方]

① ボール紙を2枚用意し、1枚にはお父さんの顔を描き、もう1枚にはメッセージを書きます。

② 折り紙でえりを作って顔の下にはり、ハンガーにセロハンテープでつけます。裏にメッセージをのりではります。

③ ハンガーの取っ手を、図のように曲げます。

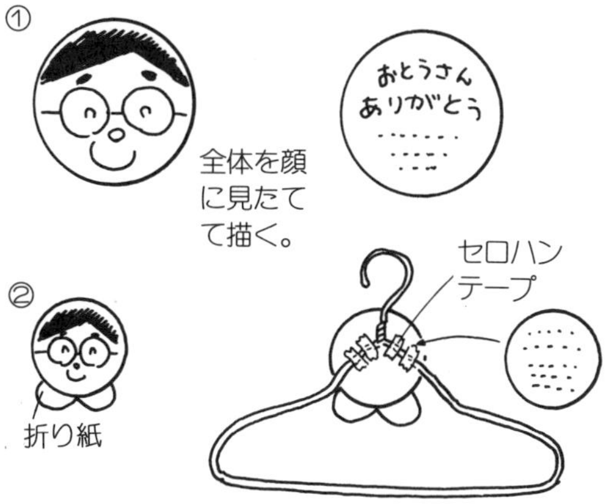

ピカピカ勲章

[用意するもの]

・アルミホイル（お弁当のおかず入れなどに使われているもの）、画用紙、リボン、安全ピン。

[作り方]

① アルミホイルを開いて平らにします。直径7cmぐらいの円形に切った画用紙に、お父さんの顔をクレヨンで描いてはります。

② 幅広のリボンを、図のようにセロハンテープでアルミホイルの裏につけます。

③ リボンの輪に安全ピンをつけ、アルミホイルの周りに油性ペンで文字を書きます。

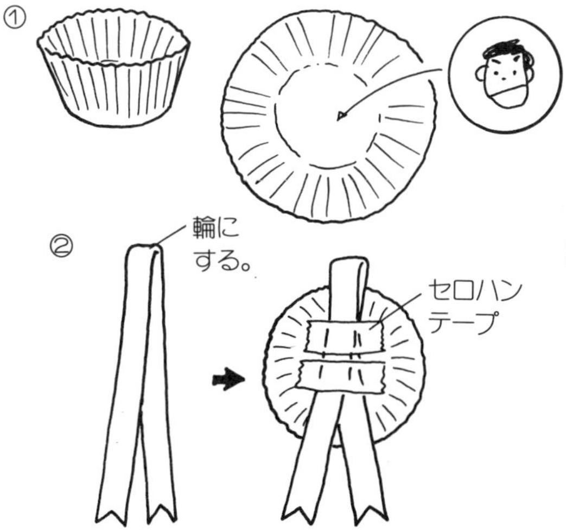

雨の日の楽しい製作

★雨の日に楽しく遊べるように、準備をしておいてあげましょう。

マカロニビーズ

[用意するもの]

・マカロニ、ニス、絵の具、毛糸。

[作り方]

① マカロニにいろいろな絵の具を塗り、乾いたらニスを塗ります。

② 毛糸の先 3 cmぐらいにセロハンテープを巻き、マカロニの穴に通しやすくしておきます。

③ いろいろなマカロニを毛糸に通して、ネックレスやブレスレットを作ります。

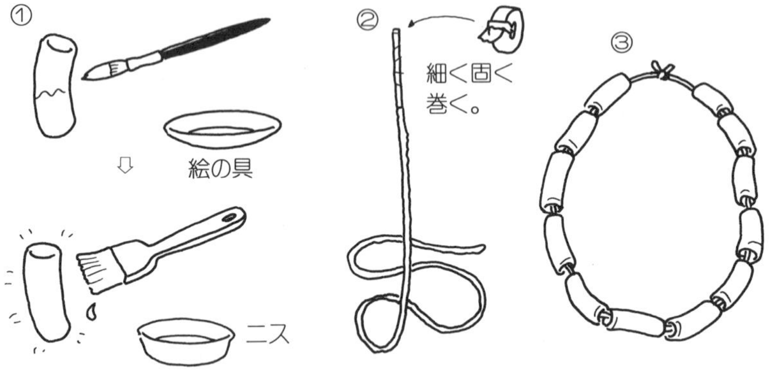

簡単歯ブラシ

[用意するもの]

・割りばし、セロハンテープ、折り紙（白）。

[作り方]

① 折り紙を 3 cm幅に切り、ジャバラ折りにします。

② 割りばしにジャバラをつけて、セロハンテープでとめます。

③ 折り紙に切りこみを入れます。

[ポイント]

○ 『歯をみがきましょう (則武昭彦・作詞／作曲)』の歌をうたいながら、動かして遊びましょう。

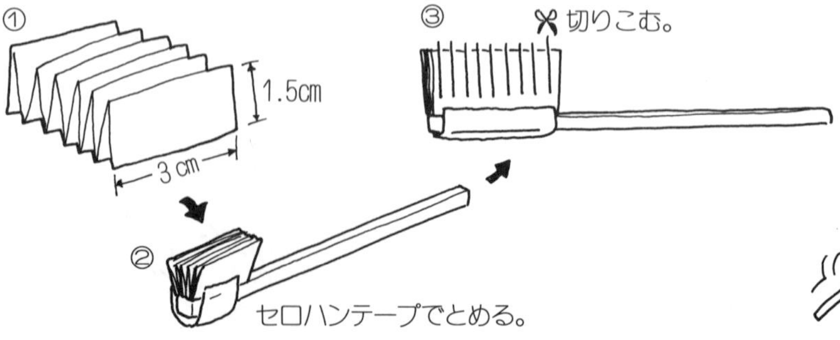

7月

July

子どもの姿

生活のリズムがわかり、遊びも活発になってきます。自分の遊びに保育者や友達を誘ったりもするようになります。また、遊びの内容によって、遊び相手が変わったりもします。

水遊びでは、子どもの中から意外な工夫が出てきたり、発見があったりして、保育者が驚かされる場面がたびたびあります。年長児が入る大型プールへのあこがれが強いので、プールの水替えのときなどに10～20㎝ぐらいの水を入れて自由に遊ばせてあげると、ほかのことも忘れて遊びに没頭し、着替えをしながら「楽しかったね」と口々に感想をもらしたりする光景も見られます。

今まで、あまり積極的といえなかった子が、水遊びになったら表情や行動が一変したり、遊びをリードする子も出てきます。

一方、暑さのため行動が鈍ったり、食欲が落ちたりすることもあります。服装をうんと身軽にして、休息を十分にとって遊ぶようにしましょう。

第1週

今週の予定

・交流保育

予想される主な幼児の活動

○砂場でどろんこになって遊ぶ
・ケーキを作ったり、大きな山を作ったりして遊ぶ
・体についた砂やどろを落とす
・汚れた下着をかたづける

○七夕飾りを作る
・七夕の話を聞く
・みんなで「輪つなぎ」を作る（86）

○年中児と交流保育でいっしょに遊ぶ
・好きな遊びをする
・ザリガニを見せてもらう
・紙芝居を見る　『きょうりゅうのラーメン』（83）
・お弁当を食べる

○水遊びをする
・素足で水まきした上を歩く
・「色水遊び」をする（79）

○歌をうたう『おほしさま』（84）
・星のペープサートを動かしながら歌う

第2週

今週の予定

・プール開き
・個人面談

予想される主な幼児の活動

○七夕飾りを見る
・年長・年中児の作った飾り、自分たちの作った飾りを見る
・『七夕さま』の歌をうたう

○パネルシアー（メルヘンシアター）を楽しむ
・『七夕さまのはなし』を見る
・蛍光色の星をはって遊ぶ

○水遊びをする
「ねらいを定めて」（78）
「金魚つり遊び」（78）
「洗たく競争」（79）

○プール開きに参加する
・大プールで先生の泳ぎを見学する
・小型プールに入って遊ぶ

○屋外でごっこ遊びをする
「青空のおうちごっこ」（80）

○絵本を見る　『あしたプールだがんばるぞ』（82）

（注）＊「予想される主な幼児の活動」は、本書の資料を中心にまとめてあります。
＊（　　）の数字は、本書のページ数です。

第3週

今週の予定

・誕生会
・避難訓練

予想される主な幼児の活動

○アサガオの世話をする（238）
・咲いた花をみんなで見合う
・水やりをする

○水遊びをする
・小型プールで魚つりをしたり、空き容器で遊ぶ
・手づくりのおもちゃで遊ぶ（88）

○ゲームを楽しむ
「かみなりおちた」（81）

○製作をする
・「Tシャツ」の形の画用紙に絵を描いて飾る（89）
・「お化けうちわ」を作る（89）

○誕生会に参加する
・先生の盆おどりを見る
・シャボン玉ふくらませゲームを楽しむ
・誕生児を祝う

○北極コーナーの氷を触ってみる（90）

○紙芝居を見る『なにひっぱってるの』（83）

第4週

今週の予定

・終業式
・夏休み
・夏期保育
（自由参加）

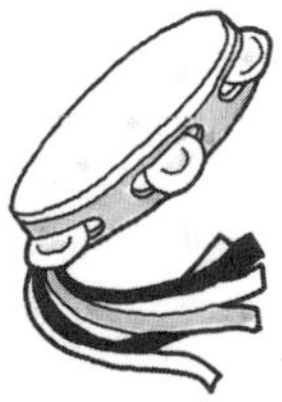

予想される主な幼児の活動

○夏休みの過ごし方の話を聞く

○水遊びをする
・洗たく競争
・空き容器や注射器の水鉄砲で遊ぶ
・小型プールに入って遊ぶ

○歌をうたったり、歌遊びを楽しむ
・『シャボン玉』を歌う
・『水でっぽう』を歌いながら動作遊びをする

○楽器でいろいろな音を出して楽しむ
・トライアングル、鈴、タンブリン

○アサガオを家へ持ち帰る（238）

○終業式に参加する

○絵本・紙芝居を見たり、音楽を聞く
『うみだーいすき』（82）『おおきなすいか』（83）
『きょうのおはなしなあに』（82）

七夕ゲーム

★七夕のおり姫、ひこ星のお話を、ゲーム遊びにして楽しみましょう。

［用意するもの］

・星の冠……黄色(男の子)、ピンク色(女の子)。

・フラフープ（人数の半分の数)。

・短冊（赤、青、黄色の１人３枚)。

［遊び方］

① フラフープを天の川に見たてて、長く置きます。

② 男の子、女の子とも頭に冠をかぶります。短冊カード３枚を手に持ち、みんなで「たなばた」の歌をうたいながら、好きなように動き回ります。

③ 歌い終わったら、男の子と女の子とでペアを組みます。人数が合わないときは、組めない子は１回休みます。

④ 「いっせーのせ！」で、手に持っているカードの中から１枚を選んで出します。同じ色のカードのときはペア誕生で、２人はフラフープの中で座って待ちます。

⑤ 残った子どもたちで②～④を繰り返し、フラフープの天の川におり姫とひこ星が入り終わるまで続けます。

［ポイント］

○２人組になるときやカードを照らし合わせるときは、保育者が援助してあげるようにします。

〈星の冠〉

男の子（黄色）　　女の子（ピンク色）

〈短冊〉

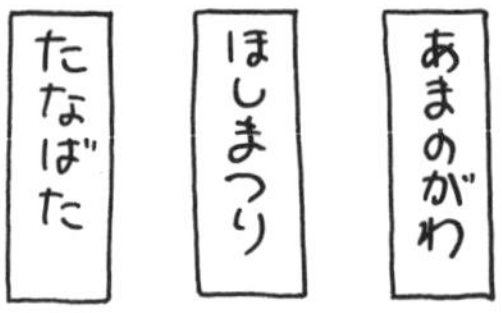

（赤）　（青）　（白）

「いっせーのせ！」

フラフープを、天の川のように長く置く。

砂場で遊ぼう

★砂場遊びは、子どもが大好きな遊びの一つです。初歩的な遊びの中で、砂の取り扱いや、砂場遊びの楽しさを知らせましょう。

ケーキやさんごっこ

［遊び方］

① プリンやゼリーの容器やクッキーなどの空き缶、バケツなどの型抜きの道具や、木の葉、小石、小枝などの園庭にある自然の小物を、前もって用意します。

② 砂のつめ方や型抜きのタイミングなどを教えながら、ケーキづくりをします。

［ポイント］

○砂は、少し水を含ませておいたほうが扱いやすくなります。

大きな山を作ろう

［遊び方］

① 道具を使わず、手だけで大きな山を作ります。できあがったら、項上に旗を立てます。

② トンネルや道路、川（水を流す）を作って、遊びを広げていきます。

［ポイント］

○作る前に砂を掘り起こして、柔らかくしておきます。

宝探し

［遊び方］

① 子どもに知らせずに宝物を埋めておきます。

② 合図でいっせいに探し始め、砂の中にある宝物を探しあてます。

［ポイント］

○宝物は、数を決めて、競争させながら探させるようにします。

水で遊ぶ

ねらいを定めて

［用意するもの］

・洗たくロープ、洗たくバサミ、ティッシュペーパー、バケツ、セロハンテープ。

［遊び方］

① 洗たくロープを子どもの背より少し高めに張り、セロハンテープではり合わせたティッシュペーパーを洗たくバサミでとめます。

② 1mぐらい離れたところから、バケツの水を手でバシャバシャとかけ、ペーパーが切れるまで行います。

コップリレー

［用意するもの］

・牛乳パックのコップ、バケツ、水槽。

［遊び方］

① 2チームに分かれて対抗戦です。

② 各チーム、コップを持って1列になります。最初の子はバケツから水をくみ、こぼさないように次の子のコップに入れかえます。最後の子は受けた水を水槽に入れます。

③ これを繰り返し、早く水槽のビニールテープの印まで水を入れたチームが勝ちです。

金魚つり遊び

［用意するもの］

・ビニールプール、発泡スチロールの魚、魚すくい(アイスクリーム容器に柄をつけます)、カップめんの容器。

［遊び方］

① ビニールプールに水を入れて発泡スチロールの魚を浮かべ、魚すくいですくって遊びます。

色水遊び

［用意するもの］

・しょうゆやジュースなどの透明な容器、絵の具、プリンなどの容器、割りばし。

［遊び方］

① 絵の具を溶いた色水を、しょうゆなどの透明な容器に入れます。

② 自由に小さなプリンの容器に、色水を入れて遊びます。

［ポイント］

○ジュースやさんごっこや薬やさんごっこをして遊びます。透明ないろいろな形の入れ物を準備しておきます。

○色水を混ぜるときは、割りばしを使います。〝○色と○色を混ぜると○○色になる〟など、色の変化を楽しみながら知らせていきます。

洗たく競争

［用意するもの］

・洗たくバサミ（人数分）、ハンカチ。

［遊び方］

① 綿のハンカチを洗います。

② 洗い終わったら、しぼります。

③ 鉄棒やジャングルジム、日当たりのよいところに洗たくバサミで干します。しぼり方によって乾き方が違いますので、だれが早く乾いたか競争します。

［ポイント］

○しぼり方は、保育者が指導します。

○時間や気温で異なりますが、1時間ぐらいを目安にします。なぜ乾かなかったか話してあげたり、洗うときに水をむだにしないように話してあげましょう。

青空のおうちごっこ

★環境を整えてあげると、子どもたちはすぐにごっこの世界に溶け込んでいきます。広い青空を屋根にしてごっこ遊びを楽しみましょう。

［用意するもの］

・ままごとセット、シート、シーツなど。

［遊び方］

① 園庭の固定遊具を利用して、おうちを作ります。

② 固定遊具や周りのものを、必要なものに見たてます。

③ はじめは保育者がお母さん役になり、遊び方を伝えます。

・買い物（木の葉を取ってくる）に行きます。

・電車に乗って、お出かけです。

［ポイント］

○保育者がいろいろに見たて、空想の世界を子どもたちに合わせ、いっしょに動いてみましょう。

ブランコにシーツなどの大きな布をかける。
シート
ままごとセット

大きな段ボール箱を利用して

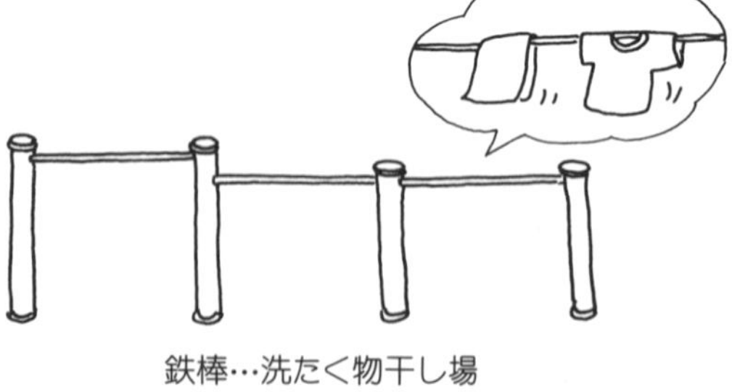
鉄棒…洗たく物干し場

ジャングルジム…学校
会社

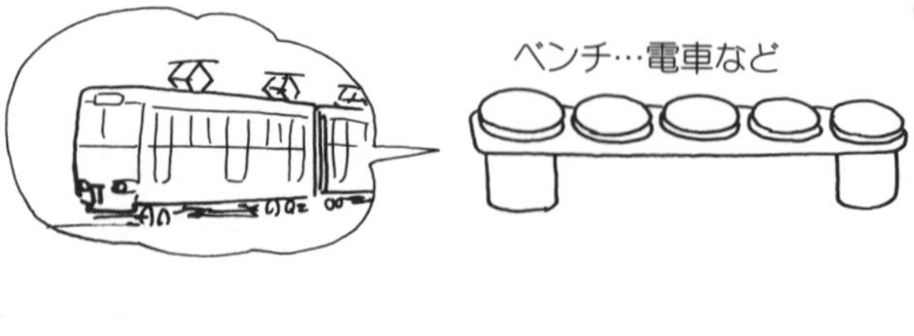
ベンチ…電車など

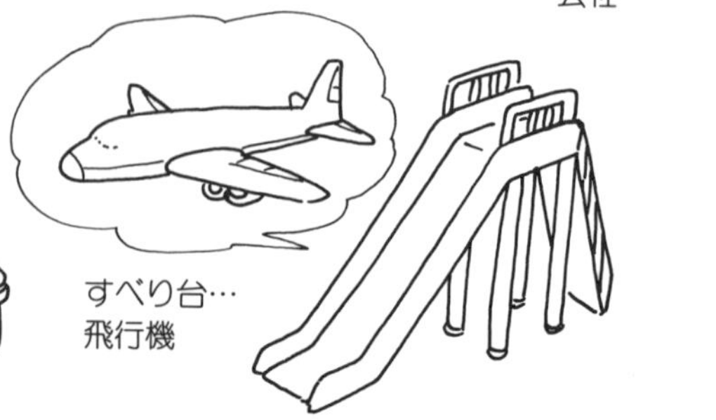
すべり台…
飛行機

かみなり落ちた

★“かみなり”という自然現象は、子どもにはとても不思議で、空想の広がりのあるものです。空の上で太鼓を鳴らしながら“おへそ”をねらうかみなりさんを、鬼ごっこに取り入れて遊びます。

[遊び方]

① 子どもたちは手をつないで丸くなり、「落ちた、落ちた、なにが落ちた！」と言いながら回り、「た！」で座ります。

② 中央にいる鬼（かみなりさん）が、「ほっぺが落ちた」などと答えます。

③ 鬼の答えが「かみなり」以外のときは、①を繰り返します。

④ 鬼の答えが「かみなり落ちた」のときは、前もって決めておいた避難場所に逃げ、鬼は逃げる子にできるだけタッチして、鬼を増やしていきます。

⑤ 全員が鬼になるまで、繰り返し遊びます。

[ポイント]

・鬼ごっこで遊ぶ前に、かみなり帽子を作って楽しみましょう。

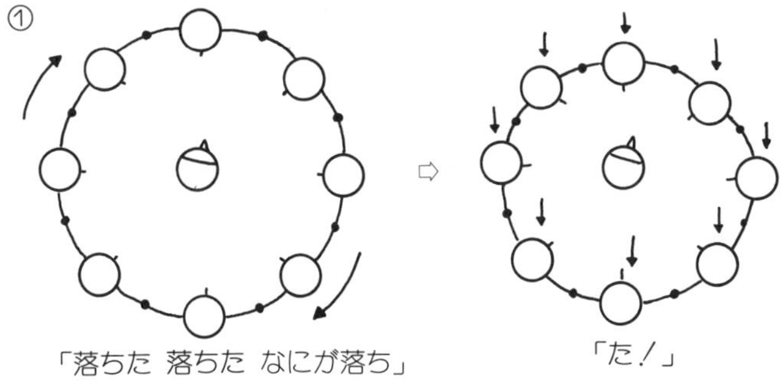
①
「落ちた 落ちた なにが落ち」
「た！」

④

紙袋の底部
子どもの頭に合わせて角をつぶす。
画用紙で円すい形のつのを作り、折り紙をちぎって帽子にはる。

絵　本

『ぐう　ぐう　ぐう』　文化出版局・刊

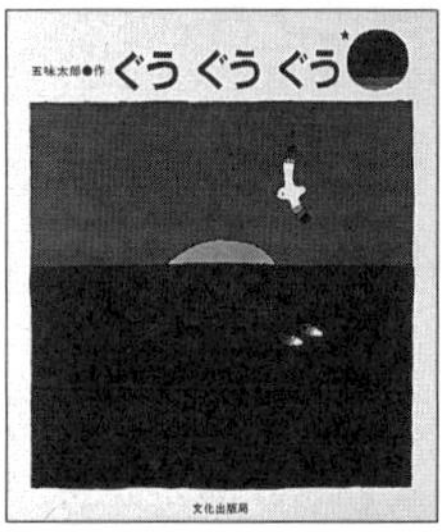

五味太郎／作・絵

夜が明けても、こちょこちょされても、何があってもくじらは「ぐうぐうぐう」。ひたすら眠り続けます。思わず今度こそは、と期待しながらページをめくってしまう楽しい絵本です。

『あしたプールだ　がんばるぞ』　あかね書房・刊

寺村輝夫／作　いもとようこ／絵

明日はくりのき幼稚園のプール開きの日。泳げないわんすけはとってもゆううつです。「ぼく、あした、やすむよ。」と言ってしまうわんすけ。子どもの共感をよぶ絵本です。

（全国学校図書館協議会選定・日本図書館協会選定）

『かえるちゃんとかばおばさん』　PHP研究所・刊

わたなべゆういち／作・絵

かえるちゃんとかばおばさんが、大きな大きなホットケーキを食べたら、体がぷくぷくとふくれてきました。さあ、たいへん。

ユーモアあふれる楽しいお話です。

『うみ　だーいすき』　金の星社・刊

いもとようこ／作・絵

こねこちゃんたちが海へ遊びに行きました。海で泳いだり、砂浜で遊んだり、とっても楽しい一日でした。海が大好きになる、かわいい絵本です。

（全国学校図書館協議会選定）

お　話

『きょうのおはなしなあに』　ひかりのくに・刊

お話が見開き2ページに毎日1話、月日が記され、全4巻で世界名作、日本昔話、創作童話など1年間（365日）分のお話がぎっしりです。春の巻、夏の巻、秋の巻、冬の巻

（全国学校図書館協議会選定・中央児童福祉審議会推薦）

紙芝居

おはなしワクワク第２集『**おおきな　すいか**』　教育画劇・制作

間所ひさこ／作　塩田守男／画

12画面　全６巻

大きなすいかが、畑にごろん、ねずみが見つけて、にっこにこ。そこへ仲間のねずみも……。

びっくり　どきりんこ『**きょうりゅうのラーメン**』　教育画劇・制作

しばはら　ち／作・画

12画面　全７巻

きょうりゅう親子が、おひるごはんに大きな大きなラーメンを作ることになりました。

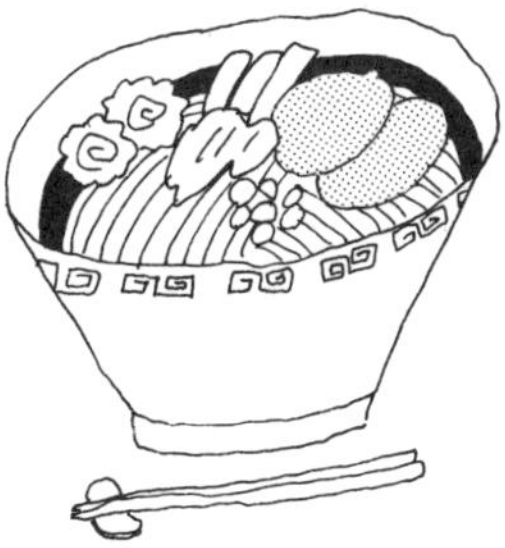

おはなしなーに『**なにひっぱってるの**』　教育画劇・制作

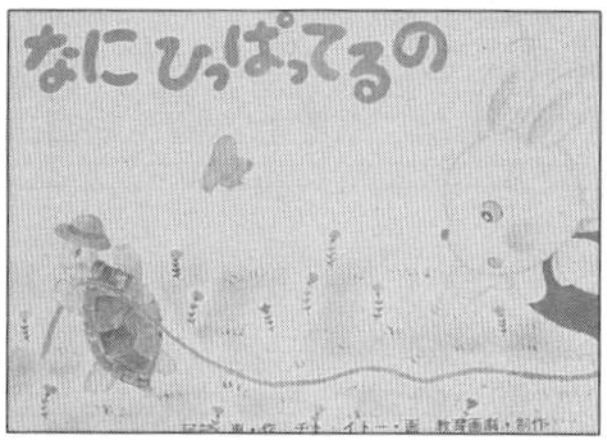

阿部　恵／作　チト　イトー／画

８画面　全７巻　（文部省選定）

何ひっぱってるの？　ウサギがカメに聞きました。何をひっぱってるのかわからないから……。

カセット

『**どうようベスト50**』　ビクター音楽産業／制作

ひかりのくに／販売　２巻組

幼稚園、保育園でよく歌われるおなじみの童謡を全50曲収録しています。

保育図書

『**集会のもちかたとやさしい手品**』　ひかりのくに・刊

巡　静一／著

園の集会（行事）の持ち方、準備から反省に至るまでを具体的に解説してあります。あわせて、楽しい手品のやり方を、イラストでわかりやすく紹介しています。

おほしさま

都築益也・作詞／團伊玖磨・作曲

美しく ♩＝110

poco rit.
sempre legato
1. おほしさま ぴかり おはなし してる ちいさな こえで かわいい こえで おはーなし してる
2. おほしさま ぴかり おでんわ かけた あのこに このこ よいこは どのこ おでーんわ かけた

遊び方　お星さまをイメージしながら遊びましょう。

①おほしさま　ぴかり　おはなし　してる

両手をあげて、きらきらさせます。

②ちいさな　こえで

片手を耳にあてて、頭を振ります。

③かわいい　こえで

両手を耳にあてて、頭を振ります。

④おはなし

両手をきらきらさせながら、上から下へ降ろします。

⑤してる

胸の前で手を組みます。

◀指導のポイント▶

○星のペープサートを作って、遊んでみましょう。

七夕飾り

まる・さんかく・しかく

［用意するもの］

・折り紙、のり。

［作り方］

① 折り紙を丸、三角、四角に切ります。

② のりで自由にはりつなげていきます。

［ポイント］

○包装紙を利用すると、はる紙の種類が豊富になり、目を楽しませてくれます。

○子どもたちが切ったものだけでなく、正方形、長方形、大きいもの、小さいものなど、いろいろの種類の紙を用意しておきましょう。

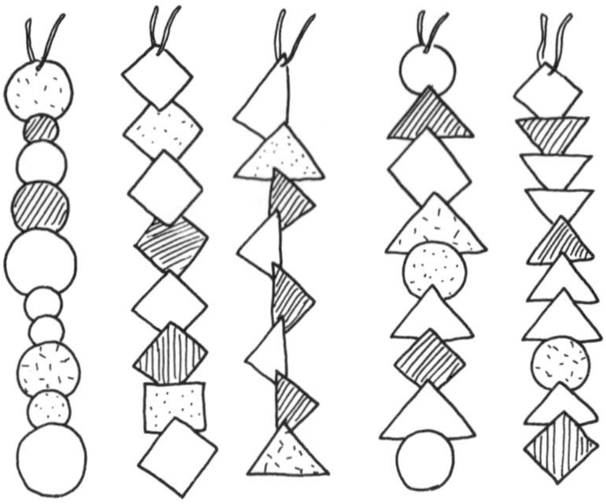

おり姫、ひこ星飾り

［用意するもの］

・紙皿、トイレットペーパーの芯、折り紙、画用紙、のり、セロハンテープ、クレヨン。

［作り方］

① トイレットペーパーの芯を８cmぐらいの長さに切り、折り紙（おり姫はピンク色、ひこ星は青色）を巻いてのりづけします。

② 画用紙で直径５cmぐらいの丸を切り抜き、おり姫とひこ星の顔をクレヨンで描き、①にはります。帯は、折り紙を1.5cm幅に切り、胴の部分に巻いてはります。

③ 紙皿の内側に②をセロハンテープでとめ、周りに星形に切った折り紙をはります。

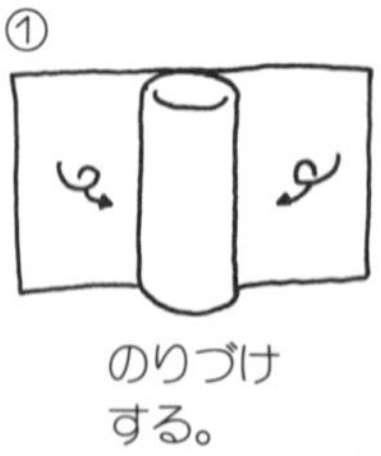
①
のりづけ
する。

②
折り紙1.5cm
幅の帯をはる。

③
セロハン
テープ

長い飾り

[用意するもの]

・折り紙、ハサミ、リボン、セロハンテープ。

[作り方]

① 折り紙を4つに折ります。

② 図のように線を描き、線の上を切らせます。

③ 中をくぐらせながら、②をつなげていきます。

④ 飾りの下に、折り紙の星にリボンをつけて、セロハンテープでとめます。

[ポイント]

○切る線は、保育者がはっきりと描いてあげましょう。

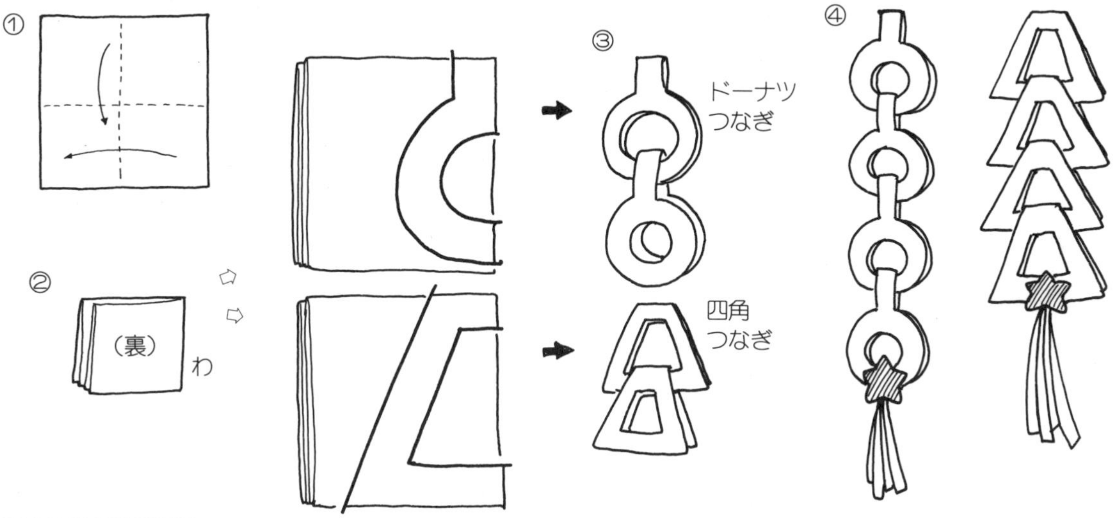

変わり輪つなぎ

[用意するもの]

・折り紙、ピンキングバサミ、のり。

[作り方]

いつもの輪つなぎを、少し変えてみましょう。輪つなぎの帯を切るとき、ピンキングバサミで切ると、ちょっと目先が変わります。

[ポイント]

○輪を1個作るのは簡単ですが、3個以上つなげていくと、1個の輪に2個つなげてしまうことがありますので、注意してあげましょう。

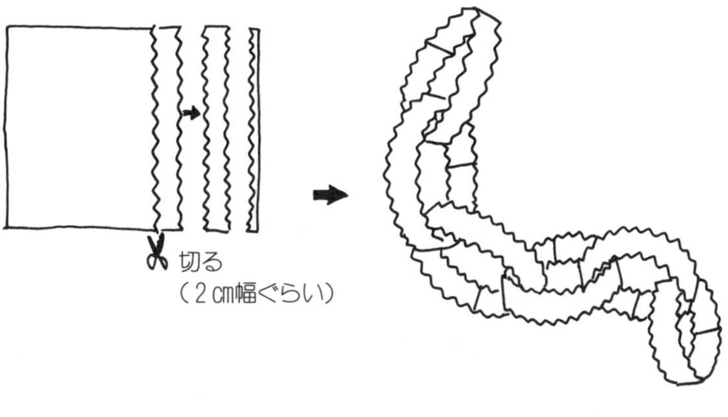

水遊びのおもちゃ

浮かぶUFO

［用意するもの］

・アルミ皿、カップめんの容器、ビニールテープ、油性ペン。

［作り方］

① アルミ皿にカップめんの容器をのせ、上からビニールテープで固定します。

② 油性ペンなどで、窓や模様を描きます。

［遊び方］

○フリスビーのようにプールに目がけて投げ、じょうずにプールに浮くかを競いましょう。

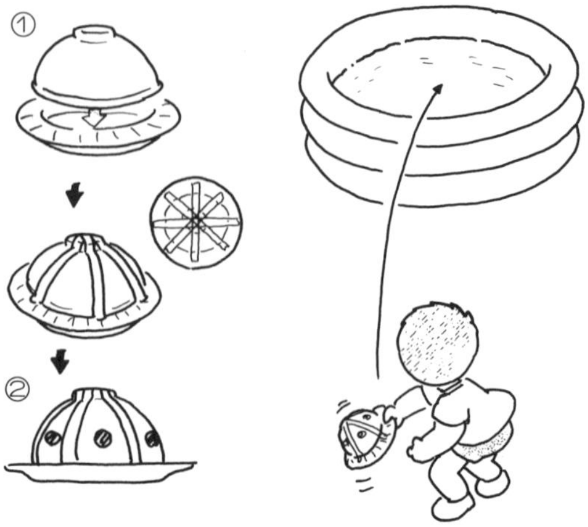

牛乳パックシャワー

［用意するもの］

・牛乳パック、ビニールテープ、きり、ホッチキス。

［作り方］

① 牛乳パックを用意し、図のように切り取ります。

② 取っ手の部分をホッチキスでとめ、上からビニールテープで巻きます。

③ きりで周りに穴をあけます。

［ポイント］

○牛乳パックを切るとき、油性ペンで切り取り線を描いてあげるようにします。

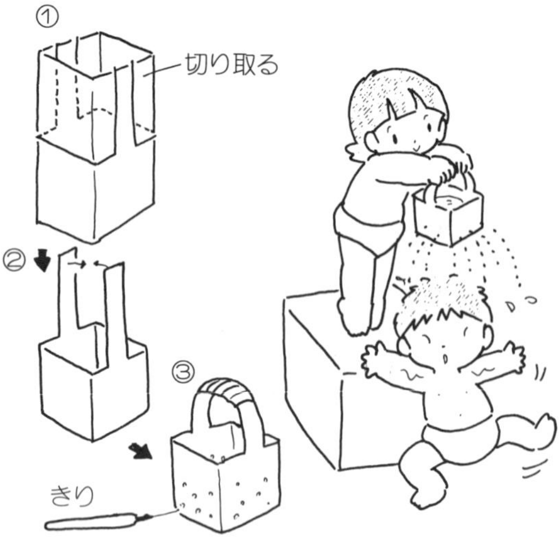

カラフルサングラス

［用意するもの］

・色セロハン、白ゴム、画用紙。

［作り方］

① 目と鼻の位置を合わせて、画用紙で眼鏡のフレームを作ります。

② 色セロハンをレンズの部分にはります。

③ 両端を折り返し、白ゴムをつけてホッチキスでとめます。

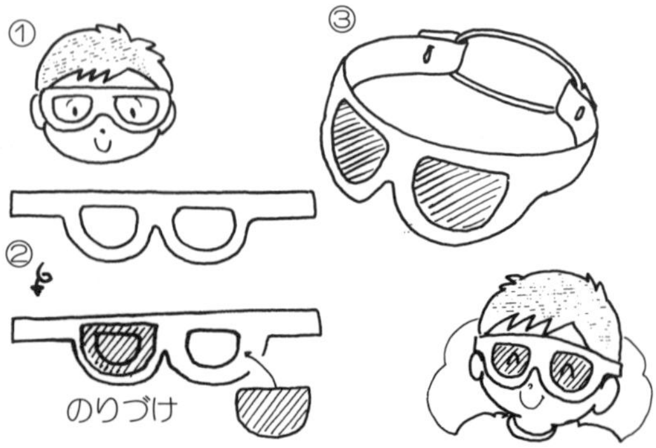

夏を涼しく

お化けうちわ

［用意するもの］

・色画用紙(緑)、画用紙、折り紙、割りばし、クレヨン。

［作り方］

① 色画用紙と画用紙（白）を、直径20cmぐらいの円に切ります。

② 緑の画用紙は黒のクレヨンでスイカの模様を、白の画用紙にはお化けの顔を描きます。

③ 緑の画用紙の裏にのりを全体につけ、割りばしをのせます。割りばしにものりをつけ、白画用紙をはり合わせます。

［ポイント］

○のりを全体につけることと量に注意し、はり合わせたとき、少し上から押すように指導してください。

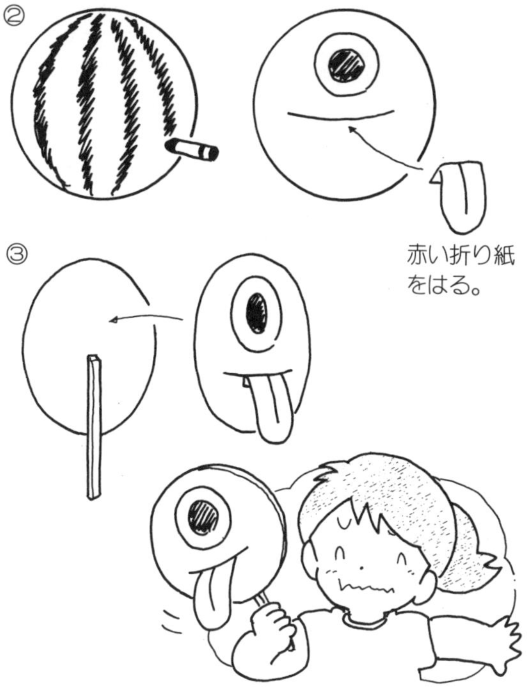

Tシャツ飾り

［用意するもの］

・画用紙（薄めの色画用紙でもよい)、クレヨン、のり、洗たくバサミ、綱。

［作り方］

① 画用紙を図のような形に切ります。

② クレヨンで自分の好きな絵を描き、のりで周りをはり合わせます。

③ 洗たく物を干す感覚で、部屋に綱などをはり、洗たくバサミでTシャツをとめていきます。

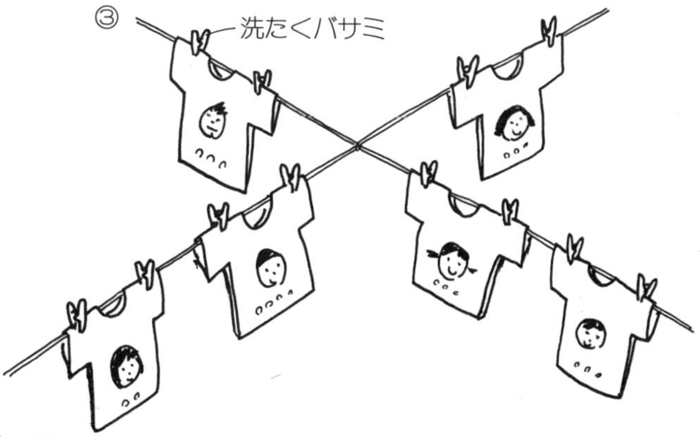

涼しい保育室を

★暑い日が続きます。涼しい雰囲気が出るように、保育室の飾りつけを工夫しましょう。

お部屋は水族館

［用意するもの］

・青セロハン、ボール紙、折り紙、セロハンテープ。

［作り方］

① ボール紙で四角い枠を作り、セロハンをはりつけます。

② 折り紙で小石や魚を作り、①にはります。

③ 窓にはって飾ります。

すだれをおしゃれに（夏の伝言板）

［用意するもの］

・すだれ、モール、糸、セロハンテープ。

・折り紙で作ったカモメ、虫、アサガオ、本物の貝殻、麦わら帽子など。

［作り方］

○すだれに、お知らせやお願い、飾りなどをセロハンテープやモールなどでとめて、ディスプレーしてみましょう。

北極コーナーでヒンヤリ！

［用意するもの］

・発泡スチロールの箱、氷、北極のイメージの絵（保育者が描いておく）。

［作り方］

○図のように、箱に絵をはり合わせて、部屋のコーナーに置き、子どもが登園したら氷を入れておきます。

※暑いとき、北極コーナーで氷に触って楽しませましょう。

8月

August

子どもの姿

幼稚園は夏休み。夏期保育のある園もありますが、家庭での生活が中心になります。

保護者からいただいた暑中見舞いのハガキに〝早く幼稚園へ行きたいといっています〟などと書かれていると、うれしくなります。二学期、夏を満喫した子どもたちと会うのが楽しみです。

保育園では、里帰りや家族旅行などのため、登園してくる子どもの数も減り、混合保育が多くなります。クラスの保育者や友達がいなくて、何となく元気なさそうにしている子もいます。反対に異年齢児との交流があり、楽しい遊びの見つかったときなどは、今までなかったようなダイナミックな動きで遊ぶ姿も見られます。

プールの水を園庭いっぱいに流して〝大どろんこ大会〟をしたり、〝ドジョウつかみ大会〟やお化け工場で年長児とお化けを作って〝お化け大会〟をしたりと、保育者も楽しい計画を立てます。

第1週

今週の予定

・お化け大会

予想される主な幼児の活動

○好きな遊びをする
- 折り紙、ブロック、鉄棒、ブランコ、ままごと、絵本、カラーボックス

○プール遊びをする
- 自由に遊ぶ―ビーチボール、浮き輪、カラーボール、じょうろ、手づくりの船など
- 保育者や友達といっしょに遊ぶ
  「おせんべやけたかな」(94)「ひらいたひらいた」(95)

○鬼ごっこをする(96)
- 手遊び『一本ばし』を楽しむ
- 鬼ごっこに発展させて楽しく遊ぶ

○年長組のお化け大会に参加する
- お化けを見て回る
- お化けの絵を描く

○栽培植物に水やりをする
- トマトの色づきを見る(240)

○絵本、紙芝居を見る
『ふたごのおばけ』(100)『いたずらおばけ』(101)

第2週

今週の予定

・盆おどり会

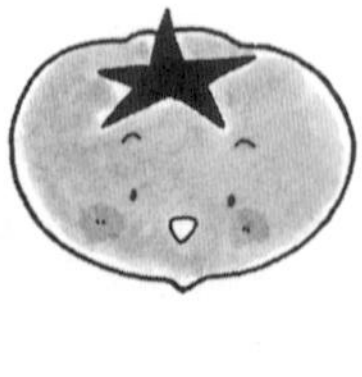

予想される主な幼児の活動

○プール遊びをする
- 自由に遊ぶ
- 浮かぶ物を探して浮かべてみる
- 「はないちもんめ」で遊ぶ(95)

○熟したトマトを収穫して食べてみる
- トマトを輪切りにして、中のようすを見る
- 食べた感想を話す
- 『トマト』の手遊びで遊ぶ(102)

○簡単なおもちゃを作って遊ぶ
「くるくるヘリコプター」(108)

○絵の具で遊ぶ
- 「色水遊び」をする(98)
- スポイトを使って絵を描く(99)

○盆おどり会に参加する
- 『ドラえもん音頭』『ちびっこ音頭』を踊る
- 和太鼓をたたいてみる

○ビデオ人形劇を見る 『おおかみと七ひきのこやぎ』

(注)*「予想される主な幼児の活動」は、本書の資料を中心にまとめてあります。
*(　)の数字は、本書のページ数です。

第3週

今週の予定

・スイカ割り

予想される主な幼児の活動

○プール遊びをする

○カブトムシやトンボを観察する
・図鑑でカブトムシの飼い方を知る（256）
・つかまえたトンボを観察したら逃がしてやる

○絵の具を使ってはじき絵をする
「はじくよ、はじく」（98）

○貝がらやホオズキを利用して遊ぶ
「貝がら絵合わせ」（105）
「ホオズキ人形と舟」（105）

○スイカ割りに参加する
・スイカ割りを楽しむ
・友達や異年齢の子を応援する
・スイカをおいしくいただく

○パネルシアターを見る 『南の島のハメハメハ』ほか

○紙芝居を見る 『なんでもなおすおいしゃさん』（101）

第4週

今週の予定

・誕生会
・夏祭り会

予想される主な幼児の活動

○プール遊びをする（94）
・バタ足、宝探し、ちょっともぐりっこ

○夏祭り会用のクラスおみこしを作る
・段ボール箱を飾る
・大きなうちわを作る

○夏祭り会に参加する
・おみこしをかつぐ
・他のクラスのおみこしを見る
・金魚すくいをする

○スタンプ遊びをする（99）
・スタンプになるおもちゃを探して押してみる

○スズムシの鳴き声を聞く（260）
・園庭や散歩で、いろいろな虫の音を聞く

○手遊びで遊ぶ
『一丁目のドラねこ』（97）

○絵本を見る 『ぼくおよげるんだ』（100）

プール遊び

★はじめてプールに入るのに不安をおぼえる子ども、十分水に慣れている子どもとさまざまです。楽しく水に慣れるよう、ゲームをして遊びましょう。

おせんべやけたかな

［遊び方］

① プールの中で大きな輪を作ります。保育者が「おせんべやけたかな」と言って、「な」の子のおなかに水をかけていきます。

② 水をかけられた子どもは、プールの中にひざをかかえて座ります。

③ 座った子どもは次に「な」に当たったら、頭から水をかけられます。

［ポイント］

○家庭との連絡で、必ず体調のチェックをします。おなかの調子、熱はもちろんのこと、流行性の病気がないかどうかチェックを忘れずにしましょう。

○水に入る前にトイレをすませ、途中で行かないですむようにします。

○休息は子どもの状態にあわせてとるようにします。くちびるが紫色になったり、ふるえていたりする子どもは水から出し、日なたで休ませます。

ひらいたひらいた

[遊び方]

① 「ひらいた　ひらいた」で輪を作り、中心に保育者が入ります。

② 「ひらいたと思ったら　いつのまにかつぼんだ」で輪をつぼめて、保育者が子どもたちにやさしく水をかけます。

③ 「つぼんだつぼんだ　つぼんだと思ったら　いつのまにかひらいた」で輪を広げ、今度は保育者めがけて思いきり水をかけます。

はないちもんめ

[遊び方]

① プールの中で、〝はないちもんめ〟をして遊びます。手でジャンケンのかわりに足ジャンケンをします。負けてしまった人に、勝ったほうが水をかけます。

〈グー〉　〈チョキ〉　〈パー〉

いっぽんばし鬼

★簡単なルールを覚え、鬼ごっこをして遊びましょう。子どもたちは、いつ、お化けが出るかドキドキして待っています。

［遊び方］

① 鬼を１人決めます。

② 鬼は「いっぽんばし　にほんばし」の手遊びをみんなの前でやります。

③ 最後のところは、鬼は小鳥やウサギ、お花などいろいろと変えます。

④ 最後の「おばけ」が出たら、みんなは逃げて鬼がつかまえにいきます。

⑤ つかまった子が次の鬼になり、交代します。

※「いっぽんばし　にほんばし」の手遊びは、『3歳児のクラス運営(ひかりのくに・刊)』177ページに載っています。

一丁目のドラねこ

阿部直美・作詞／作曲

3
3
いっちょめの ドラねこ 2ちょめの クロねこ 3ちょめの ミケねこ 4ちょめの トラねこ
5ちょめの ねずみは おいかけ られて あわてて にげこむ あなのな か ニャオー

[遊び方]

○２人組になって遊びます。

○歌の終わりに、指つかみ遊びをします。

① いっちょめのドラねこ　２ちょめのクロねこ　３ちょめのミケねこ　４ちょめのトラねこ　５ちょめのねずみは

Aは、「いっちょめの……」でBの親指を、「にちょめの……」で人差し指を軽くリズムに合わせ打ちます。これを小指まで繰り返します。

B
A

② おいかけられて　あわててにげこむ

Bは両手をつぼ形にして待ちます。AはBの体のいろいろなところを両人差し指で触ります。

B
A

③ あなのなか　ニャオー

AはBの指の中に人差し指を入れます。Bは「ニャオー」で指の輪をギュッッとしめます。Aはつかまらないように、指をさっと抜きます。

B
A

絵の具で遊ぼう

★子どもたちは絵の具が大好きです。絵の具を思いきり使って色水遊びを楽しんだり、絵の具に親しむことをねらいとして、いろいろな経験をさせてあげましょう。

魔法の色水

［用意するもの］

・少し濃いめに溶いた絵の具（赤、青、黄、緑など）、スポイト、水を入れた飼育用の水槽（透明な容器で少し大きめなものならなんでもよい）、塩。

［遊び方］

① 透明な容器に水をたっぷり入れ、少し塩を加えます。

② 少し濃いめに溶いた絵の具を、スポイトで容器の中へ少しずつ入れていきます。

③ かきまわさず、色が落ちていくようすを楽しみます。

④ 十分遊んだあと、かきまわすと、黒っぽい色になります。

［ポイント］

○保育者が先にやって見せてあげると興味を持ち、活動が盛り上がっていくことでしょう。

はじくよ、はじく

［用意するもの］

・画用紙（８つ切り大）、クレヨン、数色の絵の具（薄めに溶いておく）。

［遊び方］

① 画用紙にクレヨンで自由になぐり描きを楽しんで、いろいろな色を確かめます。「クレヨンのおさんぽ」などと言いながら、思いきりなぐり描きを楽しませていきます。

② 十分楽しんだあと、好きな色で画用紙全体を塗ります。「塗れないよ、はじくよ」ということに気づきます。

［ポイント］

○解放感をより楽しむために紙を大きくしたり、園庭に机を出して遊びます。

○筆は個人持ちにして、色を変えるときは洗ってから使えるようにします。筆洗い用の水やぞうきんなども用意しておきましょう。

スポイトでお絵かき

[用意するもの]

・模造紙、スポイト(数本)、数色の絵の具、セロハンテープ。

[遊び方]

① 床に模造紙を置き、動かないようにセロハンテープで固定します。

② スポイトに絵の具を入れ、ポタポタとたらしたり、線をかいて遊びます。

[ポイント]

○絵の具の入ったスポイトを使って偶然できた形や混じった色を楽しんだり、絵の具に親しむことをねらいとします。

ペッタンコスタンプ遊び

[用意するもの]

・スポンジに濃いめの絵の具を含ませたもの（数色)、保育室にある玩具(ブロック、ままごとのコップなど)、模造紙、セロハンテープ。

[遊び方]

① 床に模造紙を置き、動かないようにセロハンテープで固定します。

② はじめは、ポンポンだけでスタンプ遊びを始めます。

③ 遊びが発展していくように、あらかじめ凹凸のある玩具を準備しておき、子どもが発見できるようにしておきます。

④ 「こんな形になった」「これはどうかな」と言いながらスタンプ遊びを楽しみ、手形にも気づかせていきます。

[ポイント]

○子どもが発見した形を認めながら、十分楽しめるように、玩具やポンポンの数は多めに準備しておきましょう。

布の中に脱脂綿を入れ、ひもやゴムで割りばしにつける。
ポンポン

絵本

『はい、こちらおばけです』

ポプラ社・刊　木村裕一／作・絵

子うさぎのぴょんたんたちは、おばけごっこが大好き。電話で、かばおばさんを驚かしに行く約束をしますが、電話番号を間違えて……。お話の中に電話のおもしろさを取り入れた絵本です。

『ぼく　およげるんだ』

あかね書房・刊

わたなべしげお／文　おおともやすお／絵

水遊びが大好きなくまたくん。ある日、お父さんと初めてプールに行くことになりました。大喜びのくまたくんでしたが……。幼い子の共感を呼ぶ絵本です。

（全国学校図書館必読書・日本図書館協会選定）

『ちょっと　いれて』

偕成社・刊

さとうわきこ／作・絵

おばあちゃんが木陰で本を読んでいると、うさぎが来て「ちょっと　いれて」。それからも、ねこ、いぬ、へび、くま、ぞう、と、次々に動物たちが涼みに入ってきて、とうとう……。愉快な、愉快なお話。

『ふたごのおばけ』

ポプラ社・刊

大川悦生／作　藤本四郎／絵

教室に住んでいるふたごのおばけ。ある朝、寝ぼうをして、かずくんとみさちゃんに見つかってしまったから、さあたいへん！子どもたちの大好きなおばけのお話。

（全国学校図書館協議会選定）

図鑑

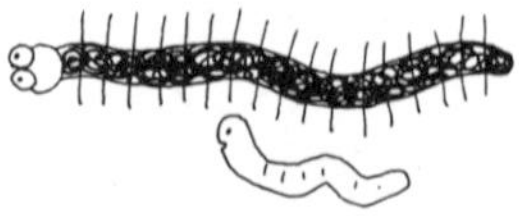

『むし―くらしとかいかた』

ひかりのくに・刊

阪口浩平／監修

虫たちがどんなところで暮らしているのか、どうしたら飼えるのか、どんな仲間がいるのかを、豊富な写真や絵で紹介しています。虫と自然が好きになる本です。

（全国学校図書館協議会選定）

紙芝居

紙芝居とんちばなし『**なんでもなおすおいしゃさん**』　教育画劇・制作

安田　浩／脚色　末崎茂樹／画

フランス民話　12画面　全６巻

（文部省選定）

ゾウの病気は鼻が長いことで、キリンはくび長病です。「待てよ、これは病気じゃない」……。

紙芝居とんちばなし『**ふしぎなはこ**』　教育画劇・制作

関　七美／脚色　中村千尋／画

彦一とんちばなし　12画面　（文部省選定）

「ひこいちどん、たすけておくれよ」しまりすが、かけこんできました。「たいへんだー」

おはなしなーに『**いたずらおばけ**』　教育画劇・制作　（文部省選定）

久地　良／作　尾崎真吾／画

８画面（しかけつき）　全７巻

夜ふかし子どものいる家はどこかな？いたずらおばけは……。

ビデオ

『**にんぎょうげき**』　ひかりのくに／販売　全５巻

NHK教育テレビで放映され、好評を博したものをビデオ化した、水準の高い人形劇です。１巻15分のカラーテープです。VHSのみ。第１巻かさじぞう。第２巻牛方と山んば。第３巻つがにの恩がえし。第４巻みにくいあひるの子。第５巻おおかみと七ひきのこやぎ。

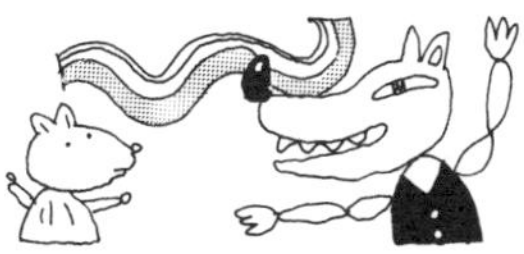

保育図書

『**やさしく楽しい動くおもちゃ**』　ひかりのくに・刊

園部真津夫／著

子どもたちの心をひきつけ、より楽しい遊びへと発展できる身近な材料を使った動くおもちゃ63種を紹介しています。

トマト

荘司　武・作詞／大中　恩・作曲

♩＝78
C F6 F F Gm
mp p
1.トマトって
2.トマトって
C Am
mp
かわいいなまえだね うえからよんでも
なかなかおしゃれだね ちいさいときには
Dm Gm
p
トマト したからよんでも トマト
あおいふく おおきくなったら あかいふく

遊び方　園で栽培しているトマトを見たり、トマトを思い出しながら遊びましょう。

①トマトって

両手でトマトの形を作ります。

②かわいい　なまえだね

両手を合わせて、顔の横につけます。

③うえから　よんでも

かいぐりをします。

④トマト

手を2回たたきます。

⑤したからよんでも

逆回しにかいぐりをします。

⑥トマト

手を2回たたきます。

◀指導のポイント▶

○大きいトマト、小さいトマトと、動作を大きくしたり、小さくしたりして遊んでみましょう。

思い出グッズ

★夏の思い出といっしょに、花の種や貝がらでネックレスやバッジを作って遊びましょう。

ヒマワリネックレス

[用意するもの]

・ひもまたはリボン、ヒマワリの種、ボタン、接着剤。

[作り方]

① ひもまたはリボンは平らなものを選び、首にかけられる長さに切ります。

② ボタンとヒマワリの種とを交互に接着剤でつけていきます。

ヒマワリバッジ

[用意するもの]

・片面段ボール、色画用紙、アサガオの種、貝がら、安全ピン、接着剤。

[作り方]

① 片面段ボールを円形に切り、黄色に着色します。

② アサガオの種を接着剤でつけ、中心に貝がらをはります。

③ 花びらの形に切った色画用紙を片面段ボールの裏にはります。

④ 安全ピンを画用紙でとめます（保育者）。

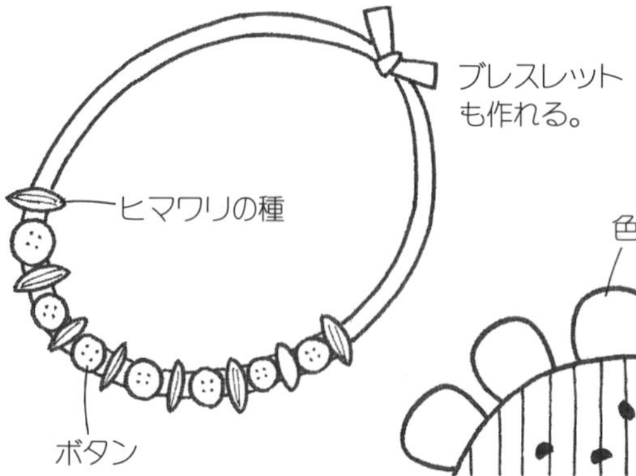

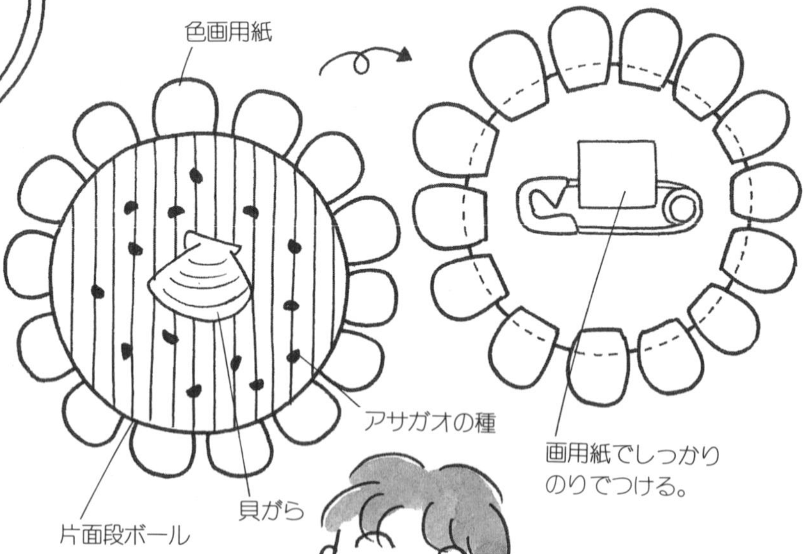

貝がら絵合わせ

子どもが持ってきてくれた貝がらを使って、絵合わせを作って遊びましょう。

［用意するもの］

・二枚貝（数は多いほどよい）、フェルトペン。

［作り方］

① 二枚貝の裏側に好きな絵を描きます。ただし、必ず同じ絵を2つ作るようにします。

［遊び方］

友達とジャンケンをして、勝ったほうから絵をふせている貝を2枚めくります。同じ絵が出たら、自分の貝にできますが、違えば友達と交代になります。

じゃんけんポン！

ホオズキ人形と舟

［作り方］

ホオズキは、鬼が暗くなって出かけるときのちょうちんであると昔から伝えられています。そのホオズキを使って、人形や舟を作ってみましょう。

○袋を3つに裂いて、下で合わせる。

○かわいい千代紙を巻いてできあがり。

油性ペンで顔を描く。
着物を着ているように合わせる。

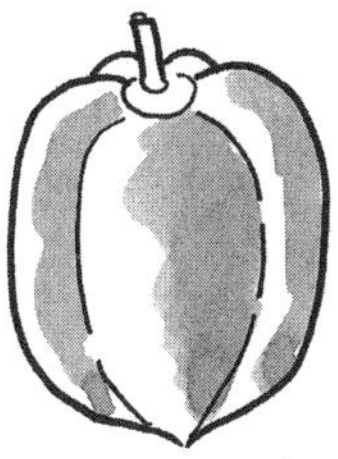

○袋を縦に2つに切って、水に浮かべる。

人形を乗せて、舟のできあがり。

カラフル軍手ウサギさん

★ちょっと軍手に綿を入れただけでウサギさんに変身です。先生といっしょに作って遊べます。どんなお話を子どもたちは考えてくれるでしょうか。

［用意するもの］

・軍手、綿、リボン、ボタン、モール。

［作り方］

① 軍手の指の１本（薬指）を中へ押しこみ、４本の指にします。

② 中２本で顔、耳の部分を作り、綿を入れます。

③ モールで首の部分を巻き、綿が落ちないようにします。

④ ボタンやリボンで、目や口をつけてできあがりです。

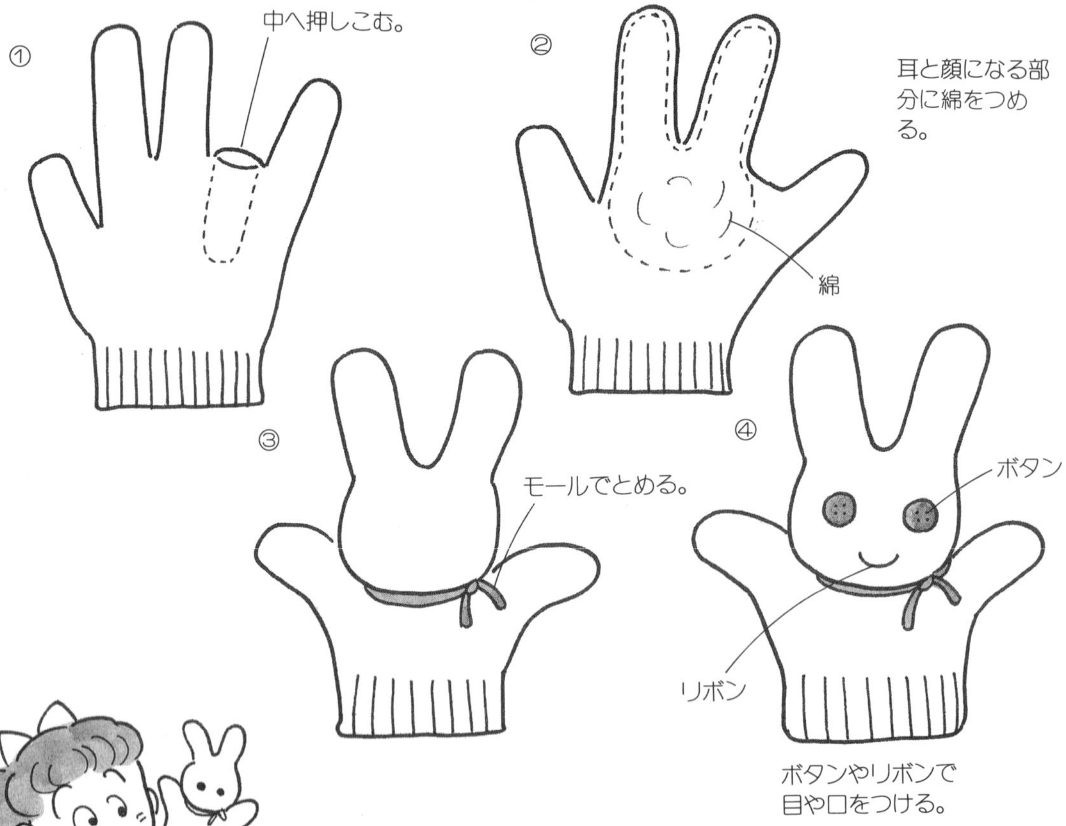
①
中へ押しこむ。
②
耳と顔になる部分に綿をつめる。
綿
③
モールでとめる。
④
ボタン
リボン
ボタンやリボンで目や口をつける。

アイディア・カラーボックス

★いろいろな大きさの段ボールの箱は、おもちゃを整理したり、本箱になるばかりでなく、積んで、つないで、中に入ってと、いろいろ遊びが広がります。保育室にあると便利です。

[用意するもの]

・いろいろな大きさの段ボール、のり、包装紙、色模造紙、千枚通し。

[作り方]

① 段ボール箱に色模造紙をのりづけします。

② 持ち運びができるように、千枚通しでひもを通します（2か所）。

③ 使わないときは重ねておきます。

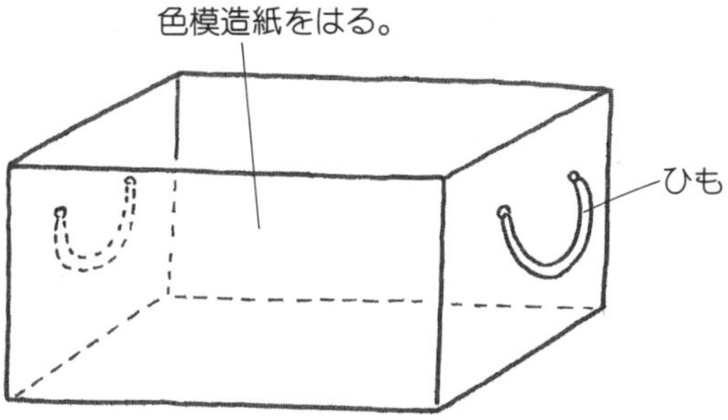

○使わないときは重ねてしまえる。

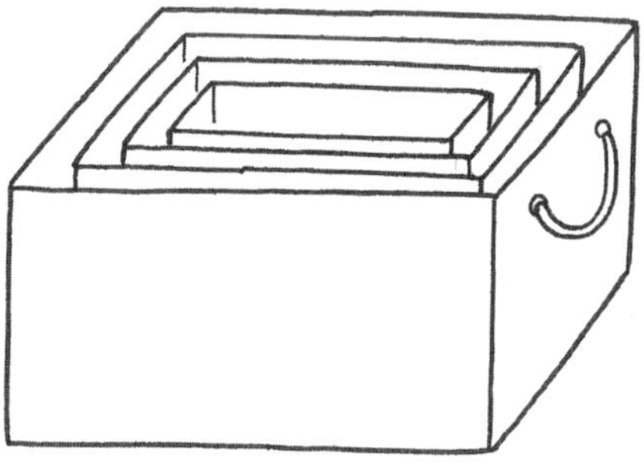

○おもちゃ箱に。

○本箱に。

○積んで遊ぶ。

○つないで遊ぶ。

○引っぱって遊ぶ。

作って遊ぼう

くるくるヘリコプター

[用意するもの]

・色画用紙、フェルトペン。

[作り方]

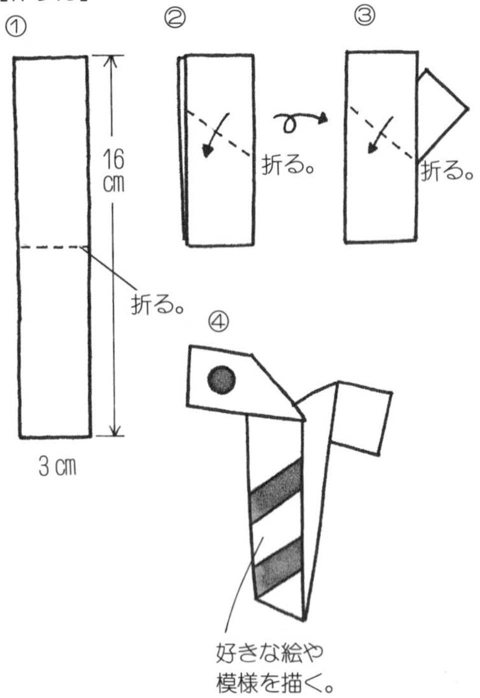
①
16 cm
折る。
3 cm
②
折る。
③
折る。
④
好きな絵や
模様を描く。

[遊び方]

○高いところから落として遊ぶと、くるくる回ってきれいです。

走るの大好き

[用意するもの]

・折り紙（または包装紙）、ハサミ。

[作り方]

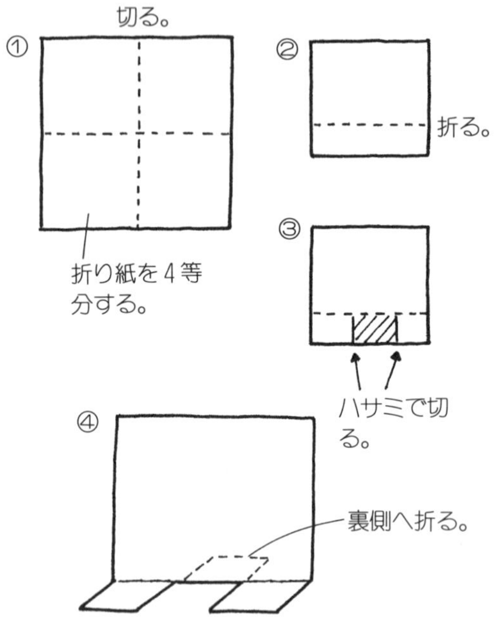
切る。
①
折り紙を４等
分する。
②
折る。
③
ハサミで切
る。
④
裏側へ折る。

[遊び方]

○下の部分を吹くと、前に進みます。

※上の部分に絵や顔を描いたりすると、楽しいでしょう。

ぷー

9月

September

子どもの姿

二学期が始まり、日焼けした顔がそろいます。１か月見ない間に、やはり少し大人になったようです。

始業を待ちわびていて、元気に園庭に飛び出して行く子や、保育者に伝えたいことがあって一生懸命話しかけてくる子がいます。反面、登園をいやがったり、園に来ても一日じゅう気だるそうに過ごす子もいます。後者の子には、保育者のほうで遊びに誘ったり、グループ遊びの中に入れるように助言したりしましょう。

夏休み前と比べると言語表現も活発になり、楽しかった思い出を保育者や友達に話すことができるようになります。話の切れめなどに保育者が言葉を補ってやると、話題が広がります。

慣れてくると、年中、年長児がやっているリレー遊びや運動会の種目遊びにも興味を示し、盛んにやりたがります。また、運動会の期待も大きいものがあり、集団としての行動を意識するよい機会になります。

第1週

今週の予定

・始業式

予想される主な幼児の活動

○始業式に参加する

○戸外で好きな遊びをする
・ブランコ、すべり台、砂場、花いちもんめ

○リレー遊びをする
・かけっこをする
・年長・年中児のリレー遊びをまねて遊ぶ

○夏の楽しかった思い出を話し合ったり、絵を描いたりする

○プール遊びをする
・水に顔をつけてみる
・年長児の泳ぎを近くで見る

○ちり紙で遊ぶ
「ちょうちょひらひら」「おでこにつけてひらり」(113)

○動物玉入れで遊ぶ　・玉入れの玉を作る

○紙芝居を見る　『あおいあおいうみへいったよ』(119)

第2週

今週の予定

・身体測定
・敬老のお祝い会

予想される主な幼児の活動

○好きな遊びをする

○散歩に出かける
・虫とりや虫探しをする
・虫の音を聞いて楽しむ

○ボール遊びをする
「ミニゴールへシュート」「はい！バトンタッチ」(112)

○敬老のお祝い会で渡すプレゼントづくりをする
「おじいちゃん、おばあちゃんへのお手紙」(123)
「ペンダント」(123)

○敬老のお祝い会に参加する
・『こおろぎ』を歌う
・おじいちゃん、おばあちゃんにプレゼントを渡す

○身体測定を受ける
・ぬいだ衣類をたたむ

○絵本を見る　『かばくんのさんぽ』(118)

(注) ＊「予想される主な幼児の活動」は、本書の資料を中心にまとめてあります。
＊(　　)の数字は、本書のページ数です。

第3週

今週の予定

・避難訓練
・交流保育

予想される主な幼児の活動

○運動会の練習をする

○トンボに関係した製作をして遊ぶ
「トンボめがね」(126)
「トンボ飛行機」(126)
『とんぼのめがね』を歌う

○マットを使って運動する
・ころがったり、とんだり、少し高いところから飛びおりたりする

○年中児との交流保育に参加する
・『キン肉マン体操』を教えてもらう
・大型遊具で遊ぶ
・いっしょにお弁当を食べる

○歌遊びやゲームを楽しむ
『おちたおちた』(120) 『こどものおうさま』(115)

○避難訓練に参加する

○童話を聞く
『自然に親しむお話選集』(118)

第4週

今週の予定

・誕生会

予想される主な幼児の活動

○運動会の練習をする

○運動会に使うお面づくりをする

○秋の自然で遊ぶ
「ススキの冠」(117)
「まつぼっくりヨーヨー」(116)
「ススキのすもう」(116)

○ハンカチを使ったジャンケンゲームを楽しむ
「ジャンケン・ハンカチ」(114)
「ペンギンジャンケン」(114)

○誕生会に参加する
・好きですかきらいですかゲームを楽しむ
・ペープサート『おむすびころりん』を見る
・誕生児を祝う

○糸電話で遊ぶ(124)

○やさしい折り紙を折る
『かならず折れるおりがみ』(119)

ボールで遊ぼう

★ボールは、はずんだり、転がったり、それだけで子どもにとっては大きな魅力です。ボールを使って、けったり、投げたりして遊びましょう。

ミニゴールへシュート

［用意するもの］

・段ボール箱（数個）、粘着テープ、ボール（１人１つまたは２人で１つぐらい）

［遊び方］

①　段ボール箱をゴールに見たて、床に固定できれば粘着テープなどで動かないようにします。

②　初めは、段ボール箱の近く（１ｍぐらい）から入れて遊びます。入るようになったら、しだいに遠くからにしていきます。

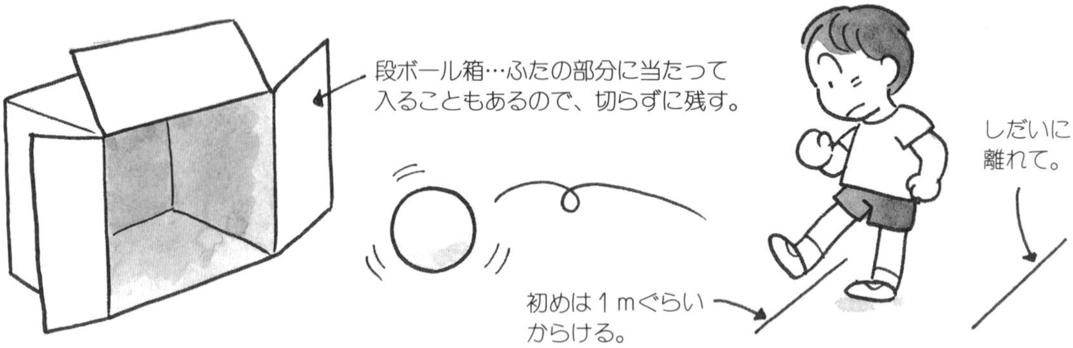
段ボール箱…ふたの部分に当たって
入ることもあるので、切らずに残す。
しだいに
離れて。
初めは１ｍぐらい
からける。

はい！バトンタッチ

［用意するもの］

・フープ（人数分）、ボール１個。

［遊び方］

①　ボールを持って走る子ども以外、全員フープの中に座って待ちます。

②　「用意、ドン」の合図でボールを持っている子どもは、好きなフープまで走り、そのフープの中で待っている子どもにボールを渡し、「バトンタッチ」と大きな声で言って交代します。

③　繰り返して遊び、全員が走り終えたところで終わりにします。

ちり紙で遊ぼう

★園外保育で、保育室の中で、友達といっしょに遊びましょう。

ちょうちょ　ひらひら

[用意するもの]

・ティッシュペーパー１枚。

[遊び方]

①　ティッシュペーパーを中央でねじり、中心を持ってひらひらすると、ちょうちょのように見えます。頭の上につけて、リボンにしても遊べます。

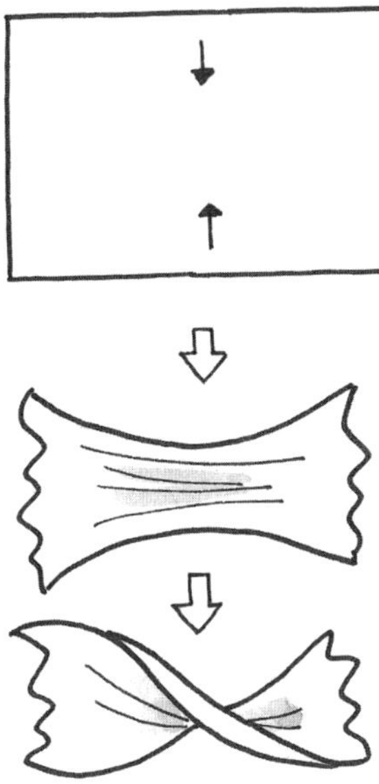

おでこにつけて

[用意するもの]

・ティッシュペーパー１枚。

[遊び方]

①　ティッシュペーパーを２㎝幅に切ります。

②　ちょっとつばをつけておでこにはり、息をかけ飛ばして遊びます。

[ポイント]

○おでこだけでなく、顔のいろいろなところにはってみましょう。

①

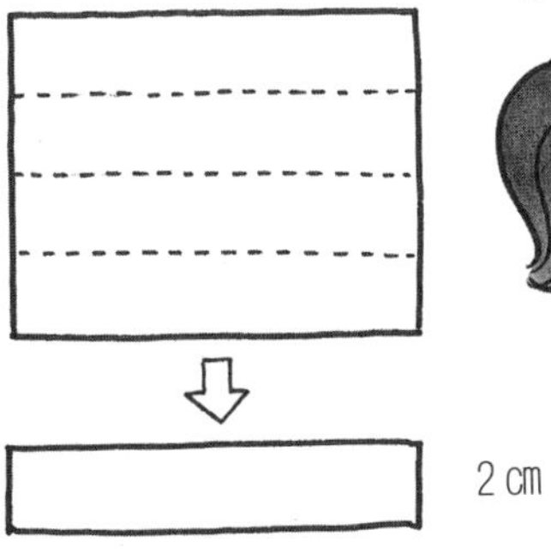

②

〈おでこにつけて〉

ハンカチゲーム

★だれでもが持っているハンカチでゲームをして遊びます。

ジャンケン・ハンカチ

［用意するもの］

・1人ハンカチ1枚。

［遊び方］

①　2人組で座り、ジャンケンをします。

②　ジャンケンをして負けた子が、勝った子の持っているハンカチを取ります。勝った子はとられないように、手を左右にしたりしながら逃げます。

③　とられてしまったら、もう1回ジャンケンをして始めます。

ペンギンジャンケン

［用意するもの］

・1人ハンカチ1枚。

［遊び方］

①　ハンカチをひざにはさみ、ペンギンのようにヨチヨチ歩きでジャンケンの相手を見つけます。

②　①のまま、ジャンケンをして勝ったら、相手のハンカチをもらい、ひざにハンカチをはさみ、次の相手を見つけます。

③　ハンカチをたくさんとった人が勝ちです。

こどものおうさま

★歌に合わせて、楽しいゲームをして遊びましょう。友達の前でも恥ずかしがらずにできることでしょう。

作詞・不詳／外国曲

きれいな まるい わのなかに こどもの おうさま いらっしゃーる
はじめに たって おじぎして それから ぐるぐる まわりましょう

［用意するもの］

・冠、イス。

［遊び方］

① 子どもたちは、手をつないで輪を作ります。中央に、王様になった子どもが冠をかぶって、イスに座ります。

② 1〜8小節

輪を作っている子どもたちは手拍手をしながら歌います。

③ 9〜12小節

王様はイスから立っておじぎをします。王様だけが歌ってもよいし、みんながいっしょに歌ってもよいでしょう。

④13〜16小節

王様の輪の中をぐるぐる歩き、最後に止まったところの友達に冠を渡します。冠を渡された子どもが、次の王様になります。

秋の自然と遊ぼう

★秋の自然を使って、いろいろなものを作って遊びましょう。散歩や秋の遠足のときなど、保育者が作ってあげたり、友達と作ったりして遊びましょう。

ススキのすもう

[用意するもの]

・ススキの葉。

[遊び方]

① 葉を切って、葉先を残して切り落とします。

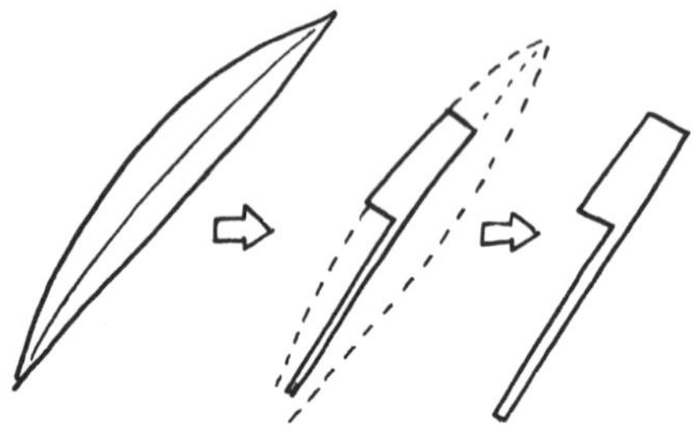

② 葉先をひっかけて、引っぱり合います。

③ 葉先が残ったほうが勝ちです。

※ススキの葉先で指を切りやすいので、保育者が作るようにします。

まつぼっくりヨーヨー

[用意するもの]

・輪ゴム（数本）、まつかさ（まつぼっくり）。

[遊び方]

① 輪ゴムをつないで、長くします。

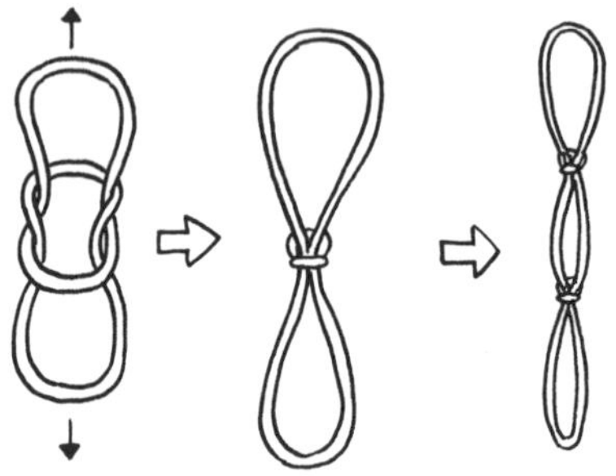

② つないだ輪ゴムひもをまつぼくっりにひっかけます。

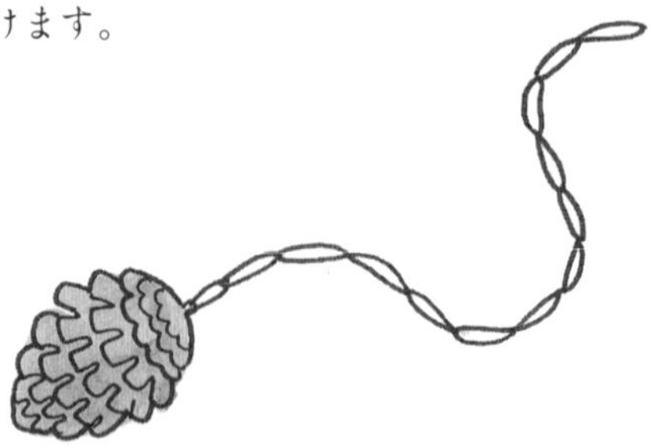

ススキの冠

[用意するもの]

・色画用紙、輪ゴム、ススキ、ビニール袋、セロハンテープ。

[遊び方]

① 色画用紙で、頭の冠を作ります。

② ススキをつけ、インディアンの羽根のついた冠を作ります。

③ ビニール袋は洋服にし、首、両手の部分を切り取り、セロハンテープでススキや葉をはっていきます。

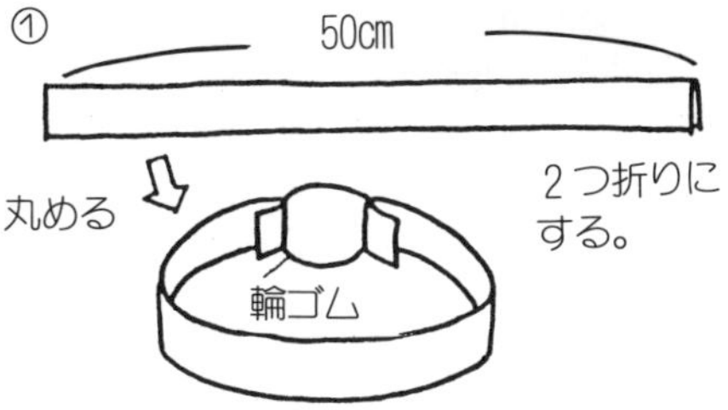
①
50cm
丸める
2つ折りにする。
輪ゴム

②

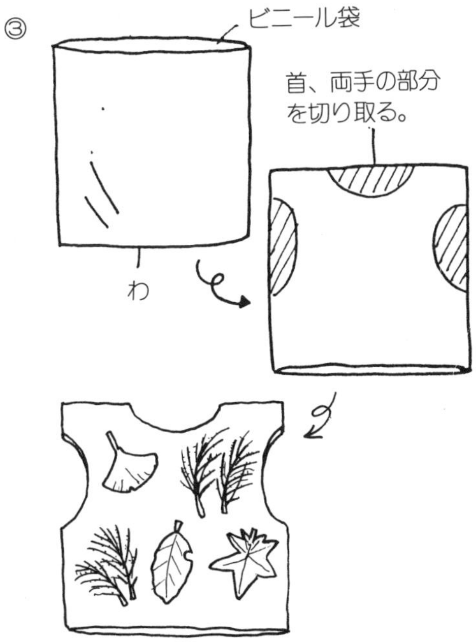
③
ビニール袋
首、両手の部分を切り取る。
わ

●園外保育のポイント●

○園外保育では保護者がいっしょでない場合は、緊急連絡網や保険証のコピーなどを持っていきましょう。けがや病気などが出たときのために用意しておくと便利です。

○園外保育に荷物になるので、なるべくコンパクトにしまえるものを持っていきます。ビーチボールやゴムのひもなど使いみちがいろいろとあるものを選んで持っていきましょう。

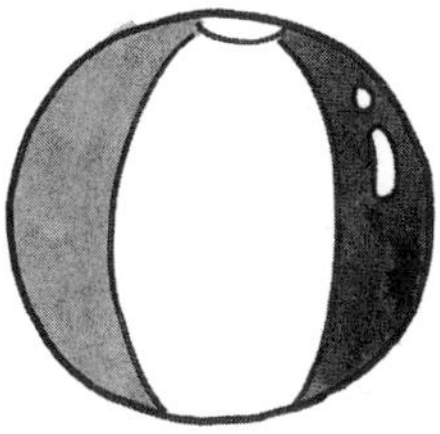

〈ビーチボール〉

投げて遊んだり、けったり、新聞紙のバットで打ったりできます。

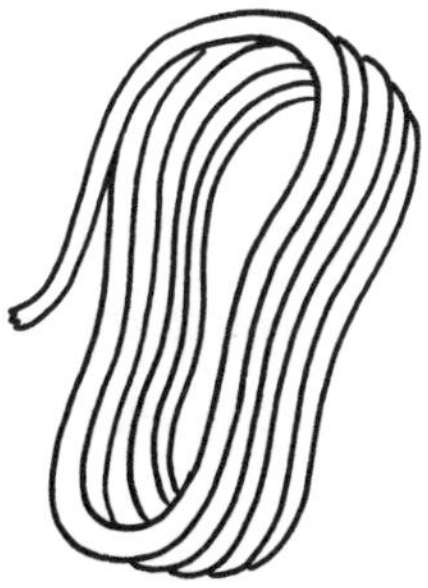

〈ゴムひもなわ〉

少し長めにしてなわとびにしたり、電車ごっこをして遊びます。

絵　本

『かえるちゃんの　ゆうびん』　PHP研究所・刊

わたなべゆういち／作・絵

かえるちゃんは、かばおばさんといっしょに手紙を書きました。二人はポストに手紙を入れに行きますが、かえるちゃんまでがポストの中に落ちてしまいます。気絶したかえるちゃんは……。愉快な本です。

『かばくんのさんぽ』　小峰書店・刊

矢崎節夫／作　尾崎真吾／絵

さかなくんは、毎日散歩に行けるかばくんがうらやましくてしかたありません。ある日、さかなくんに「散歩につれていって」と頼まれたかばくんは、いいことを考えつきました。とても楽しいお話です。

『どこへいったの、お月さま』　評論社・刊

F・アッシュ／文・絵　山口文生／訳

「お月さま、ぼくとかくれんぼしない……？」とクマくん。おにはクマくんです。でもお月さまはなかなかみつかりません。ユーモラスでかわいいクマくんのお話です。

（全国学校図書館協議会選定・日本図書館協会選定）

『あいうえおばけだぞ』　絵本館・刊

五味太郎／作・画

〝あ〟から〝ん〟までの文字を順番におばけにたとえ、テンポのよい文と愉快な絵を交えて、おもしろおかしく紹介しています。自然に言葉に親しめる本です。

お　話

おはなしのポケット『自然に親しむお話選集』　ひかりのくに・刊

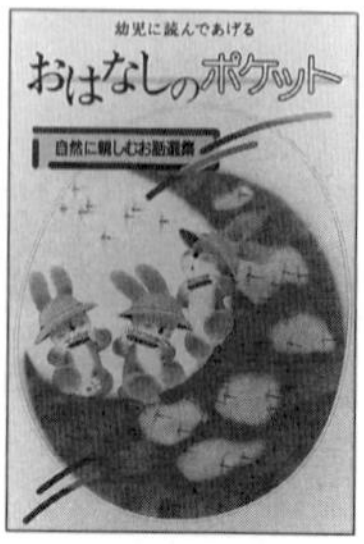

小春久一郎／編

自然をテーマに楽しく繰り広げたお話を84話収録。このお話を通して、自然との触れ合いを深められるように工夫した童話集です。

紙芝居

おはなしチャチャチャ**『おやつの　じかん』**　教育画劇・制作

神沢利子／作　峰村亮而／画

8画面　全7巻

森の中に住む、小さなおばさんはホットケーキが大好き。毎日焼いて食べていました。ところがある日、くまさんが……。

はてな？なぜかしら??**『あおいあおいうみへいったよ』**　教育画劇・制作

内山安二／作・画

12画面　全6巻

海の水はどうして青いの？

山からきたカメくんは海の水をすくったり、海にもぐったりして調べます。でもでも、海の水はよく見ると青くない。

C D

『CD保育アルバムたのしい運動会』　ビクター音楽産業／制作

ひかりのくに／販売

12cmCD 5枚組。開会式から閉会式まで運動会を楽しく演出するためのCD集。おなじみの曲をアレンジした行進曲や、かわいい振りから考えたオリジナルダンスなどがあり、曲数も豊富です。全89曲。(振付集2冊付き)

保育図書

『かならず折れるおりがみ』　ひかりのくに・刊

全2巻

ひこうき、いぬ、かえるなどの折り方をやさしく紹介しています。

(全国学校図書館協議会選定)

『共に育つ』　ひかりのくに・刊

辻井　正／著

著者が数多い現場体験で得たことをまとめた書です。すべての保育者、母親、看護婦に、障害児と共に生き、共に育つことの大切さを訴えています。

おちた　おちた

わらべうた

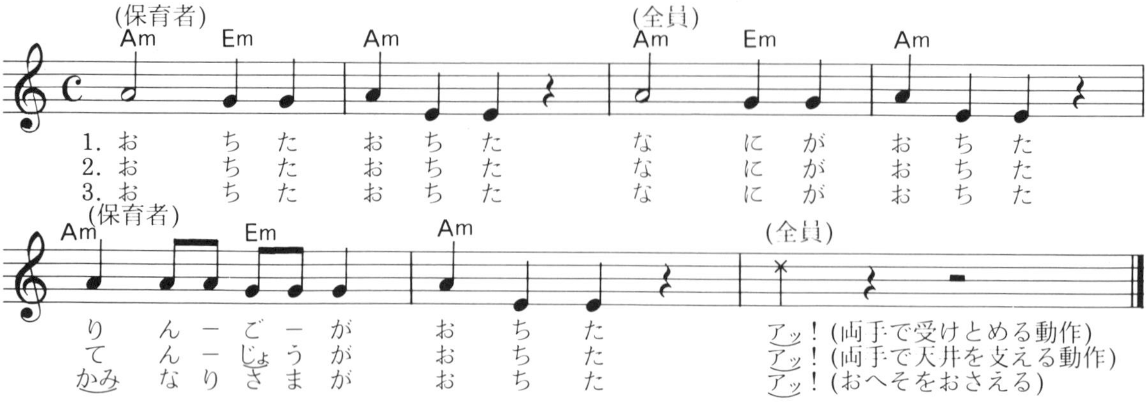

(保育者)
Am Em Am
(全員)
Am Em Am
1. お ち た お ち た な に が お ち た
2. お ち た お ち た な に が お ち た
3. お ち た お ち た な に が お ち た
(保育者)
Am Em Am
(全員)
り ん ー ご ー が お ち た アッ！(両手で受けとめる動作)
て ん ー じょ う が お ち た アッ！(両手で天井を支える動作)
かみ な り さ ま が お ち た アッ！(おへそをおさえる)

遊び方　保育者がリーダーになって、子どもとかけ合いで遊びましょう。

①〈1番〉おちた

おちた

②なにが　おちた

③りんごが　おちた

①～③は歌だけで、2、3番も同じです。

④アッ！

素早く両手でリンゴを受けとめる動作をします。

⑤〈2番〉アッ！

素早く両手で天井を支える動作をします。

⑥〈3番〉アッ！

パッと、両手でおへそを押さえます。

◀指導のポイント▶

○順番に歌って遊んだら、ほかのものも落としてみましょう。

・あめがおちた……かさをさす動作をします。

・おほしさまがおちた……流れ星の流れにそって指さします。

・おつきさんがおちた……逃げる動作をします。

なかよしさん

阿部　恵・作詞／家入　脩・作曲

ゆっくりと
C G C F C
おとうさんと おかあさん なかよしさん おとうさんと おにいさん
おとうさんと おねえさん なかよしさん おとうさんと あーかちゃん
C G C C C F G C
なかよしさん
なかよしさん
みーんな そろって はい なかよし さん

遊び方　5本指は仲よしさんです。遊びながら、指の名前を話し合いましょう。

①おとうさんと

右手の人差し指で、左手の親指をさします。

②おかあさん

同じように、左手の人差し指をさします。

③なかよしさん

左手の親指と人差し指をつけ合います。

④おとうさんと　おにいさん　なかよしさん……

以下同じように、左手の人差し指で左手のそれぞれの指をさし、さした指同士をつけ合います。

⑤みんなそろって

はい

右手の人差し指で、右手の親指から小指までをさしていきます。

⑥なかよしさん

左手の5本の指全部をリズミカルにつけていきます。

◀指導のポイント▶

○歌詞の順番やなかよしさんの組み合わせにとらわれず、いろいろ組み合わせて遊んでみましょう。

動物玉入れ

★初めて運動会を経験する子どもたちも、運動会ごっこは大好きな活動です。その中でも、玉入れはいちばんの人気です。壁に飾って動物の口の中へ玉入れ。いくつ入るかな。

[用意するもの]

・ティッシュペーパーの空き箱（数個）、色画用紙、新聞紙、折り紙、のり。

[作り方]

① ティッシュペーパーの空き箱の口を、少し大きめに切ります。

② 各ティッシュペーパーの空き箱を動物の顔に見たてて、色画用紙をはります。

③ 中は新聞紙を丸め、外側は折り紙をはって、紙玉を作ります。

[遊び方]

○子どもの届く範囲の壁にかけ、紙玉を投げて遊びます。

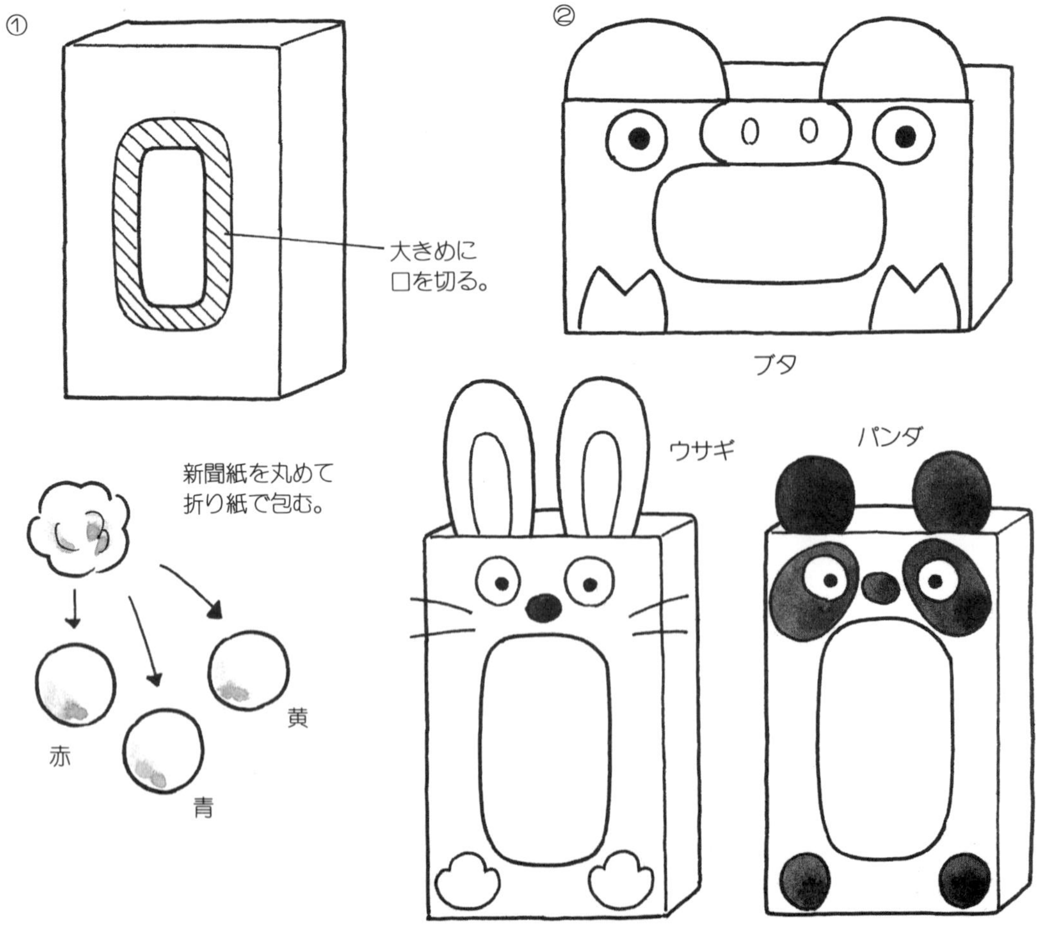

①
大きめに
口を切る。
②
ブタ
新聞紙を丸めて
折り紙で包む。
赤
青
黄
ウサギ
パンダ

おじいちゃん、おばあちゃんへのプレゼント

★いつもいっしょに生活している祖父母や、遠方で生活していてあまり接することができない祖父母に、心をこめて「ありがとう」の気持ちを送ります。

おじいちゃん、おばあちゃんへのお手紙

[用意するもの]

・ハガキ、絵の具、フェルトペン。

[作り方]

① 各自、手型をハガキに押します。

② 子どもがおじいちゃん、おばあちゃんに伝えたいことを、保育者が記入してあげます。

[ポイント]

○おじいちゃん、おばあちゃんの住所や名前は、間違いのないよう家庭でハガキに書いてもらいます。

○子どもと名字が違うことがあるので、子どもの名前も忘れずに書いてもらいます。

ゆみちゃんやたかしくんというおともだちができました。
もうなかないおにいさんになったよ。
まるもより
こんどようちえんでうんどうかいをするので、みにきてください。

ペンダント

[用意するもの]

・貝がら、折り紙、種(ヒマワリ、アサガオ)、毛糸、線香、ハサミ、透明のフィルムケース、セロハンテープ。

[作り方]

① 折り紙はいろいろな色を用意し、なるべく小さく、ハサミで切ります。

② フィルムケースの上ぶたに、火のついた線香で中心に穴をあけます（事前に用意しておく)。

③ フィルムのケースの中に、貝がらまたは種と折り紙を少量入れます。

④ ふたには毛糸を通しておき、ふたをしてできあがりです。

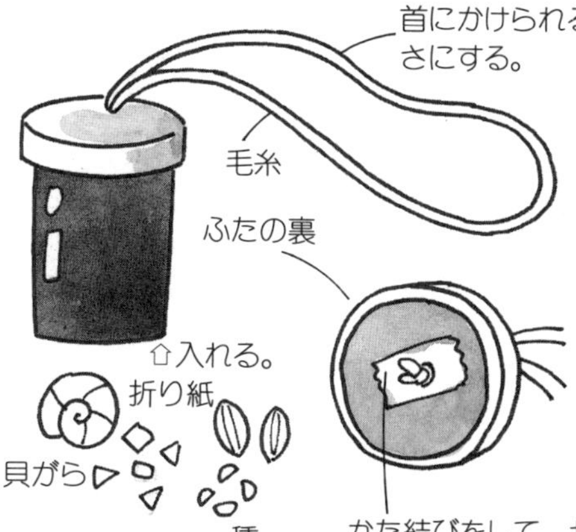
首にかけられる長さにする。
毛糸
ふたの裏
⇧入れる。
折り紙
貝がら
種
かた結びをして、セロハンテープでとめる。

[ポイント]

○フィルムのケースの中に入れるもので、貝がらや種がないときは、着色した小石や折り紙、毛糸の細かく切ったものでもすてきです。子どもたちも好きなものを入れるでしょう。あまり入れすぎないようにしましょう。

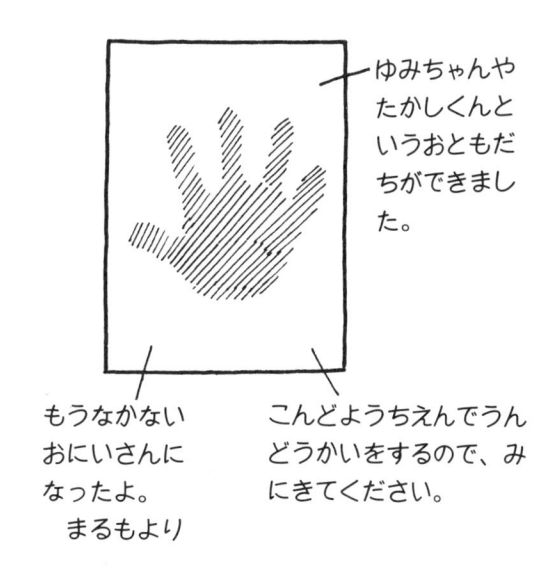

糸電話でもしもし

★コップの糸電話で、友達とお話をして遊びましょう。

［用意するもの］

・紙コップ２つ、ビニールテープ、アルミホイル、マッチ棒、糸、セロハンテープ。

［作り方］

① 紙コップの底を抜きます。

② アルミホイルをぴんとはり、ビニールテープを巻きます。

③ マッチ棒に糸を結び、アルミホイルの上にセロハンテープではります。

④ 片方も同じように作ります。

●保育室のアイディア●

整理しやすいように、パックやトイレットペーパーの芯を使って、保育用具や保育室内をきれいにしましょう。

イチゴパックの小物入れ

［用意するもの］

・イチゴパック（２個でひと組）、プリントがらの布、きり、ビニールテープ、モール。

［作り方］

① イチゴパック１個に、プリントがらの布をはさみ、もう１パック重ねます。

② はみ出した布は切り取ります。

③ 周りをビニールテープでぐるりと巻き、きりで穴をあけます。

④ いくつかできたパック同士をモールでつなぎ、小物入れにします。

［ポイント］

○いくつかモールでつなげると、輪ゴム、ホッチキス、小さくなったクレヨン、のり、油性

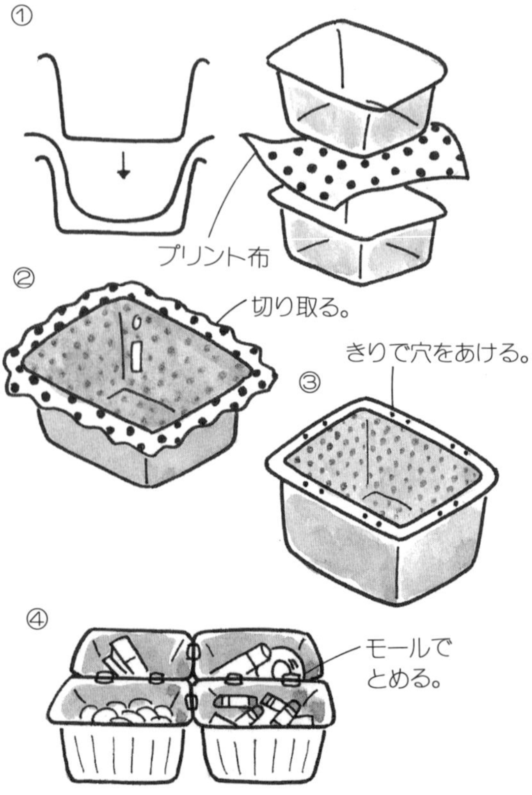

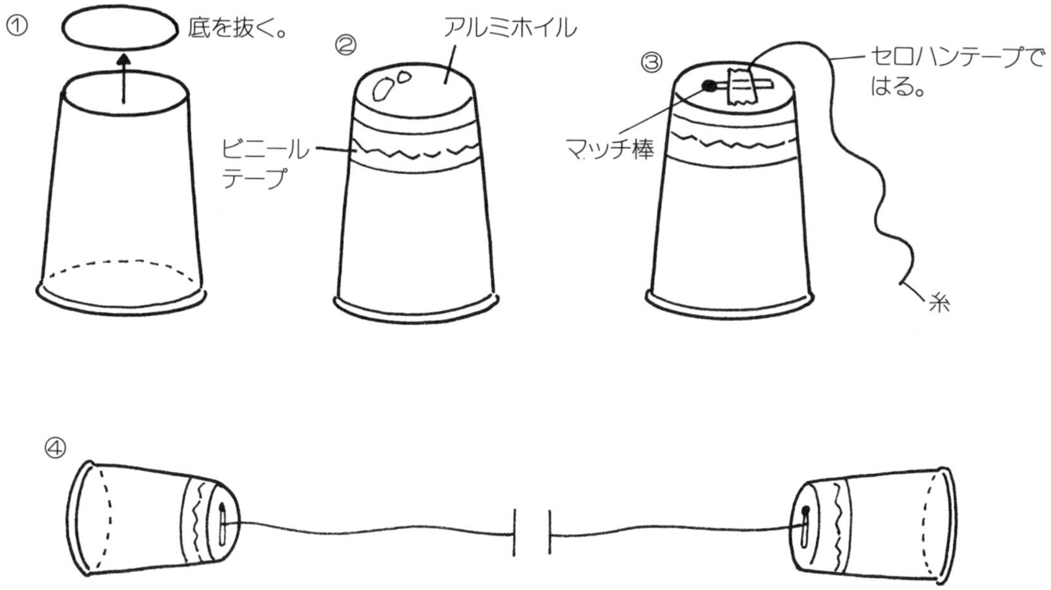
①
底を抜く。
②
アルミホイル
ビニール
テープ
③
セロハンテープで
はる。
マッチ棒
糸
④

ペンなどを入れて整理できます。

○コーナーに置けば、子どもも見やすく、始末しやすくなります。

便利わっか

[用意するもの]

・トイレットペーパーまたはラップの芯。

[作り方]

○トイレットペーパーまたはラップの芯を、輪切りにして使います。

[ポイント]

○セロハンテープの芯も利用できます。

○使用しないときは、イチゴパックの小物入れに入れて保管しておきます。

○丸めたものを整理するのはたいへんです。ちょっとしたもので、場所をとらずにかたづけられます。

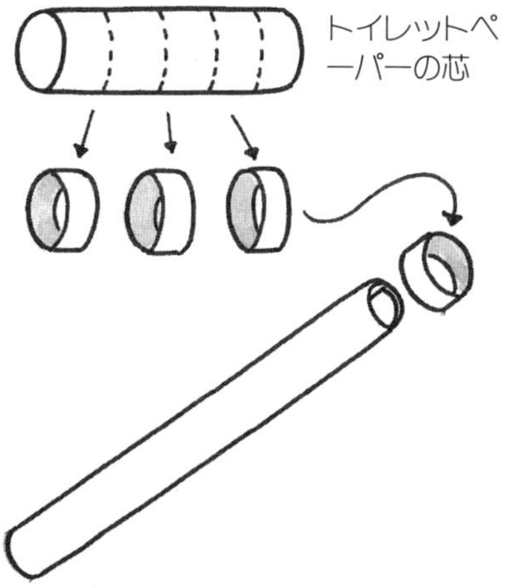
トイレットペーパーの芯

トンボを作って遊ぶ

★♬とんぼのめがねはみずいろめがね♪　トンボは子どもたちにとても親しみやすい秋の虫です。トンボめがねやトンボ飛行機を作って遊びましょう。

トンボめがね

［用意するもの］

・厚紙（白）、フェルトペン、セロハン、両面テープ

［作り方］

① あらかじめ、子どものめがねの大きさに厚紙を切っておきます。形は三角めがね、丸めがね、四角めがねといろいろ用意しておくと楽しいでしょう。

② セロハンも赤、黄、緑、青などいろいろな色を用意し、適当な大きさに切っておきます（縦6㎝、横7～8㎝）。

③ ②に両面テープをはっておきます。

④ ③のめがねではみ出した部分は、ハサミで切ります。

⑤ ④のめがねのわくを好きな色で塗ったり、模様を描いてトンボめがねのできあがりです。

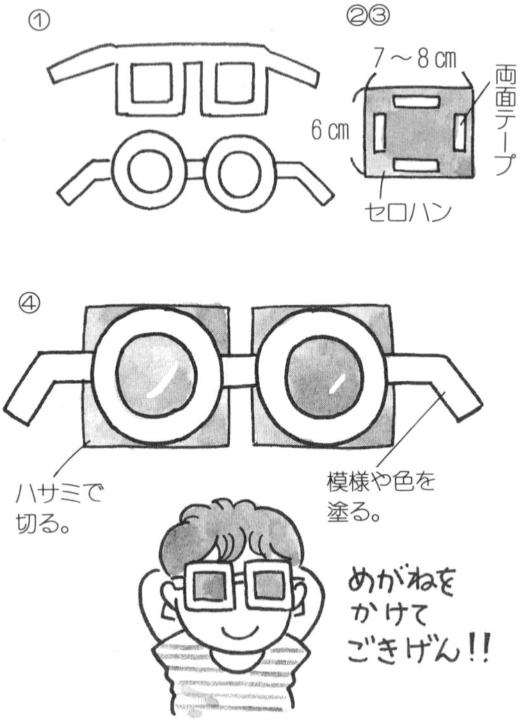

トンボ飛行機

［用意するもの］

・折り紙、のり、袋入りストロー。

［作り方］

① 折り紙でトンボの羽根を2枚作ります。

② 折り紙を小さくちぎり丸めて、目玉にします。

③ ①、②を袋入りストローにつけます。

④ 2㎝ほど袋を切り、吹くところを作ります。

［遊び方］

○袋入りストローを吹くと袋が飛びます。ゆっくりと息を吹き込むと、よく飛びます。競争しても楽しく遊べます。

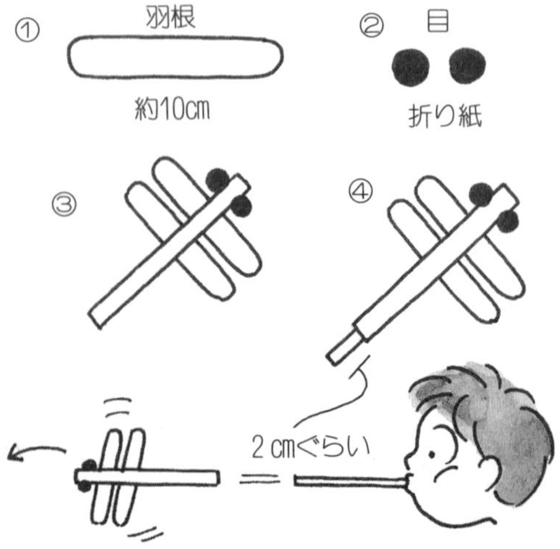

10月

October

子どもの姿

「せんせい、かずくんお休みだね」などと、友達が欠席していることに気づくようになります。それだけ、クラスの友達ひとりひとりを意識できるようになったのでしょう。遊びの中でも、２～３人のグループで刺激し合って遊んでいるようすが見られます。相互関係がかなりできてきています。

今月は、運動会や遠足といった大きな行事を経験しますが、練習も本番も十分に楽しみ、終わった後しばらくは運動会ごっこや遠足ごっこが続きます。特に、年中児や年長児の行ったリズム表現などに興味を持ち、テープを流してあげるとまねて踊り出したりします。

また、遠足では、拾ってきたドングリや小石を宝のようにポケットに入れて持ち歩いている子もいます。

天気のよい日には、できるだけ園庭で遊んだり、散歩に出かけたりして、今から冬に向けての体力づくりを心がけましょう。

第1週

今週の予定

・運動会

予想される主な幼児の活動

○運動会のがんばりグッズを作る
「パタパタ応援旗」「応援メガホン」「ごほうびメダル」(142)

○運動会に参加する
・歌をうたう『うんどうかい』
・競技やダンスをする
・親子競技をする
・他の年齢、保護者の競技を応援する

○運動会の絵を描く
・思い出に残った競技などを話しながら絵を描く

○運動会ごっこで遊ぶ
・他の年齢のダンスを踊ったり、気に入った競技を楽しむ

○散歩に出かけてゆったりと遊ぶ
・ドングリ拾いをする

○絵本を見る
『いたずら子リス』(136)

第2週

今週の予定

・稲刈り

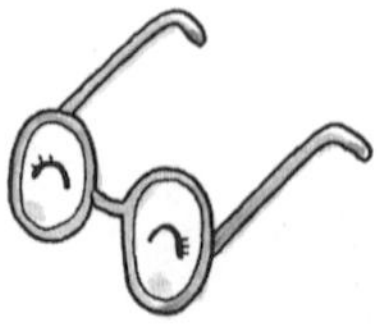

予想される主な幼児の活動

○戸外で好きな遊びをする

○稲刈りをする
・ハサミで稲の穂を切る
・お米になるまでの話を聞く
・おみやげに持ち帰る

○めがねの製作をする
・卵パックを使ってめがねを作る (143)
・トイレットペーパーの芯を使って双眼鏡を作る (143)
・めがねをかけて遊ぶ

○「イモ掘りごっこ」で遊ぶ
・砂場に新聞紙で作ったイモをかくして掘って遊ぶ (133)
・「焼きイモ、できた」(133)

○ルールのある遊びを楽しむ
「タッチ競争」「お引っ越しゲーム」(130)

○歌遊びをする 『いっぽんといっぽんで』(138)

○紙芝居を見る
『おばあさんのたからもの』(137)

(注) ＊「予想される主な幼児の活動」は、本書の資料を中心にまとめてあります。
＊( ) の数字は、本書のページ数です。

第3週

今週の予定

・遠足
・避難訓練

予想される主な幼児の活動

○好きな遊びをする

○タイヤで遊ぶ（134）
・ころがしたり、運んだりする
・工夫して遊ぶ

○遠足に参加する
・ドングリ拾いをする 「ドングリの音楽隊」（132）
・大芝生広場で楽しく遊ぶ
「地球をだっこ」 「あれ、なーんだ」（132）
・保護者や友達といっしょにお弁当を食べる

○木の実や落ち葉を利用して遊ぶ
「自慢のアクセサリーづくり」（140）
「ドングリころころ」（141）
「まつぼっくりけん玉」（141）

○歌をうたう
『アイアイ』『どんぐりころころ』『まつぼっくり』

○絵本を見る 『こだぬきタベタ』（136）

第4週

今週の予定

・イモ掘り
・誕生会

予想される主な幼児の活動

○鬼ごっこで遊ぶ
・ルールを覚えて楽しく遊ぶ

○落ち葉で遊ぶ
「ぼくらのお部屋は森の中」（140）
「森の王さま、お姫さま」（141）

○体を動かして元気よく遊ぶ
・〝オオカミ〟に関連した遊びを楽しむ
・「ヘイ！タンブリン」（131）

○年長児の掘ったサツマイモを見たり、触ったりする （242）
・サツマイモをふかしたおやつを食べる
・サツマイモをおみやげにもらう

○友達の顔の絵を描く
・友達の顔に触って形を確かめる
・クレヨンで絵を描く

○パネルシアターを見る 『動物村の広場』『ねずみの嫁入り』

○童話を聞く 『情操を育てるお話選集』（136）

屋外ゲーム

★運動会に向けての年中、年長組の競技に興味を持ち、やってみたいという声も聞かれます。そんな意欲を大切に、簡単なルールのある遊び、体を思いきり動かして遊べるゲームを取り入れてみましょう。

タッチ競争

[遊び方]

① 保育者がタッチするもの（すべり台、赤いものなど）を指定し、それに触って戻ります。

② 簡単なものから始め、しだいに複数にしたり、種類の違うものを組み合わせていきます。

[ポイント]

○始めるときに、タッチしたら必ず保育者のところまで戻ることを確認するとよいでしょう。

○触らずに戻る子もいますが、きちんと触ってきた子をほめるようにすると気づきます。

お引っ越しゲーム

[遊び方]

① 全員が2グループに分かれ、陣地に入ります。

② 保育者（鬼）が「お、お、お、おひっこし」と言ったら、鬼につかまらないように相手の陣地へ逃げます。

③ 慣れてきたら、鬼につかまった子が次の鬼になります。

[ポイント]

○「おひっこし」がわかるようになってから、鬼がつかまえるようにします。

○「おひっこし」の言葉以外は逃げてはいけないことにし、違う言葉（おりがみなど）を言ってフェイントをかけると間違える子どもも出て、遊びがさらに楽しくなります。

ヘイ！タンブリン

［用意するもの］

・タンブリン、ポール。

［遊び方］

① 2チームに分かれ、スタートラインに並びます。

② 「ヨーイドン」で先頭の子どもが走り、タンブリンをたたいて戻り、次の子にタッチします。

③ 早く全員が走り終えたチームが勝ちです。

［ポイント］

○リレー式のゲームです。走り終わったら列のいちばん後ろに並び、待つことを経験させてから行うようにします。

○走る距離は長すぎないようにします。

○はじめは、全員でルールの確認をします。リレーといっても3歳児ですから、速さを競うのではなく、順番に行うとか、一つ一つの動作をていねいにするようにします。

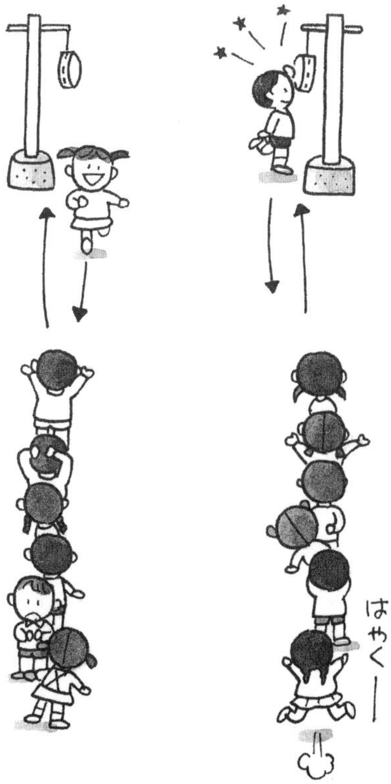

自然に親しむ遊び

★10月に入ると、木の葉も色づきはじめ、秋の気配が感じられるようになります。園外保育などで秋の自然に親しめる遊びを紹介します。

お天気でごあいさつ

［遊び方］

子どもとの朝の会話の中で、「今日は寒いね」「きのうより少し暖かいみたい」など、気候に気づく言葉のやりとりをしましょう。

地球をだっこ

［遊び方］

芝生やゴザの上に、両手をいっぱいに広げ、うつ伏せになって寝ころんでみましょう。太陽のエネルギーを背中に浴びて、地球をだっこした気分になれます。

落ち葉のブーケ

［遊び方］

子どもたちがたくさん拾ってくる落ち葉をきれいに並べて、リボンで結ぶと、すてきなブーケができあがります。

ドングリの音楽隊

［遊び方］

ドングリ拾いに行くとき、空き缶、紙袋、ビニール袋を持っていきます。帰りには、ドングリの入った入れ物を振り、ドングリのマラカスで演奏しながら楽しく歩きます。

［ポイント］

○保育者の言葉かけ一つで、子どもたちの持つイメージはぐんと広がります。言葉かけを大切にし、子どもの言葉も一つずつていねいに取り上げ、共感してあげることで、秋の自然をさらに感じさせていきましょう。

イモ掘りごっこ

★本当のイモ掘りを前に、イモ掘りごっこをして遊んでみましょう。

砂場でイモ掘り

新聞紙のおイモ。
絵の具を塗る。

[用意するもの]

・新聞紙で作ったおイモ（新聞紙を細長く丸めてセロハンテープでとめ、周りに包袋紙をはったり、絵の具を塗ったりします）。

[遊び方]

① 作ったおイモは、砂場に埋め、目印に木の枝などを立てます。

② 子どもたちは、おイモを掘ります。

[ポイント]

○枝の立っているところにおイモがあることを教えてあげましょう。

○２チームに分かれ、埋めるチームと掘るチームで競っても楽しい活動になります。

焼きイモ、できた

[遊び方]

① おイモ役の子どもが真ん中に座り、他の子どもたちは丸く囲みます。

② 周りの子どもたちは手をつないで、「おいもはおいもはやけたーかな」と歌いながら回り、最後の「……かな」でその場にしゃがみます。

③ おイモの子どもが「まだだよ」と言ったら、②を繰り返します。

④ 「やけたよ」と言ったらいっせいに逃げ、つかまった子が次のおイモ役になります。

[ポイント]

○「あぶくたった」のかえ歌で、「おいものにおいしてきたよ　やけたかどうだかたべてみよう」などのように遊ぶこともできます。

やけたよ
にげろー

カバさん玉入れ

★『かばさん』の歌をうたいながら、カバの中に子どもたちが作った食べ物を入れ、玉入れのようにして遊びましょう。

かばさん　　永倉　栄子・作詞／作曲

8va
Coda (コーダ)
8va
Fine
1.2. おおきな　おくちの　かばさん　が　おおきな　{りんごを／おにぎり}
たべちゃった　{りんごは／おにぎり}　きえちゃった　{りんごは／おにぎり}　きえちゃった
D.C.
(前奏にもどる)

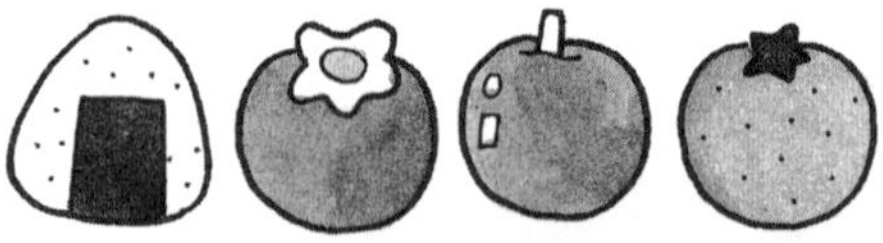

［用意するもの］

・新聞紙、包装紙、段ボール箱、セロハンテープ、絵の具、油性ペン。

［作り方］

★食べ物（おにぎり、リンゴ、カキ、ミカン）……

○新聞紙を丸め、包装紙をはったり、絵の具をぬって作ります。

★カバ……段ボール箱の上ぶた部分を切り取り、目などを描き入れます。

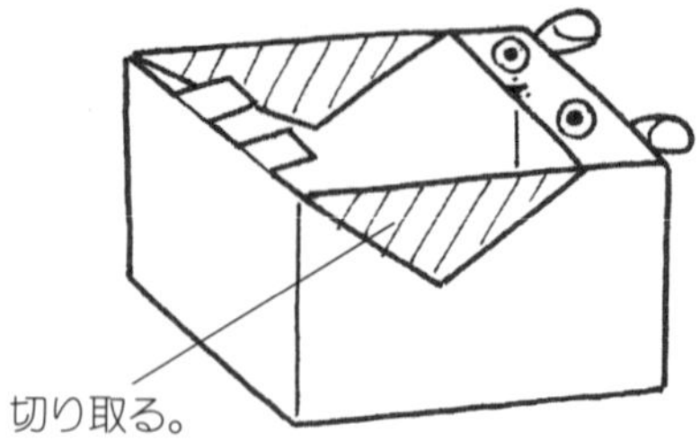

切り取る。

［遊び方］

①　２チームに分かれて円陣になります。

②　円の中央にカバ（口を上に向けて）を、周りに食べ物を置きます。

③　「ヨーイ、ドン」で、食べ物をカバの口に入れていきます。

④　終わりの合図で元に戻り、カバがいくつ食べたか数え、たくさん食べたチームの勝ちです。

［ポイント］

○ゲームのあと、どんなものを食べたか見せてあげると、遊びがいっそう盛り上がます。

ふたりは仲よし

★「ふたりぐみ」という言葉は、子どもにとって、とてもうれしくなる響きです。いっしょに手をつないでいるだけで楽しいようです。

ふたりぐみ

［遊び方］

① 保育者が「ふたりぐみ」と言ったら、子どもたちは近くにいる友達とふたり組を作ります。組ができたらすぐ座ります。

② 次の「ふたりぐみ」でも同じようにしますが、①のときとは違う友達を探してふたり組になります。

［ポイント］

○なかなか組めずにいる子が出てくるので、他の子がその子どもに気づくように保育者が言葉をかけてあげましょう。

人間かざぐるま

［遊び方］

① 2人で両手をつないで、ぐるぐる回ります。

② 保育者の「はんたい」の合図で反対に回り、「ストップ」の合図で止まります。

トンネル注意

［遊び方］

① 2人が両手を合わせて、トンネルを作ります。

② 他の子どもたちは2人組で並び、保育者のピアノに合わせてトンネルをくぐります。

③ ピアノが止まったら、トンネルの2人は手をおろします。そのときトンネルの中に入っていた2人が、次のトンネルになって遊びを続けます。

絵　本

『うしろにいるのはだあれだ』　絵本館・刊　五味太郎／作・絵

目かくしをして、「うしろに　いるのはだあれだ」「おとうさん」「それでは　こんどは　だあれだ」…と、繰り返しのおもしろさのある絵本です。次はだれかなと、楽しみながらページをめくれます。

『こだぬきタベタ』　岩崎書店・刊

いとうひろし／作・絵

山に住むたぬきの家族。ある日、父親たぬきと母親たぬきはおじぞうさんに、子だぬきタベタはおまんじゅうに化けました。ところがそのおまんじゅうを旅人が持ち帰り……。

（全国学校図書館協議会選定）

『いたずら子リス』　ポプラ社・刊

椋　鳩十／作　中村景児／絵

お母さんリスは、子リスたちに穴から出ないようにいい聞かせて、えさを探しに出かけました。木の根元では、キツネが昼寝をしていますが、子リスたちは外に出てしまいます。母と子の心温まるお話。

『いいものもらった』　小峰書店・刊

森山　京／作　村上　勉／絵

たぬきのおばあさんが孫におみやげを10個持って会いにいきました。ところが孫は11ぴき。さあ、たいへん。こだぬきタンゴが繰り広げる楽しいお話です。

（全国学校図書館協議会選定）

お　話

おはなしのポケット**『情操を育てるお話選集』**　ひかりのくに・刊

小春久一郎／編

楽しいお話、ちょっぴり怖いお話など、子どもたちの情操をはぐくむお話を69話紹介しています。

心の触れ合いを大切にした童話集です。

紙芝居

きれいな花いっぱい**『おばあさんのたからもの』**　教育画劇・制作

瀬尾七重／作　山本省三／画

12画面　全６巻

チューリップ――はらぺこおおかみがおばあさんを食べようとしたら、「ミートパイのほうがおいしいよ」と言われ……。

かわいい八つのおはなし**『ひもが　一ぽん』**　教育画劇・制作

白濱杏子／作　高瀬のぶえ／画

８画面　全８巻　（文部省選定）

道のまん中に、ひもが一ぽん落ちていました。にわとりが……。

Ｃ　Ｄ

『CDおはなしミュージカル』　日本コロムビア(株)／制作

ひかりのくに／販売

白雪姫、赤ずきんなどの有名なお話を発表会用に新しくアレンジしたものや「にこにこがいっぱい」などの楽しいお遊戯もいっぱいつまったCD集です。（５枚組・全25曲）

保育図書

『運動会に生かす体育あそび』　ひかりのくに・刊

米谷光弘／著

保育現場の中での実践を通して生まれ育った体育遊びをムーブメント遊び、主題遊び、運動会競技種目、運動会演技種目に分けて、121例を紹介しています。運動会の計画立案に役立ちます。

『運動会種目100』　ひかりのくに・刊

畠山倫子・吉牟田美代子・三宅一郎／編著

子どもたちにとって〝身体を動かして遊ぶこと〟が原点であり、子どもの成長にとってたいへん重要な役割を持っているという立場から運動遊びをとらえた書です。

いっぽんといっぽんで

わらべうた

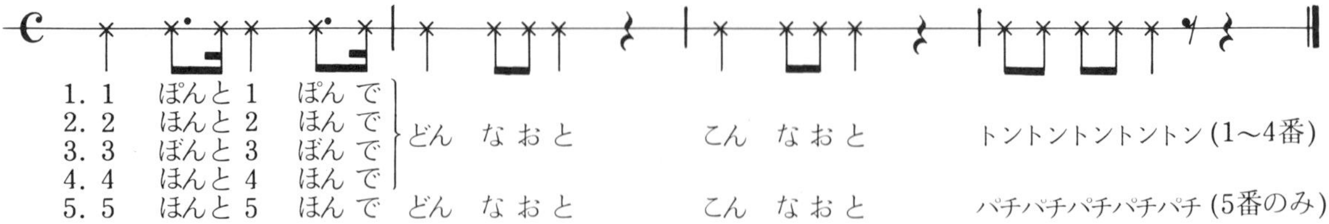
1. 1 ぽんと 1 ぽん で
2. 2 ほんと 2 ほん で
3. 3 ぽんと 3 ぽん で
4. 4 ほんと 4 ほん で
どん なおと こん なおと トントントントントントン（1～4番）
5. 5 ほんと 5 ほん で どん なおと こん なおと パチパチパチパチパチ（5番のみ）

遊び方 お話や紙芝居の前に遊ぶとよい手遊びです。拍手をしてからはじまり、はじまり。

①1ぽんと

右手の人差し指を、立てて出します。

②1ぽんで

左手の人差し指を、立てて出します。

③どんなおと

両手の人差し指を出したまま、腕を左右いっしょに振ります。

④こんなおと

③の形で耳に近づけて、どんな音が聞こえてくるか、耳をじっとすますような表現をします。

⑤トントン　トン
トン　トン

耳のところで、左右の人差し指を打ち合わせます。

⑥〈2番〉2ほんと

右手の人差し指と中指を出します。

⑦2ほんで……トントン

2本指を使って、以下1番と同様に繰り返します。3番以下も、それぞれ3本、4本、5本と指を出します。

◀指導のポイント▶

○動作を少しずつ大きくして遊びましょう。期待を持って次の活動に移れるようにしてください。

あひるはグワグワ

志摩 桂・作詞／フランス民謡

遊び方　はじめはゆっくりと動作を表現して遊びましょう。

①あひるはグワグワ　あひるはグワグワ

両手首を、体の側面でバタバタさせます。

②やぎメエメエ　やぎメエメエ

両手を右図のようにあごの下につけ、左右の手を入れ違いにします。

③ぶたくんブーブー　ぶたくんブーブー

右手の人差し指で鼻の頭を押し上げ、丸い鼻の形にします。

④うしモウモウ　うしモウモウ

両手の人差し指を立てて、頭の上におき、ウシの角を上下に動かします。

◀指人形の作り方▶

① 画用紙に絵を描いて切り抜きます。

② 指を入れる輪を作ります。

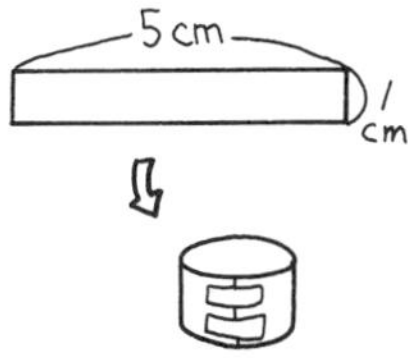

③ セロハンテープでとめます。

④ できあがり。

木の実や落ち葉で遊ぶ

★園庭や園外保育、遠足で集めた木の実や落ち葉を使って、遊びの道具や飾りを作ってみましょう。
ちょっとした工夫で、すてきな秋を演出できます。

自慢のアクセサリーづくり

［作り方］

〈まつぼっくりのペンダント〉

① まつぼっくりに絵の具で色を塗ります。

② たこ糸をまつぼっくりの細い部分に結び、リボンを通します。

〈落ち葉のブローチ〉

① 葉の両面に接着剤をつけ、よく乾かします。

② 乾いたら両面テープをはり、胸につけます。

〈落ち葉のヘアピン〉

① 葉に接着剤をつけ、乾いたらヘアピンをさして髪の毛につけます。

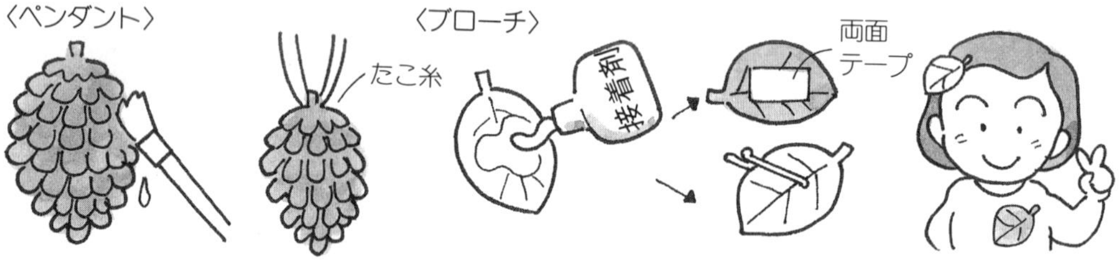

ぼくらのお部屋は森の中

保育室の床に落ち葉を敷きつめ、落ち葉の家や汽車を作ると、本当に森の中に入ったようで、すぐそこからキツネやウサギが出てきそうです。

［作り方］

〈家〉

○段ボールで家の形を作り、入口や窓を切り抜き、粘着テープを裏ばりし、落ち葉をはります。

〈汽車〉

① 段ボール箱の上下のふたを取り、粘着テープで落ち葉をはり、折り紙で車輪をはります。

② 平テープで車両をつなぎます。

③ 段ボールで細長い三角形の煙突を作り、車両の前に粘着テープではりつけます。

〈ベッド〉

○段ボールの高さの部分を半分内側に折り込み、粘着テープでとめ、中に落ち葉を入れます。

森の王さま、お姫さま

［用意するもの］

・細長い紙、粘着テープ、包装紙、折り紙（金、銀）、輪ゴム、ホッチキス。

［作り方］

① 紙に落ち葉を粘着テープではりつけます。

② 紙の幅に折り紙をはります。

③ 両端を２㎝ぐらい折り返し、輪ゴムを２本かけてホッチキスでとめます。

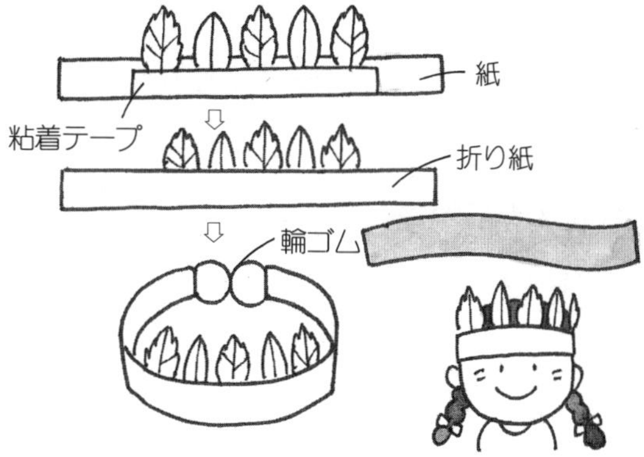

ドングリ自動車

［用意するもの］

・ストロー、竹ひご、ドングリ、マッチの内箱。

［作り方］

① マッチの内箱の底に、幅に合わせて切ったストローを接着剤ではります。

② きりで穴をあけたドングリを竹ひご（ストローより２㎝ぐらい長く切っておく）に片側だけさし、ストローに通します。

③ 竹ぐしの反対側にドングリをさしてできあがりです。

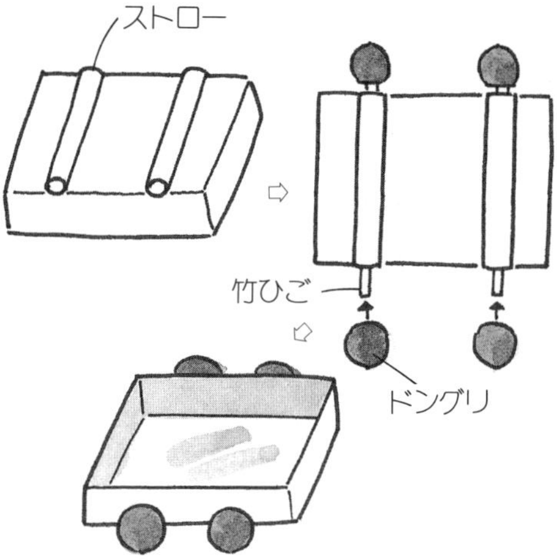

まつぼっくりけん玉

［用意するもの］

・まつぼっくり、たこ糸、折り紙、のり、紙コップ、粘着テープ。

［作り方］

① まつぼっくりにたこ糸（20㎝ぐらい）を結び、紙コップの口の部分に粘着テープではりつけます。

② ○や♡などの形に切った折り紙を紙コップにのりではり、さらに模様を描きます。

［ポイント］

○紙コップを２個つなぎ合わせたり、カップめんなどの容器で作ると、入れるのがむずかしくなったり、簡単になったりします。

運動会がんばりグッズ

★運動会への興味や関心を高める活動の一つとして、運動会で使うものを自分たちの手で作ってみましょう。

パタパタ応援旗

［用意するもの］

・12cm四方ぐらいの画用紙（または障子紙、包装紙など）、割りばし、のり、クレヨン。

［作り方］（右図参照）

① 画用紙に好きな絵や模様を描きます。

② 端２cmぐらいにのりをつけ、割りばしに巻きつけます。

応援メガホン

［用意するもの］

・画用紙、折り紙(包装紙)、セロハンテープ、のり、ハサミ。

［作り方］

① 画用紙に扇の形を描いて、ハサミで切ります。

② のりしろにのりをつけて、円すいを作ります。

③ 折り紙で好きな模様をつけます。

④ 乾いたら口の部分を切ります。

⑤ 胴の部分２か所にセロハンテープでリボンをつけてできあがりです。

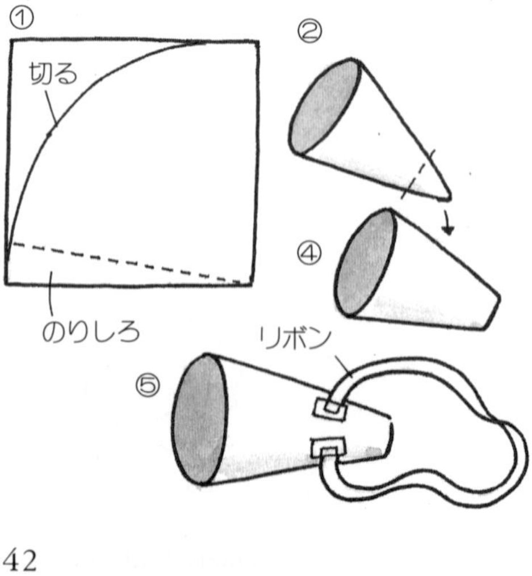

ごほうびメダル・父母への手づくり参加賞

［用意するもの］

・色画用紙、王冠、画用紙、折り紙、リボン、接着剤、クレヨン。

［作り方］

① 画用紙に、お父さん、お母さんの顔を描きます。

② 色画用紙を丸く切り、①をはります。

③ ②の周りに、王冠を接着剤でつけます。王冠の中に、小さく丸く切った折り紙をはります。

④ 画用紙に首から下げられる長さのリボンを重ねて王冠をつけます。

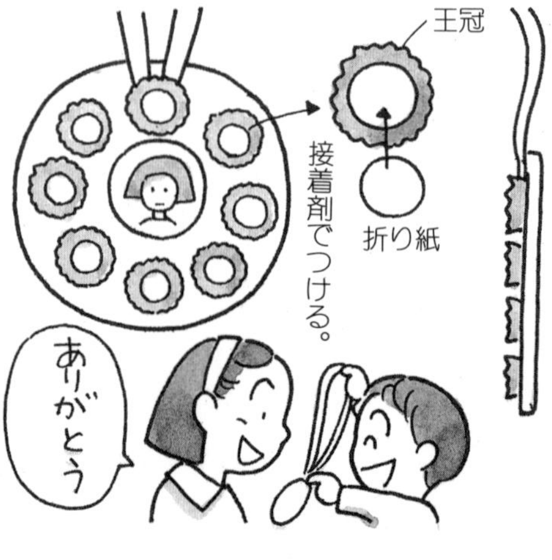

のぞきめがね

★目に筒を当ててのぞくと、大発見があるような、不思議な期待感を持たせられるものです。自分たちで双眼鏡、望遠鏡を作って、すてきなものを見つけに行きましょう。

卵パックを使って

[用意するもの]

・透明な卵パック、輪ゴム。

[作り方]

① パックの卵2個分を切ります。

② 輪ゴムを2本つないで、粘着テープでパックにはります（輪ゴムを耳にかけると、眼鏡になります）。

トイレットペーパーの芯を使って

[用意するもの]

・トイレットペーパーの芯、ラップ、ビニールテープ、リボン、包装紙。

[作り方]

① 芯の口の片側にのりをつけ、ラップをはります。

② 包装紙にのりをつけ、芯に巻きつけます（2本作ります）。

③ 2本を並べてビニールテープを巻きつけます。

④ 首にかけるリボンをつけます。

[ポイント]

○ビニールテープは、適当な長さに切ってから与えます。

紙を使って

[用意するもの]

・紙、水性ペン、筆、セロハンテープ。

[作り方]

① 紙に、水性ペンで好きな模様を描きます。

② 筆に水をつけて、模様の上をなぞります（きれいなにじみができます）。

③ よく乾かしたら丸め、セロハンテープでとめます。

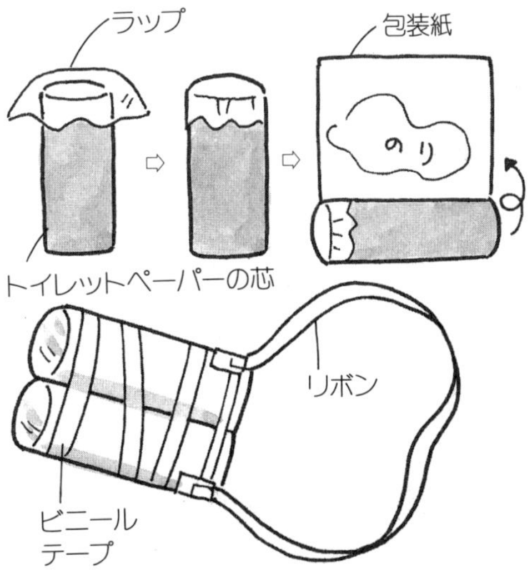

○ラップには、油性ペンで色を塗ってもよいでしょう。

みんなでおイモ掘り（壁面）

★ながーく伸びたつるを引っぱると……、あらあら土の中からかわいいおイモたちが顔をのぞかせていますよ。

［用意するもの］

・新聞紙、画用紙、落ち葉、クレヨン、絵の具、たこ糸、和紙、両面テープ、ハサミ。

［作り方］

〈地面〉

① 新聞紙に茶色の絵の具を塗ってはります。

② 地面の中には、子どもが作ったサツマイモを入れ、つるを引っぱると出てくるようにします。

③ 周りにはフロッタージュの葉を散らします。

〈サツマイモ〉

① 画用紙にクレヨンで好きな形、大きさのサツマイモを描き、色を塗り、顔を描き入れます。

② サツマイモの形をハサミで切り、たこ糸にホッチキスでとめます。

〈フロッタージュ〉

① 机に落ち葉を置き、さらに和紙を重ねます。

② クレヨンでこすり、葉の葉脈を写し取ります。

③ 葉の形をハサミで切り、両面テープではりつけます。

［ポイント］

○秋の壁面は、色づかいなどが寂しくなりがちです。カラフルな木の葉にし、明るく楽しい雰囲気を作りましょう。

○葉は葉脈のはっきりしたものがよいので、見本を見せて気づかせるようにします。

11月

November

子どもの姿

　きれいな落ち葉を拾って、うれしそうに見せにきた子に、「帽子につけてあげましょうか」と、粘着テープで赤白帽につけてあげます。すると「ありがとう」と言って、うれしそうに友達のところにかけて行きます。すぐに、「せんせい、ゆきちゃんみたいにつけて！」「ぼくも！」「わたしにも！」と落ち葉を手にやってきます。

　このころになると、生活もすっかり安定してきて、仲のよい友達との遊びができるようになり、クラスの仲間意識も出てきます。

　絵本や紙芝居、パネルシアターなどが大好きで、ストーリーのイメージをふくらませながら、満足そうに見聞きしているようすがうかがえます。

　寒い日は、屋外に出たがらない子や手洗いやうがいの習慣が乱れてしまう子もいます。そのつど、個々に指導していきましょう。

第1週

今週の予定

・インフルエンザ予防接種
・焼きイモ大会

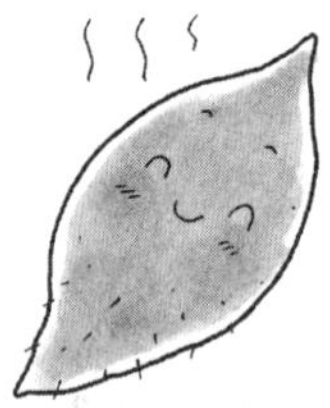

予想される主な幼児の活動

○戸外で好きな遊びをする

○言葉遊びをする
・しりとりのルールを知り遊ぶ

○まりつきの練習をする
・保育者のまりつきを見る

○いろいろな種類の袋を使って遊ぶ
「帽子・お面」(149)　「宝物を入れちゃおう」(149)
「麻袋って、こんなにステキ！」(149)
「ビニール風船」(149)

○焼きイモ大会に参加する
・落ち葉を燃やすようすを見る
・焼きイモを食べる

○お店やさんごっこのあることを聞き、簡単な品物を作る
「おかしやさん」「魚やさん」(158)

○アニメビデオを見る　『3びきのくま』(155)

第2週

今週の予定

・お散歩

予想される主な幼児の活動

○お店やさんごっこをする(148)
・作った品物を使って、買い売りを楽しむ
・園全体のお店やさんごっこの計画を聞き、期待を持つ

○「ペープサート・ジャンケン」で遊ぶ(150)

○劇遊びをする
・絵本を見る『おおきなかぶ』(154)
・テープの『おおきなかぶ』を聞きながら動作をする

○「千歳あめの袋づくり」をする(160)
・袋にクレヨンで色をぬったり、折り紙をはる

○落ち葉を拾う
・きれいな落ち葉を拾って見せたり、おみやげにする

○お散歩に参加する
・年長児と手をつないで、長い距離を歩く
・乳酸菌飲料などのおやつを飲む

○紙芝居を見る　『キツネとタンバリン』(155)

(注)＊「予想される主な幼児の活動」は、本書の資料を中心にまとめてあります。
＊(　　)の数字は、本書のページ数です。

第3週

今週の予定

・お店屋さんごっこ
・インフルエンザ予防接種

予想される主な幼児の活動

○好きな遊びをする

○「お店やさんごっこ」に参加する （148）
・いろいろなお店のさまざまな商品を見る
・牛乳キャップのお金を使って買い物をする

○いろいろな言葉遊びを楽しむ
「クイズクイズ」（152）「鳴きまね遊び」（152）
「おもしろ百面相」（152）「ネコネコネコ」（153）「カレーカレー」（153）

○発表会の劇の役割を話し合う
・なりたい役のセリフを言ってみる

○働いている両親に感謝してプレゼントづくりをする
・身近で働いてくれている人の話を聞く
・お父さん、お母さんにプレゼントを作る
「ありがとうペンダント」（161）
「お母さんの宝箱」（161）

○絵本を見る 『こぶたのポインセチア』（154）

第4週

今週の予定

・誕生会

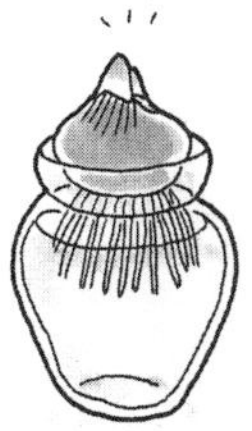

予想される主な幼児の活動

○戸外で元気に遊ぶ
・リレー遊び、鬼ごっこ、固定遊具、しっぽとり

○ヒヤシンスの水栽培の話を聞く（244）
・球根を手にして見る

○劇の練習をする

○ルールのある遊びを楽しむ

○誕生会に参加する
・等身大人形劇を見る 『どっこいしょだんご』
・年長組のなわとび競争を応援する
・誕生児を祝う

○紙を使って遊ぶ
「笛を作ろう」「イモムシごろごろ」（162）

○手遊びで遊ぶ 『いっぴきの野ねずみが』（156）

○絵本を見る 『とんでけとんでけおおいたい！』（154）

お店やさんごっこ

★売ったり、買ったりする遊びは、子どもの発達段階から見て、このころに必ず出てくる遊びの一つです。お店のイメージは、クラスにあるおもちゃ、いつも使って遊んでいるものから考えて、展開していきましょう。

［遊び方］

① みんなでどんなお店にするか、話し合います。

② 自分のやりたいお店を決め、品物を並べていきます。

③ お店を開店し、売ったり、買ったりして遊びます。

［ポイント］

○みんながお店やさんになると買い手がいなくなることに気づき、自分たちが買い手になることができるように援助していきます。

○お金は、金額が書いていなくても、紙を品物と交換できることにしておくとよいでしょう。

袋で遊ぶ

★紙袋、ビニール袋、布袋……、袋は子どもにとってはとても魅力的な素材です。工夫しだいで、もっと楽しい遊びが考えられます。

帽子・お面

［遊び方］

① 紙袋を頭にのせてみてください。かわいいパンやさんに変身です。

② 頭からかぶると、袋のお化けだぞ～！

麻袋って、こんなにステキ！

オバケー
すけて見える。
ゴロゴロ
魔法のじゅうたん

宝物を入れちゃおう

［遊び方］

① 大切な宝物を袋に入れます。

② ①を少し大きな袋に入れます。

③ ②をさらに大きな袋に入れます。

④ 大きな袋から順に、中のものを出していきます。

みせて!!
いいものみせてあげようか？
みせて!!
わっまた入ってる

ビニール風船

［用意するもの］

・ビニール袋、折り紙、ハサミ。

［作り方］

① 折り紙をハサミで小さく切ります。

② ビニール袋の中に入れ、ふくらませて口をしばります。

小さく切った折り紙
ビニール袋

ペープサート・ジャンケン

★この時期になると、ジャンケンの動作も上達し、覚えたい気持ちも育ってきます。ジャンケン遊びに子どもたちの大好きなペープサートを取り入れた集団での遊びです。

［遊び方］

① 2チームに分かれます。

② 先頭の1人ずつが、ジャンケンの形のペープサートを1本持ち、中央のフープの中に入ります。

③ みんなで「ジャンケン・ポン」と言い、同時にペープサートを出します。

④ 勝った子は、そのまま残ります。

⑤ 負けた子は、「負けた、助けておくれー」と次の子を呼び、ペープサートを元に戻します。

⑥ 呼ばれた子は「はーい」と返事をして、ペープサートを1本持ち、フープの中に入って③を繰り返します。

［ポイント］

○負けた子が列の最後尾に並ぶことにすると、繰り返し楽しめるので、子どもたちだけで長時間続けられます。

○ペープサートは、1チームに各2本ずつ用意しておくと、待ち時間が少なくてすみます。

○ペープサートでやったほうが、ジャンケンの勝ち負けを理解できるようです。

○④の後で「勝ったぞ」と言ってガッツポーズをしたり、⑤の後で「ウェーン」と泣きまねをするなど、ひと言セリフをつけ加えると、さらに遊びが楽しくなります。

タイヤで遊ぼう

★丸くてころころ転がって、立って、重ねられて、穴がある……。タイヤは扱い方一つで、いろいろな遊びに展開できます。

[遊び方]

〈いい湯だな〉

タイヤがおふろになります。

〈お休みなさい〉

タイヤの中で横になると、ベッドで寝ているようです。

〈何階建てができるかな〉

タイヤをじょうずに積み重ねます。何個重ねられるでしょう。

〈ころころお散歩〉

3歳児にとっては、コツがつかめないと、タイヤを転がして歩くのは、なかなかたいへんなことです。あわてず、ゆっくり始めてみましょう。

〈力比べ〉

タイヤの引っぱりっこです。どちらが力持ちかな。

〈ゴールを目ざせ〉

タイヤで道を作り、ゴールまで落ちないように歩いていきます。

[ポイント]

○「ここは海で、落ちたらサメに食べられるよ」などのお話から遊び始めるとよいでしょう。

言葉遊び

★３歳児は言葉を獲得する年齢といわれるほど、日常生活でほとんど支障なく話ができるようになります。言葉や文字への興味・関心を持たせ、豊かな言語の力が身につく遊びです。

クイズクイズ

［遊び方］

① 保育者「クーイズ、クイズ」

② 子ども「なーにがクイズ」

③ 保「耳が長くて、ピョンピョンとぶ動物はなーんだ」

④ 子「ウサギ」

［ポイント］

○子どもはなぞなぞが大好きですが、この遊びはその前段階的なものです。保育者や友達とのやりとりを十分に楽しませましょう。

鳴きまね遊び

［遊び方］

① 動物、虫、鳥の絵を描いた紙を用意します。

② 保育者が絵を１枚見せます。

③ 子どもはこの生き物の鳴きまねをします。

④ 絵を替えながら遊びを繰り返します。

※見せる時間を、だんだん短くしていきます。また、鳴かない生き物を入れてもよいでしょう。

おもしろ百面相

［遊び方］

① 泣き顔、笑い顔、怒り顔を描いた紙を用意します。

② 泣き顔の絵を出すと、泣くまね、笑い顔は笑うまね、怒り顔は怒るまねをし、絵を下におろしたらやめます。

③ 慣れたら絵を次々に替え、それに合わせてまねをして遊びます。

ネコネコネコ

［遊び方］

① みんなで続けて「ネコ、ネコ、ネコ……」と言います。

② 保育者が両手を大きく広げたら大きな声で、小さくせばめたら小さな声で言います。

③ せばめていった両手が合わさったときは、声を出さずに口だけを動かします。これを繰り返して遊びます。

※他の動物か食べ物の名前を使っても遊べます。

カレーカレー

『かごめかごめ』の替え歌遊びです。

［歌］

カレー　カレー
おいしいカレーをたべたのは
いったいだれかな
たまねぎ　にんじん
じゃがいもも　はいってるよ
うしろのしょうめん　だあれ

［遊び方］

① 鬼を囲んで円陣になります。鬼は顔をかくして座ります。

② 回りながら歌をうたいます。「後ろの正面だあれ」で全員しゃがみ、鬼の後ろの子どもは「からいよ」といいます。

③ 鬼は、顔をかくしたまま当てます。当たったら、その子が鬼になって遊びを続けます。

※これ以外にも、いろいろな替え歌を作って遊んでみましょう。

絵本

『きょうりゅうくんは　するよ・しないよ』　文化出版局・刊

シド・ホフ／作　こだまともこ／訳

〝きょうりゅうくんは、「ありがとう！」って、ちゃんと言える〞……など。ユニークな絵と簡潔な文章で、基本的な生活習慣が自然と身につきます。

『おおきな　かぶ』　ひかりのくに・刊

香山美子／文　田中槇子／絵

おじいさんの畑に大きなかぶができました。ところが大きすぎて、おじいさんひとりの力では抜くことができません。次々と人や動物たちが増えていく、とてもおもしろい絵本です。

ピチピチえほん『とんでけ　とんでけ　おお　いたい！』　岩崎書店・刊

梅田俊作・佳子／作・絵

みえちゃんが、ころんで、おおいたい。「よしよし。いたいの、とんでいけ。」お母さんが言うと、次から次へ「いたい」のがとんでいって、最後には…。ページをめくるのが楽しくなるお話。

『こぶたのポインセチア』　岩崎書店・刊

フェリシア・ボンド／作・絵

小杉佐恵子／訳

ポインセチアは、小さなすてきな家に住んでいます。でも、家族が多すぎて、静かに本も読めません。ユーモラスな心温まるお話です。

（全国学校図書館協議会選定）

図鑑

『どうぶつ―くらしとかいかた』　ひかりのくに・刊

岩合徳光・中川道朗／監修

動物園で見るかわいい動物やちょっぴりこわい動物、ゴリラ、キリン、ゾウ、ペンギンなどの生態と飼い方、エサなどを豊富な写真や絵で紹介しています。

紙芝居

タンバリンシリーズ『**キツネとタンバリン**』　教育画劇・制作

安田　浩／作　おくやまれいこ／画

12画面　全６巻

みんなで楽隊ごっこをしていると、キツネが窓から言いました。タンバリンかしてよ!!

あひるさんシリーズ『**あひるの　ホテル**』　教育画劇・制作

中川正文／作　ながよしかよ／画

12画面　全６巻

あひるのおばさんがホテルを開くと、ねずみとかえるがたくさんの友達を連れて……。

ビデオ

『**NHKビデオランドぐんぐんぱっく**』

NHKサービスセンター／製作・発行NHK／協力　ひかりのくに／企画・協力・発売元　全12巻

世界名作アニメ・うたあそび・みてごらん（どうぶつ）を１巻20分に収められています。幼児に理解しやすいテンポで、見る力・聴く力を養うことができます。(VHSのみ)

	世界名作アニメ	うたあそび	みてごらん
①	3びきのこぶた〈イギリス昔話〉	げんこつやまのたぬきさん	ぞう
②	シンデレラ〈フランス昔話〉	こんべえさんのあかちゃん	ペンギン
③	こびとのくつや〈グリム〉	いとまき	チンパンジー
④	あかずきん〈グリム〉	おべんとうばこ	ラッコ
⑤	きんのがちょう〈グリム〉	むすんでひらいて	うし
⑥	3びきのくま〈イギリス昔話〉	くまさんくまさん	ライオン
⑦	ジャックとまめのき〈イギリス昔話〉	おおきなくりのきのしたで	コアラ
⑧	はだかのおうさま〈アンデルセン〉	おはなしゆびさん	かば
⑨	しらゆきひめ〈グリム〉	ことりのうた	きりん
⑩	ろばうりのおやこ〈イソップ〉	やまごやいっけん	パンダ
⑪	おおかみと7ひきのこやぎ〈グリム〉	こぶたぬきつねこ	うま
⑫	ブレーメンのおんがくたい〈グリム〉	やまのおんがくか	さる

保育図書

『**幼児のための劇あそび脚本・59**』　ひかりのくに・刊

清水俊夫／編著

劇あそびとは何か、どう考えるべきかを実際の脚本の中から考察していただけるように配慮した新しい劇あそび脚本集です。

いっぴきの　野ねずみが

鈴木一郎・作詞／作曲

C
1. 1 ぴ き の
2. 2 ひ き の
3. 3 び き の
4. 4 ひ き の
5. 5 ひ き の
の ね ず み が
あ な ぐ ら の
C
な か で チュ
1. チュチュチュチュ チュ チュ チュ チュ チュ
2. (2 回繰り返す)
3. (3 回繰り返す)
4. (4 回繰り返す)
5. (5 回繰り返す)
おお さ わ ぎ

遊び方　野ねずみが次々と出てくる、楽しい遊びです。表情豊かに遊びましょう。

①1ぴきの

　両手を体の後ろに隠しておき、右手から人差し指を立てて出します。

②のねずみが

　続いて左手を、①と同じように出します。

③あなぐらのなかで

両手で穴の形を作り、左右にゆらします。

④チュチュチュ……チュチュチュ

左右の人差し指を交互に打ち合わせます。

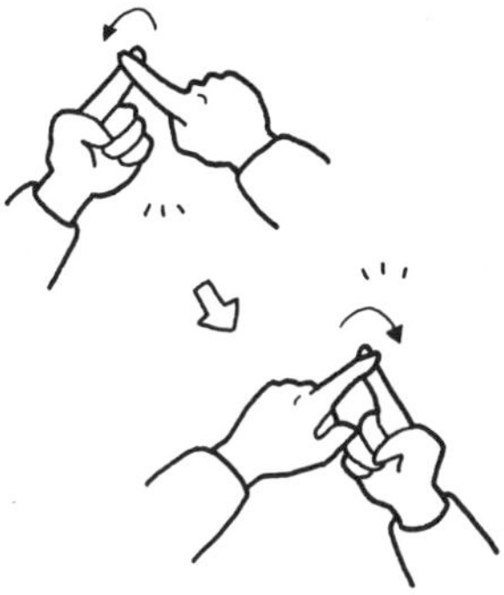

⑤おおさわぎ

両手をひらひらさせながら、体の後ろに隠します。

〈2番〉

⑥2ひきの　のねずみが

右手の人差し指と中指を立てながら、体の後ろから出します。

⑦あなぐらのなかで

続いて⑥と同じように、左手も出します。

⑧チュチュチュ……おおさわぎ

1番の④、⑤と同じ動作をします。

⑨〈3番〉〈4番〉〈5番〉

3本、4本、5本と、順に指を立てながら出し、1番と同じように遊びます。

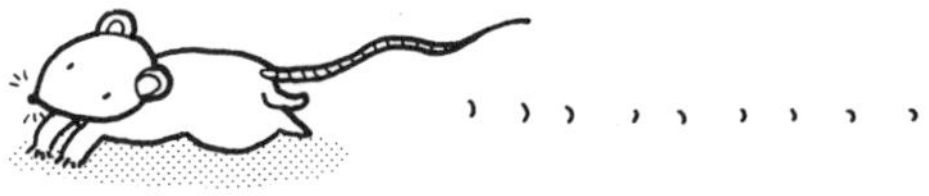

作ろう　お店やさん

★３歳児もお店の品物を作り、お店やさんごっこに参加してみましょう。自分の作ったものがお店やさんに並べば、子どもたちは大喜びで買っていきます。

おかしやさん

[用意するもの]

・紙粘土、絵の具、接着剤、竹ぐし、包装紙。

[作り方]

①　**おだんご**……紙粘土を丸め、竹くじにさします。十分に乾いたら絵の具を塗り、水溶きの接着剤を塗ります。

②　**あめ玉**……紙粘土を小さめに丸め、絵の具を塗り、包装紙に１個ずつくるみます。

③　**クッキー、せんべい**…紙粘土で大きめの丸や四角を作って平らにのばし、色や模様をつけます。

[ポイント]

○紙粘土は、いつまでも触っていると固まってしまうので、なるべく早く作り上げます。

〈おだんご〉

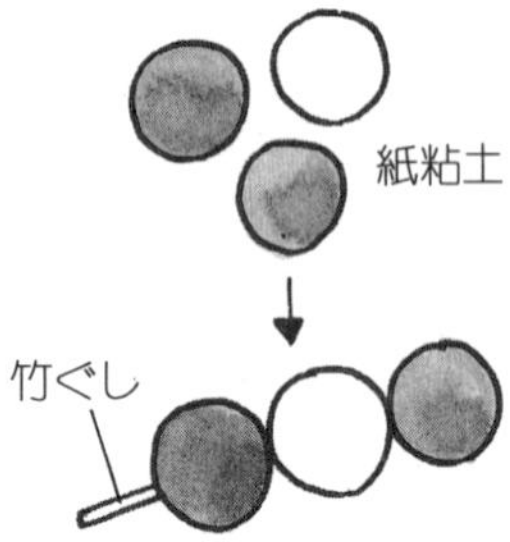

〈あめ玉〉

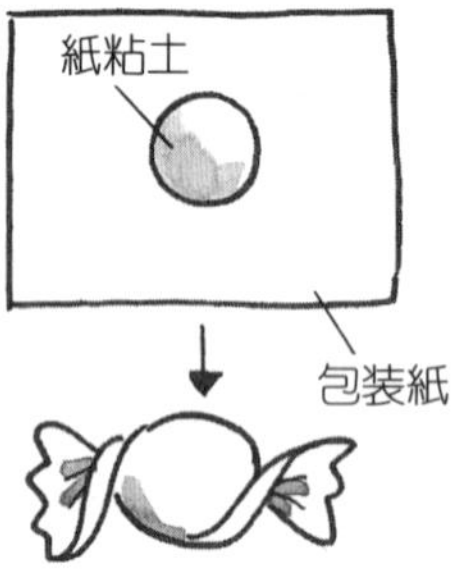

〈クッキー〉

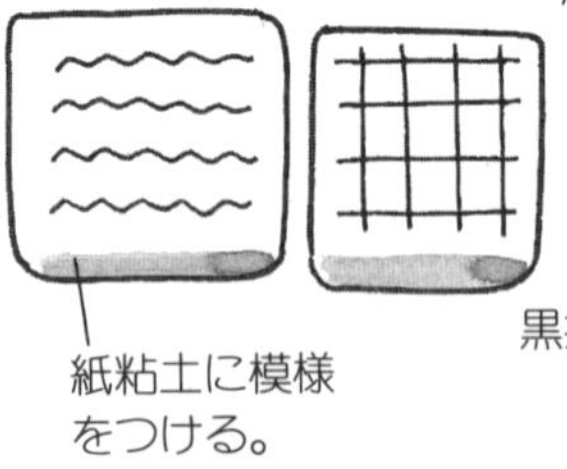

〈せんべい〉

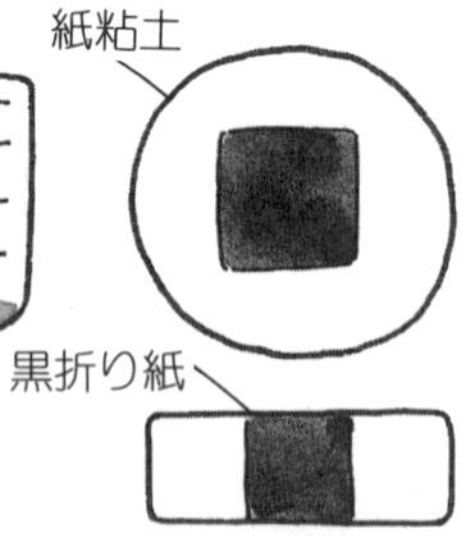

魚やさん

[用意するもの]

・ビニール袋、広告紙、ビニールテープ、油性ペン、接着剤。

[作り方]

①　ビニール袋に、丸めた広告紙を入れ、ビニールテープでとめます。

②　口の部分にビニールテープをはります。

③　紙を丸く切り、目の部分に接着剤でつけます。

④　油性ペンでひれや目玉を描き入れます。

[ポイント]

○うろこは、紙を切り、接着剤ではってもよいです。

①

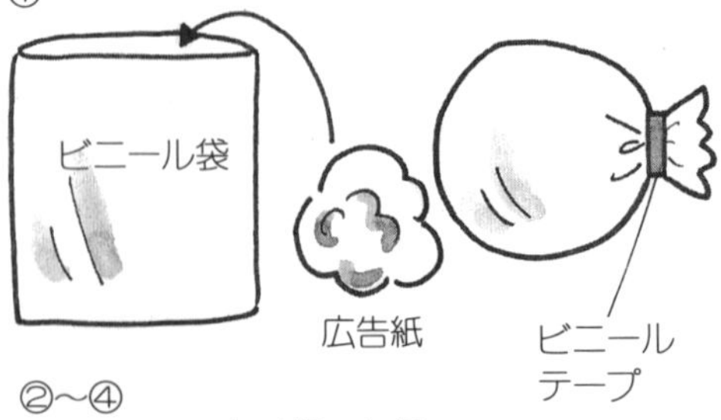

②〜④

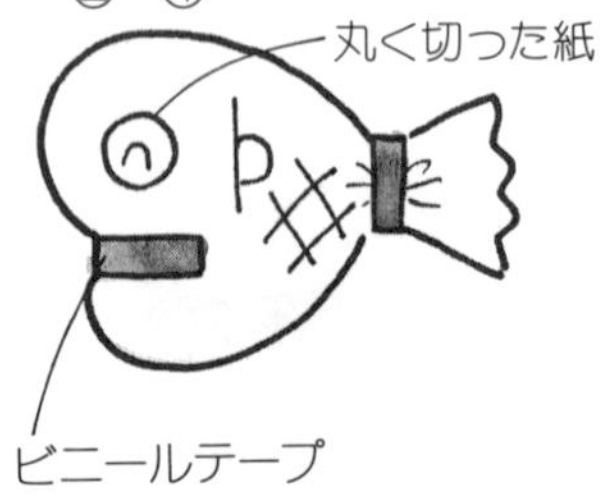

花やさん

［用意するもの］

・割りばし、絵の具、色画用紙、のり、セロハンテープ。

［作り方］

① 割りばしに緑の絵の具を塗ります。

② 色画用紙にチューリップやダリヤの絵を描き、切り取ります（葉も同様に）。

③ 割りばしに②をはりつけます。

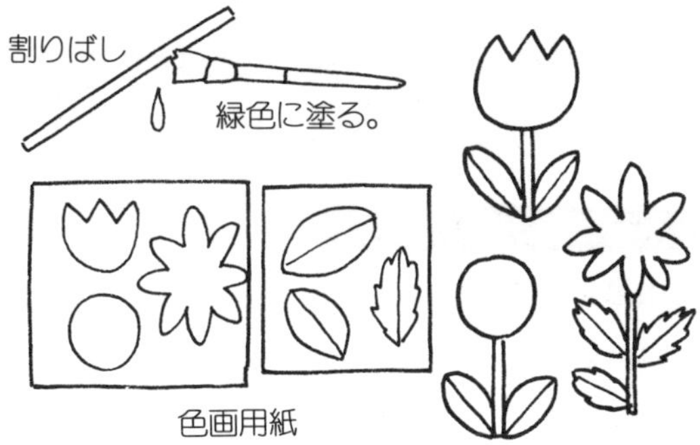

洋服やさん

［用意するもの］

・新聞紙、折り紙、空き箱、大型紙袋、ビニールふろしき、平テープ、セロハンテープ、絵の具、油性ペン、粘着テープ、接着剤。

［作り方］

〈上着〉

① 新聞紙を用意し、図の点線部分を切り取ります。

② 絵の具で色を塗り、折り紙でボタンをはりつけます。

〈ジャンパースカート〉

① 商店のビニール袋の底の部分を切り取ります。

② 油性ペンで模様を描きます。

〈バッグ〉

① 箱の本体とふたの一辺を粘着テープではりつけます。

② 口の部分にリボンをつけます。

〈つなぎズボン〉

① 大型の紙袋を用意し、図の点線の部分を切り取ります。

② 絵の具で色を塗ります。

〈エプロン〉

① ビニールふろしきを図の点線部分で切り、油性ペンで絵や模様を描きます。

② 上の部分に平テープをつけ、セロハンテープでとめます。

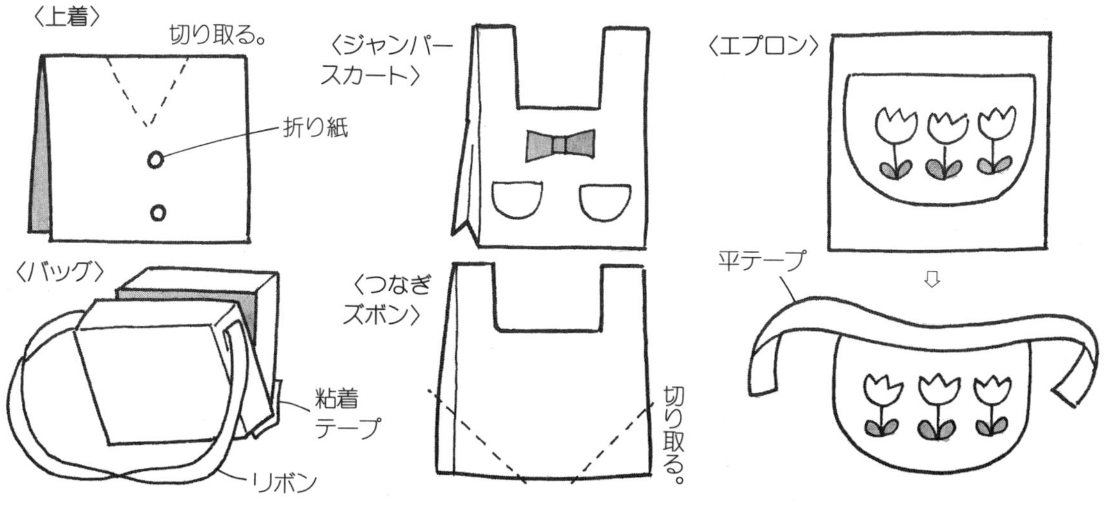

七・五・三を作る

★子どもの３・５・７歳は、成長期の節目です。千歳あめの袋づくりを通して、子どもたちと健康に成長したことを祝いましょう。

千歳あめの袋づくり①

[用意するもの]

・包装紙、クレヨン、折り紙、のり。

[作り方]

① 図の点線部分を折ります。

② 開いて波線部分を折ります。

③ 裏のりの部分にのりをつけ、図のように折ってのりづけします。

④ ③ののりしろ部分にのりをつけ、図のようにはって袋にします。

⑤ 図のように上の部分を折って斜線部分を切り取ります。

⑥ 表面に保育者が「七五三」と書き、子どもがクレヨンで上からなぞります。

⑦ 裏面は、クレヨンで絵を描いたり、折り紙をはったりします。

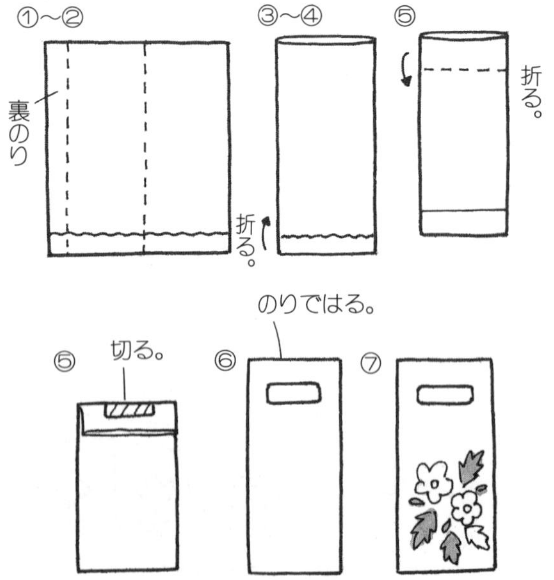

千歳あめの袋づくり②

[用意するもの]

・色画用紙、クレヨン、折り紙、モール、のり。

[作り方]

① 色画用紙を半分に折り、点線部分を切ります。

② のりしろにのりをつけ、袋にはり合わせます。

③ ①の残った部分を耳の形に切り、のりではります。

④ モールをホッチキスでとめます。

⑤ クマやウサギの顔を描いて、動物のあめ袋のできあがりです。

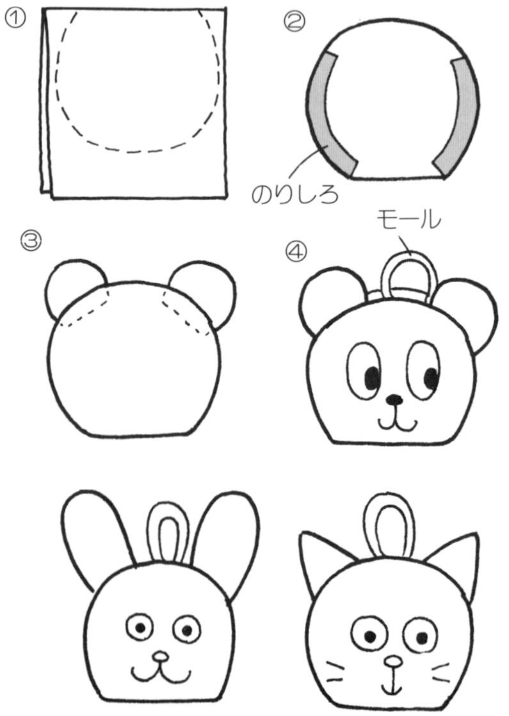

お父さん、お母さん、ありがとう

★11月23日は勤労感謝の日。いつも一生懸命働いているお父さん、お母さんに感謝の気持ちをこめて、手づくりのプレゼントを贈りましょう。

ありがとうペンダント

［用意するもの］

・アイスクリームの空き容器、折り紙、クレヨン、リボン、ハサミ、水溶き接着剤。

［作り方］

① 空き容器に、保育者が切り開く線を描きます。

② ハサミでⒶの線にそって切ります。

③ 開いて、真ん中に丸く切った折り紙（金色）をはります。

④ 周りは、クレヨンでいろいろな色に塗り、水溶き接着剤を塗ります。

⑤ リボンをホッチキスでつけます。

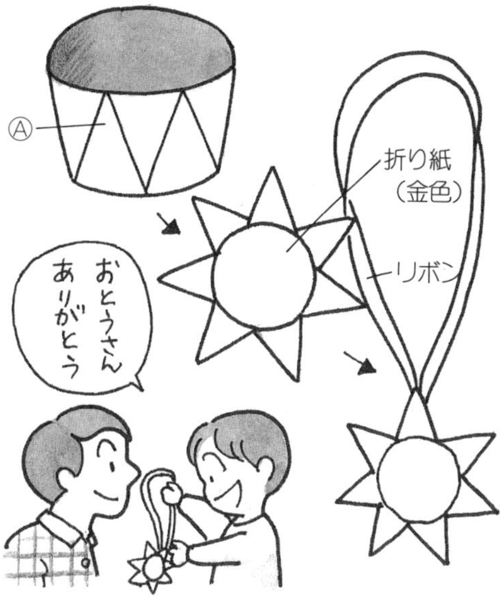

お母さんの宝箱

［用意するもの］

・折り紙、イチゴパック、ハサミ。

［作り方］

① 折り紙を、三角に２～３回折ります。

② 好きなところをハサミで切り抜いたり、切り落としたりします。

③ ②を広げてイチゴパックの中に入れ、上からさらにイチゴパックを重ねます。

［ポイント］

○切り紙は、これだけでも楽しめる遊びになります。できあがった形にみんなで驚いたり、喜んだりして、次の活動へ展開していくとよいでしょう。

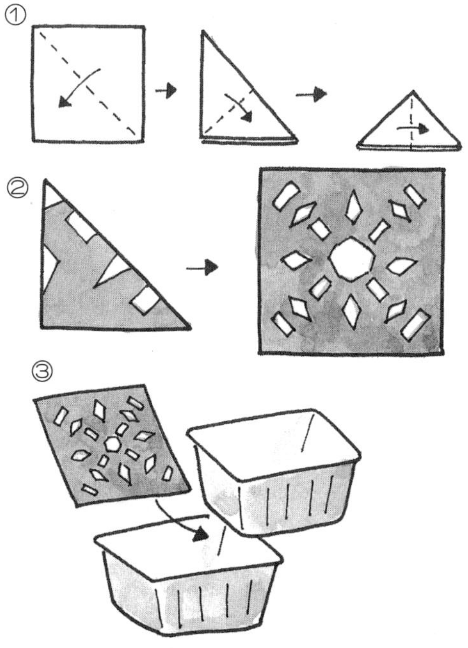

紙で遊ぼう

★ちょっとした紙で作って遊べるものを紹介します。作ることだけ、遊ぶことだけに決めてしまわず、子どもが持つイメージを取り入れて楽しく作って遊びましょう。

笛を作ろう

[用意するもの]

・上質紙（B 6 判）、ハサミ、のり。

[作り方①]

① 紙を横半分に切り、図のように縦に 4 つ折りにします。

② 図のように広げ、斜線部分を切り落とします。

※指にはさんで息を吹くと、音が出ます。

[作り方②]

① 紙を縦長に半分に折り、保育者の描いたイカの絵をはります。

② Ⓐの部分に切りこみを入れ、点線部分を折ります。

※折ったほうを口に当てて吹くと、音がします。足がひらひらして、イカが泳いでいるように見えます。

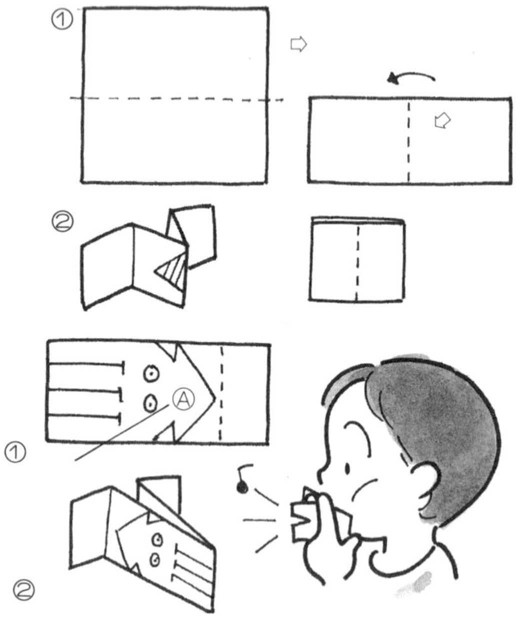

イモムシごろごろ

[用意するもの]

・折り紙、たこ糸、セロハンテープ、ハサミ。

[作り方]

① 縦に 4 つ折りにした折り紙を切ります。

② 1個ずつ打り紙で輪を作ります。

③ ②をのりではり合わせます。

④ 前になる部分に折り紙を切った目や口をはり、口の部分にセロハンテープでたこ糸をつけます。

※たこ糸を引っぱり、ケムシやイモムシがはっているように遊びます。イモムシ競争をして、友達と遊んでも楽しいでしょう。

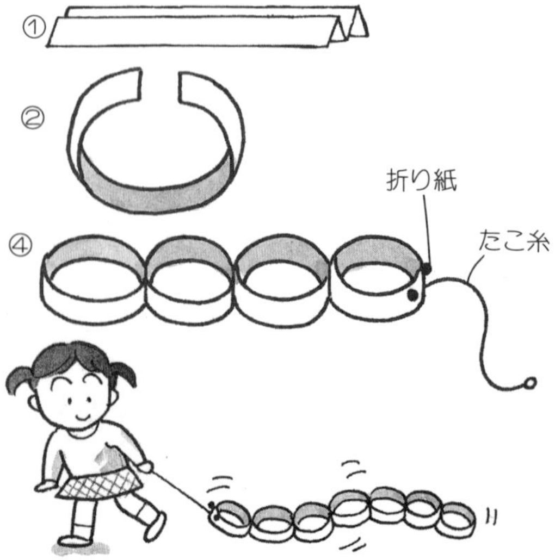

12月

December

子どもの姿

　保育者の手伝いをすることに興味を持ち、ほかのクラスや職員室へのおつかいなどは先を争って行こうとします。当番活動も、よく意味を理解し、すすんでやろうとする姿が見られます。

　生活発表会のように目的を持った活動には意欲的に取り組もうとし、自由遊びのときなどに練習している劇のセリフを覚えて、場面遊びをしたりします。

　ちょっとした話し合いの中では、自分の言いたいことを保育者や友達に伝えられるようになり、友達の話も聞こうとする態度が表れてきます。

　晴れた日には、保育者のほうから積極的に誘って、鬼ごっこ、リレー、わらべうた遊びなどで、元気よく遊んでください。

　もちつき大会やクリスマス会、お正月と、楽しみにしている行事が続きますが、話題にすると、瞳を輝かせて聞いています。

第1週

今週の予定

・発表会
・交流保育

予想される主な幼児の活動

○発表会で使うお面づくりをする（179）
　・練習で使っていたお面を見ながら、自分で作る

○発表会で歌と劇を発表する

○長なわで遊ぶ
　「にょろにょろへびさん」「綱渡り」（167）

○年長児との交流保育に参加する
　・こままわしを年長組に教えてもらう
　・２人組の体操をする

○クリスマス飾りを作る
　「みんなのクリスマスツリー」（177）
　「指人形サンタ」（176）　「ベル」（178）

○カメを冬眠させる（258）
　・冬眠の話を聞く
　・落ち葉を拾ってカメの穴に入れる

○紙芝居を見る　『きいろいぼうし』（173）

第2週

今週の予定

・もちつき

予想される主な幼児の活動

○好きな遊びをする

○ボール遊びを楽しむ
　「こわいオオカミ、やっつけろ」「１、２、３でポン」（167）

○大きな長靴づくりをする
　・「みんなの長靴」（178）
　・サンタクロースへの手紙を書いてもらって入れる

○もちつきに参加する
　・手遊びをする　『正月さんのもちつき』
　・豪快なもちつきのようすを見る
　・小さなきねでつく
　・きなこもち、あんころもちを食べる

○「ヒーローごっこ」をする（168）

○絵本、紙芝居を見る
　『クリスマスにはおくりもの』（172）
　『サンタはおっちょこちょい』（173）

（注）＊「予想される主な幼児の活動」は、本書の資料を中心にまとめてあります。
＊（　　）の数字は、本書のページ数です。

第3週

今週の予定

・クリスマス会
(誕生会)

予想される主な幼児の活動

○好きな遊びをする

○水栽培のようすを見る（244）
・根と芽の変化に気づく

○ジャンケン遊びをする
「カエルさん」（170）　「くすぐりジャケン」（171）

○歌をうたう
『ジングルベル』『あわてんぼうのサンタクロース』

○クリスマス会に参加する
・絵話『マッチ売りの少女』を見る
・お母さんのコーラスを聞く
・劇『さるかに物語』を見る
・手品「びっくり玉手箱」を楽しむ
・キャンドルサービス
・サンタクロース登場、プレゼントをもらう

○会食をする
・花と花びん（180）

第4週

今週の予定

・大掃除
・終業式

予想される主な幼児の活動

○こままわしの練習をする
・できる子から教えてもらう

○掃除遊びをする
「ボールはき」「新聞紙集め」（169）

○体操をする
『ミッキーマウス体操』『たけのこ体操』

○歌をうたったり歌遊びを楽しむ
・『おしょうがつ』『たこあげ』
・『スーパーマン』

○保育室の掃除をする
・ぞうきんの使い方を聞く
・おもちゃの整理をする

○お正月の過ごし方の話を聞く

○絵本を見る　『もうすぐおしょうがつ』（172）

○終業式に参加する

ボール遊び

★簡単なボール遊びをしましょう。投げる、とる、つくなど、いろいろな使い方があります。

こわいオオカミ、やっつけろ

［用意するもの］

・バレーボール用のボール。

・牛乳パックに、ラシャ紙で作ったオオカミの顔をはります。

［遊び方］

① 牛乳パックを横に3つ並べます。

② 3～5m離れたところから、ボールをころがし、オオカミを倒します。

1、2、3でポン

［遊び方］

① 保育者がボールを床に強くつき、そのボールが3回バウンドしたら受け取ります。

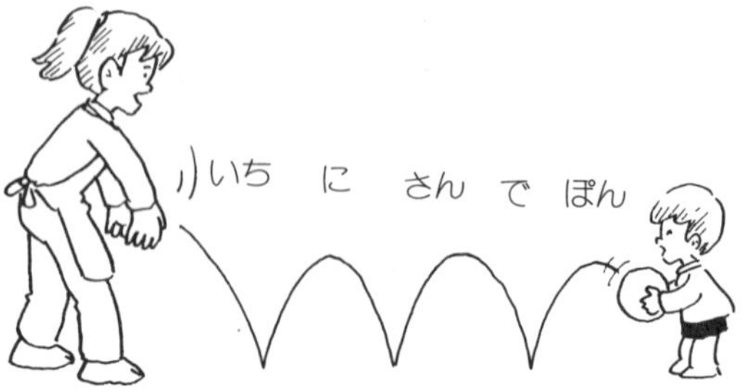

［ポイント］

① 何回バウンドしたかよくわかるように、タンブリンなど楽器を使うとわかりやすいでしょう。

② 初めから1回のバウンドで受けとるのは難しく、3回ぐらいがとりやすいでしょう。

ついて、ポン

［遊び方］

① 保育者と子どもが2～3mぐらい離れて向き合います。

② 保育者が、子どもの立っている位置に届くようワンバウンドさせます。

③ そのボールを、子どもがとります。とったボールを返すときは、両手で下から投げます。

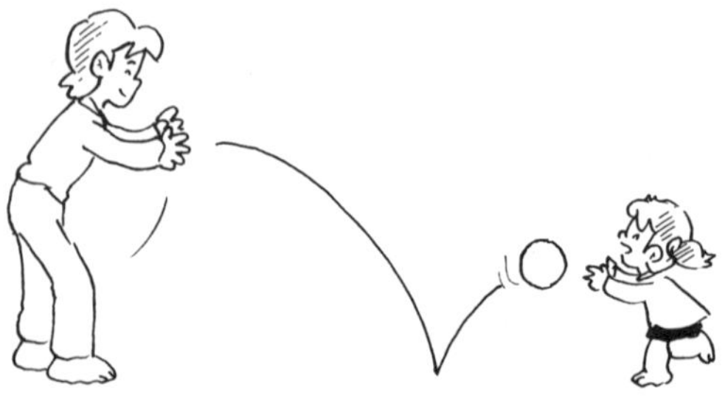

［ポイント］

○子どもは、ボールを見るよりも、投げようとしている保育者を見てしまいます。ボールをよく見るよう助言しましょう。

長なわ遊び

★１本のなわがあれば、どこでもいろいろな遊びを工夫することができます。運動的な遊びも取り入れ、運動能力を高めることができます。

にょろにょろヘビさん①

［遊び方］

① なわの片側を木などに結びます。保育者がもう片方を持ち、左右に素早く振ります。

② 揺れているなわを１人ずつとび越え、向こう側へ渡りましょう。なわをよく見て、踏まないようにがんばりましょう。

にょろにょろヘビさん②

［遊び方］

① なわを２本結び、両手で横に振ります。少し間をあけて、とび越える幅を広げていきましょう。

［ポイント］

○横に揺らすだけでなく、縦に波を作るなど、変化をつけてみましょう。

○少し助走をするととべます。

綱渡り

［遊び方］

① 10mぐらいの長いなわを、地面にぐにゃぐにゃに、迷路になるように置きます。

② なわの上を渡ります。

③ ゴールしたら、待っている保育者にタッチします。

［ポイント］

○なわの上からはずれないように注意しましょう。

○前の人との間隔を十分にとるようにします。

○タッチの次はおしりでドン、また、途中でのトンネルなど加えても楽しいでしょう。

○横歩き、後ろ歩きでも遊べます。

ヒーローごっこ

★子どもたちの憧れのヒーローになって遊びましょう。衣装や刀を持てば、ヒーロー気分です。

[用意するもの]

・ふろしき、剣、帽子。

[作り方]

〈ヒーロー帽子〉

○新聞紙を正方形に切り、折ります。

ヒーロー帽子
剣
ベルト
ふろしき
マント

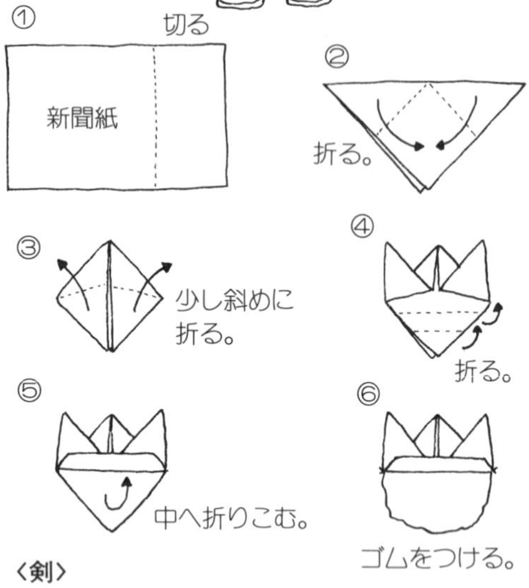
①
切る
新聞紙
②
折る。
③
少し斜めに
折る。
④
折る。
⑤
中へ折りこむ。
⑥
ゴムをつける。

〈剣〉

① 新聞紙を半分に折ります。

② 丸めます。

③ 包装紙をはり、厚紙でつばをつけます。

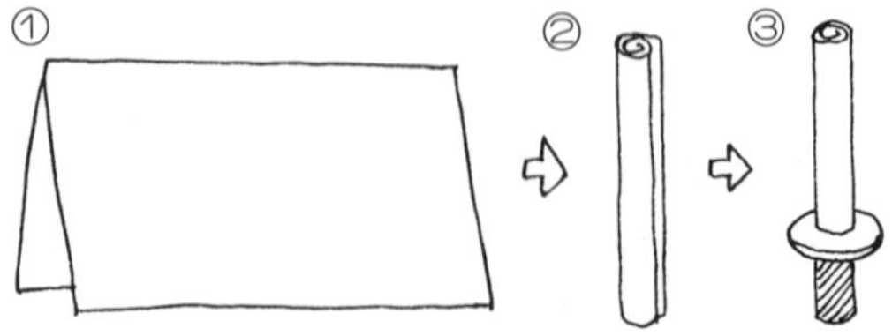
①
②
③

〈ベルト〉

① ラシャ紙を4つ折りにします。

② 両端を折ります。

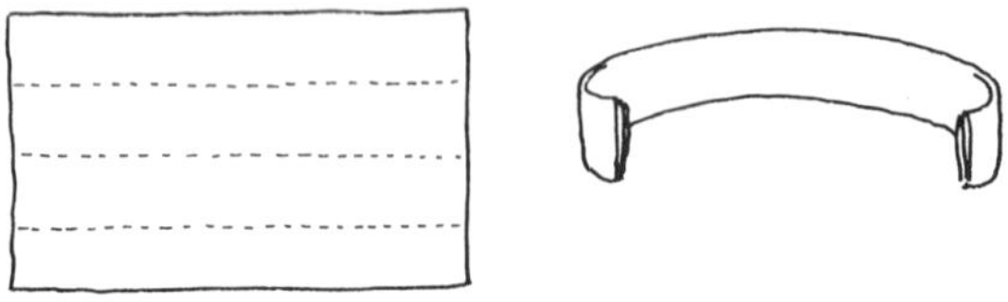

③ 輪ゴムをつけます。

④ 中央に星型に切った紙をはります。

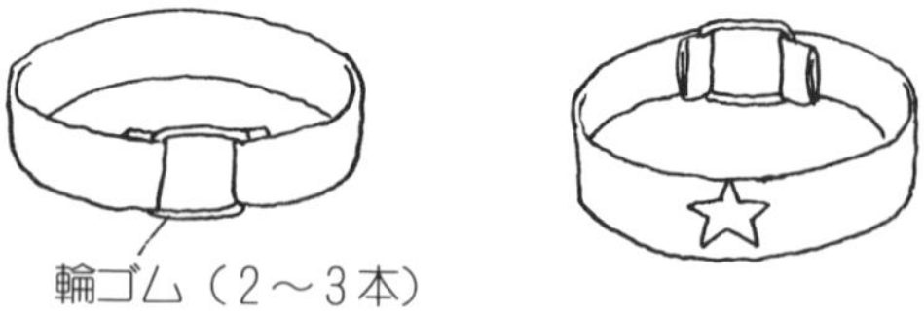
輪ゴム（2〜3本）

〈マント〉

上から3cmぐらいのところを輪にして縫い、ゴムを通し、結びます。

[遊び方]

① 子どもたちに、それらを自由に使わせ、自分がなりたいヒーローに変身します。

② 大型積み木を用意し、台上からジャンプできるようにすると、遊びが発展します。

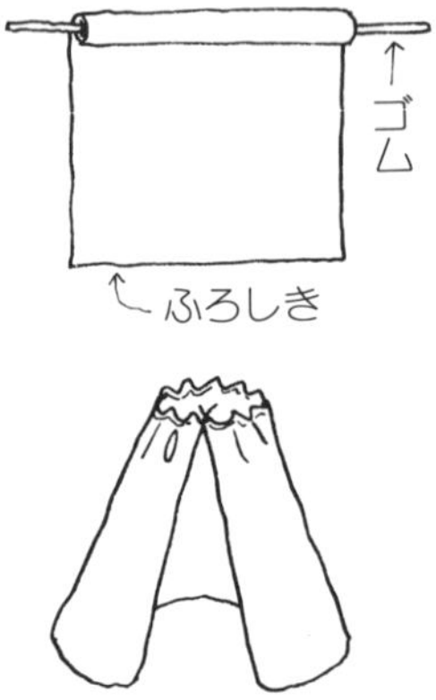
ゴム
ふろしき

掃除遊び

★ふく、はくなどを遊びの中へ取り入れ、お掃除遊びをしましょう。子どもたちは、お手伝いが大好きです。家庭でも、楽しんでお手伝いをするようになります。

[用意するもの]

・ぞうきん、ほうき（短いもの）、ボール、新聞紙、段ボール箱。

ボールはき

[遊び方]

① ボールをほうきでころがし、中央の段ボール箱の中に入れます。

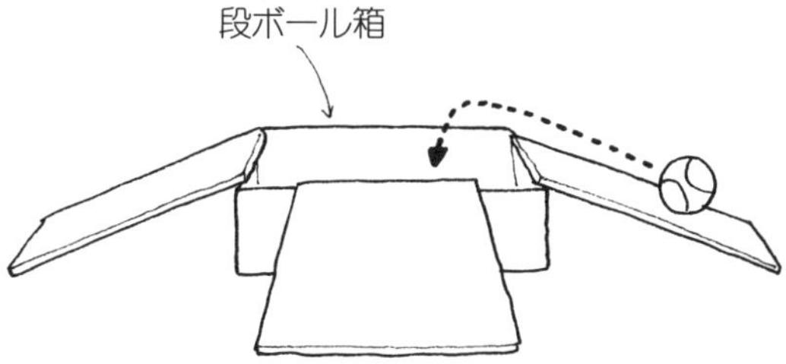

※段ボール箱に板を添えて、入れやすいようにします。箱の高さは10㎝以下がよいでしょう。

[ポイント]

○ボールの大きさは、野球のボールぐらいのものが適当です。

新聞紙集め

[遊び方]

① 新聞紙をちぎり、新聞紙の海で思いきり遊びましょう。

② 今度は、その新聞紙を中央へほうきで集めましょう。

③ 集めた新聞紙を段ボールで作ったごみ箱に入れる競争をします。２チームに分かれ、どちらがたくさん入れたかを競争します。

[ポイント]

○新聞紙をちぎるときも、子どもたちといっしょにちぎりましょう。

ジャンケン遊び

★ジャンケンに興味を持ち始めるころです。手遊びを通し、ジャンケンの勝ち負けについて知らせます。そのあと、いろいろなジャンケン遊びで楽しみましょう。

ずっとあいこ

阿部直美・作詞／作曲

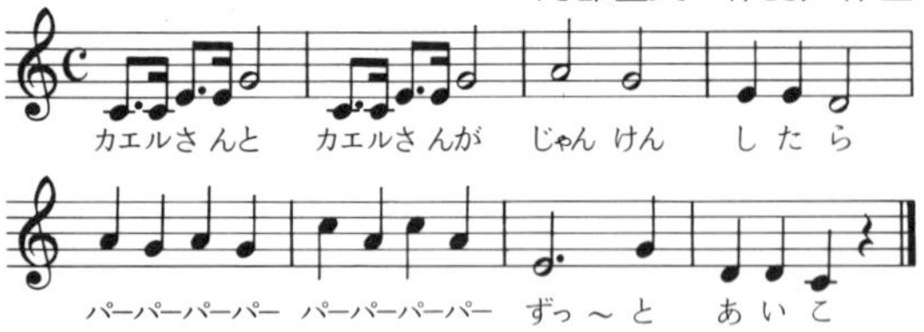
カエルさんと　カエルさんが　じゃん けん　し た ら
パーパーパーパー　パーパーパーパー　ずっ ～ と　あ い こ

カエルさん　[遊び方]

パー

カエルさんと

カエルさんが

ジャンケンしたら

パーパー、……

ずっーと　あいこ

左右交互に前に出します。

腕をぐるりと回します。

グー

くまさんと　くまさんが　ジャンケンしたら

グーグー　グーグー　グーグー　グーグー

ずっ～と　あいこ

チョキ

カニさんと　カニさんが　ジャンケンしたら

チョキチョキ　チョキチョキ

チョキチョキ　チョキチョキ

ずっ～と　あいこ

〈グーとチョキ〉

くまさんと　カニさんが　ジャンケンしたら

グーチョキ　グーチョキ

グーチョキ　グーチョキ

くまさんのか～ち

〈チョキとパー〉

カニさんとカエルさんが　ジャンケンしたら

チョキパー　チョキパー

チョキパー　チョキパー

カニさんのか～ち

〈パーとグー〉

カエルさんと　くまさんが　ジャンケンしたら

パーグー　パーグー　パーグー　パーグー

カエルさんのか～ち

[ポイント]

○カニの歩き方、カエルの動き、クマの動作をそれぞれ表現してみてから、グー、チョキ、パーに結びつけましょう。

○理解してきたら、どちらの勝ちか子どもたちに聞いてみてください。

くすぐりジャンケン

［遊び方］

① 保育者と子どもが、1対1でジャンケンをします。

② 勝ったら負けた人をくすぐります。

③ 一度ジャンケンしたら、次の人へ交代して、後ろに並びます。

［ポイント］

○「終わったら後ろへ並ぶ」という経験も大切です。人数が多いと待つことにあきてしまうので、少人数のほうが遊びやすいでしょう。

○2人ひと組になって、友達同士遊ぶこともできます。

タッチ・ジャンケン

［遊び方］

① 園庭に線を描きます。

② 線の片側に1列に並び、次の番の人が円の中で待ちます。

③ 「ヨーイ、ドン！」の合図で線上を通り、反対側から来る保育者のところへ急ぎます。

④ 保育者も子どものほうへ急ぎ、会ったところで「ドン」と両手の手のひらを合わせ、ジャンケンをします。

⑤ 負けたほうが元に戻り、勝った人と新しい人がジャンケンします。（勝った人は元に戻らず、先に進みます）

⑥ 早く相手の陣地まで進んだほうが勝ちです。

［ポイント］

○保育者と子どものドン・ジャンケンがスムーズにでき、楽しめるようになったら、子ども同士の遊びにします。このとき、保育者も中に入りましょう。

○描く線は、少しずつ長くしたり、複雑にすると、変化があって楽しいです。

○おしりとおしり、足と足など、合わせる部分を変えても楽しくなります。

絵本

『もしも、ぼくが　ことりだったら』　文化出版局・刊

G・ローランサン／文　U・ヴェンセル／絵
末松氷海子／訳

ヒツジはいいな、いろんな動物をうらやましがる男の子。だれでも一度は感じたことのある、ほかの動物へのあこがれの気持ちを描いた、楽しく、かわいい絵本です。

『もうすぐ　おしょうがつ』　あかね書房・刊

寺村輝夫／作　いもとようこ／絵

りすのちろえは「寒いから行きたくない」と言って、くりのき園をずる休みします。するとこたつの中から「はねつきしよう」とだれかの声がしました。楽しいお話です。

『きかんしゃ0909ごう』　ポプラ社・刊

たにしんすけ／文　あかさかみよし／絵

0909ごうは、見晴らしのよい展望室のあるきかんしゃです。きょうは、なかよしさんの家族が0909ごうにのってピクニックです。楽しい夢をのせて走るきかんしゃのお話です。

『クリスマスには　おくりもの』　絵本館・刊

五味太郎／作

女の子の家にやってきたサンタさんはくつしたの中から自分への贈り物を見つけます。サンタさんの喜びや女の子の優しさが伝わってくるほのぼの絵本です。

カセット絵本

どうようカセットえほん『クリスマスとおしょうがつ』　（カセット付）

ひかりのくに・刊

冬の歌を7曲収録するとともに、クイズやゲームも掲載されています。

〈曲目〉 きよしこのよる・おしょうがつ・ゆき・はるよこい／他

紙芝居

シャボン玉シリーズ『きいろい　ぼうし』　教育画劇・制作

鶴見正夫／作　田中秀幸／画

12画面　全６巻

たっちゃんは園の黄色いぼうしが大好き。いつでもかぶっています。そこで動物たちが……。

ミミちゃんシリーズ『らくがきくん』　教育画劇・制作

とし　たかひろ／作・画

12画面　全６巻　（文部省選定）

かぜがなおってひろくんは、外に遊びに出ました。でも、だれもいません。しかたがないので、大きなかいじゅうのらくがきを……。

おもしろひろば『サンタは　おっちょこちょい』　教育画劇・制作

肥田美代子／作　多田ヒロシ／画

12画面　全７巻

失敗ばかりのサンタクロースをスアくんが助けてあげます。

ＣＤ

『CD・NHK効果音集』

ポリドール(株)／制作

ひかりのくに／販売

12㎝のCD。SLの音、吹きすさぶ嵐の音、にぎやかな虫の合唱など、実際の音を収録。発表会やお遊戯、日常保育でも活用できるCDです。(10枚組)

保育図書

『子どもとあそべる布おもちゃ』　ひかりのくに・刊

中谷真弓／著

布の持つ温かさを利用して、子どもたちが遊べるおもちゃを中心に約100点をカラー写真で紹介し、その作り方を実物大の型紙をつけて解説しています。

いっちゃん　にいちゃん　さんぽして

阿部　恵・作詞／作曲

遊び方　あいさつ遊びです。楽しくあいさつしましょう。

①いっちゃん

右手人差し指を出します。

②いろいろ　さんぽして

1本指で、左手の手のひらから肩まで、リズミカルにのぼります。

③ぶたさんに　あったら

両手人差し指で、順に鼻を押し上げます。

④こんにちは

頭を下げてあいさつをします。

⑤にいちゃん

右手の2本指を出します。

⑥にこにこ　さんぽして

②と同じ動作を、2本指でします。

⑦かにさんに　あ
　ったら
　両手の２本指を
出し、左右に振り
ます。

⑧こんにちは
　④と同じ動作をします。

⑨さんちゃん
　右手の３本指を
出します。

⑩さっさっと　さんぽして
　②と同じ動作を、３本指でします。

⑪さるさんに　あ
　ったら
　右手をひたいに、
左手をおなかに当
てて、左右に動か
します。

⑫こんにちは
　④と同じ動作をします。

⑬よんちゃん
　右手の４本指を出します。

⑭よちよち　さんぽして
　②と同じ動作を、４本指でします。

⑮たこさんに　あ
　ったら
　タコの足のよう
に両手を前にたら
して、左、右と出
します。

⑯こんにちは
　④と同じ動作をします。

⑰ごーちゃん
　右手の５本指を
出します。

⑱ごろごろ　さんぽして
　②と同じ動作を、５本指でします。

⑲おばけに　あっ
　たら
　両手を胸の前に
たらして揺らしま
す。

⑳そら　にげろ
　逃げる動作をし
ます。

みんなでクリスマス

★クリスマスといえば、サンタクロース。いろいろなサンタクロースを作り、アクセサリーにしたり、飾ったり、遊んだりしてみましょう。

★部屋にみんなで作ったクリスマスツリーを飾りましょう。自分たちで作ったツリーですから、そこにつける小物の飾りも、自分たちでつけたくなるでしょう。

指人形サンタ

[用意するもの]

・乳酸菌飲料の空き容器、アクリル絵の具、接着剤、色画用紙、折り紙、綿。

[作り方]

① 乳酸菌飲料の空き容器にアクリル絵の具（赤）を塗ります。

② 顔の形に切った画用紙に、目、鼻、口、を描き、接着剤ではります。

③ 黒の細長い折り紙をベルトにしてはります。

④ 白い綿、手の形に切った折り紙をはります。

⑤ 赤色画用紙で作った帽子を上にのせます（保育者がつけてあげる）。

首飾りサンタ

[用意するもの]

・トイレットペーパーの芯、色画用紙、折り紙、油性ペン、リボン、のり。

[作り方]

① トイレットペーパーの芯に赤い折り紙を巻きつけます。

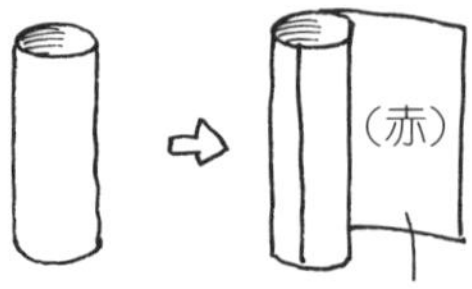

② 肌色の顔、黒のベルト、銀色の手の形に切った折り紙をはります。

③ リボンをホッチキスでとめます。

④ 色画用紙で帽子を作り、頭の上にはります。

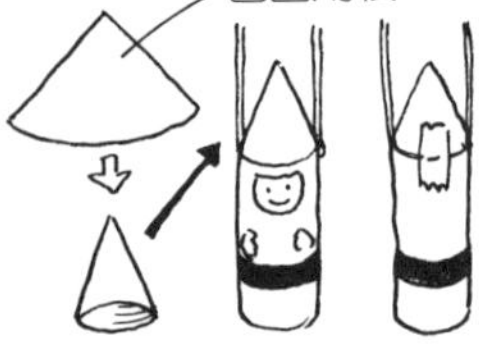

⑤ 乾いたら油性ペンで顔を描きます。

サンタ人形

[用意するもの]

・ケチャップの容器、折り紙、油性ペン、接着剤、ビニールテープ。

[作り方]

① 赤い折り紙を１枚ずつ渡し、¼の大きさ４枚に切ります。

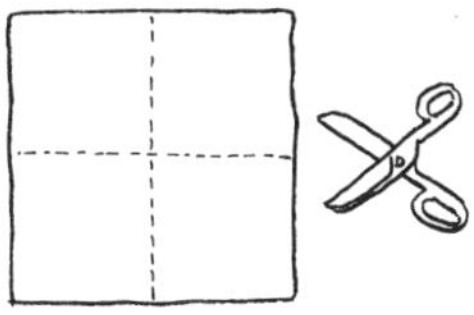

② ①のうち２枚に切りこみを入れ、ズボンの形にします。容器の下半分に接着剤ではります。

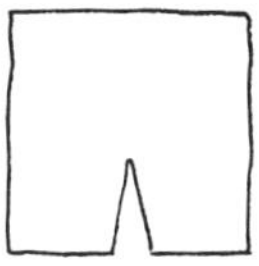

③ 黒のビニールテープをひと回りさせ、ベルトにします。

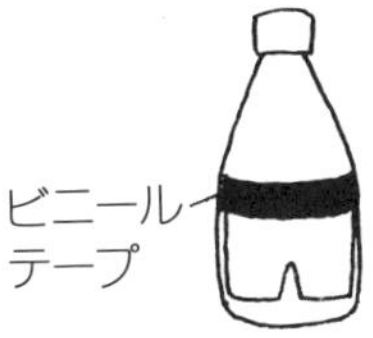

④ ①の１枚を上半分にはり、上着にします。

⑤ ふたの部分に顔、上半分にボタンを描きます。

⑥ 黒ビニールテープを下にはり、長靴にします。

⑦ 残りの¼の折り紙を扇形に切り、とんがり帽子を作って、頭にのせます。

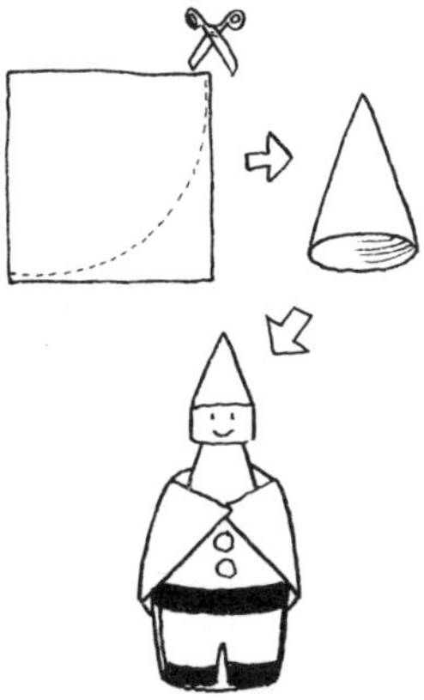

[ポイント]

○ふたが白い容器だと、顔がはえます。なるべく大きいものがよいです。

○ロッカーの上や保育者の机の上などに飾ってみましょう。

みんなのクリスマスツリー

[用意するもの]

・トイレットペーパーの芯、包装紙、折り紙、空き箱。

[作り方]

① 緑系の包装紙を折り紙大の大きさに切ります。

② 緑、黄緑色の折り紙と切った包装紙を芯に巻き、のりづけします。

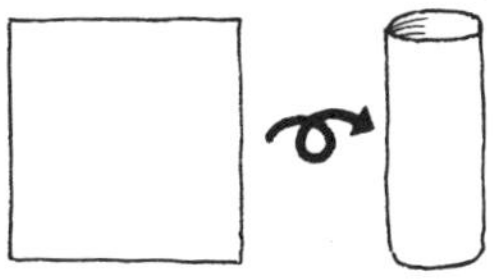

③ 上、下のあまった部分は、中へ折りこむようにします。

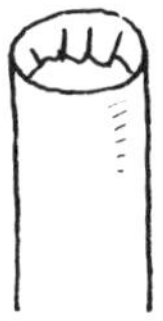

④ 空き箱に茶色の折り紙をはり、植木鉢を作ります。

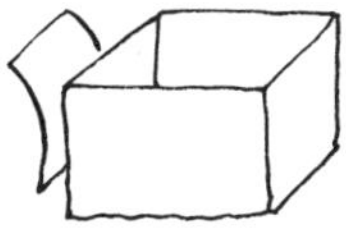

⑤ 芯を画びょうで壁にとめ、ツリーの形にします。

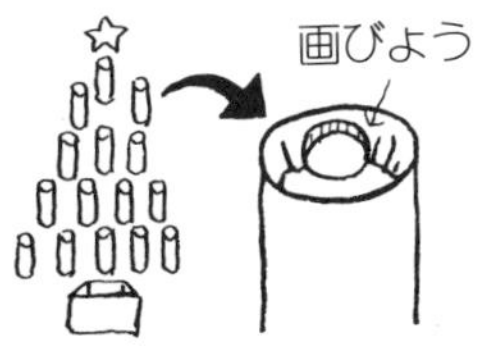

ベル

[用意するもの]

・プリンまたはヨーグルトの容器、紙粘土、アルミホイル、糸、絵の具、ハサミ、包装紙。

[作り方]

① 容器をアルミホイルでくるみます。

② 紙粘土で小さな丸を2つ作り、クリップをさしこみます。

③ 乾いたら絵の具で色を塗り、糸を通し容器にも穴をあけ、糸を通します。

④ 包装紙で模様を切り取り、セロハンテープではります。

みんなの長靴

[用意するもの]

・ラシャ紙、包装紙、のり、段ボール、リボン、粘着テープ。

[作り方]

——紙を使って——

① 2枚重ねて長靴の形に切り、上を除いた部分をのりづけします。

② リボンなどで飾りつけます。

③ 余白に子どもたちが絵をかきます。

——段ボールを使って——大小各1個

① 小さいものはすべてふたをします。

② 大きいものは上だけあけ、①と合わせます。

③ 包装紙などをはり、装飾し、子どもが絵を描きます。

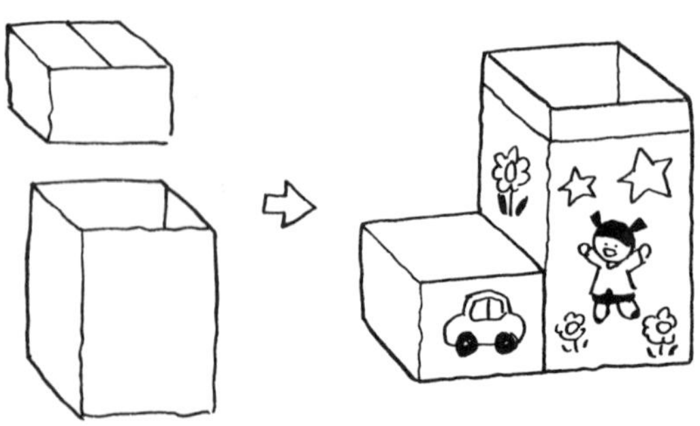

[ポイント]

○みんなで相談して、手紙を添えておくと、夢がふくらみます(プレゼント忘れないでね、など)。

○プレゼントを袋、箱の中に入れておくなどの演出にも使えます。

わたしのお面、ぼくのお面

★もうすぐ発表会です。自分のお面に色を塗りましょう。自分が作ったお面は、やはりいちばんです。

[用意するもの]

・ラシャ紙、画用紙、輪ゴム、のり、接着剤、油性ペン、粘着テープ。

[作り方]

① 劇やお遊戯など、発表会でかぶるお面の形や絵を画用紙に保育者が油性ペンで描きます。

② 子どもがクレヨンで自由に色を塗ります。

③ 周りを切り取ります。

④ 子どもが塗った色に合わせたラシャ紙をはり、2～3cmのふちを残して切り取ります。

⑤ 黒のラシャ紙を、縦9cm、横60～65cmの長さに切ります。

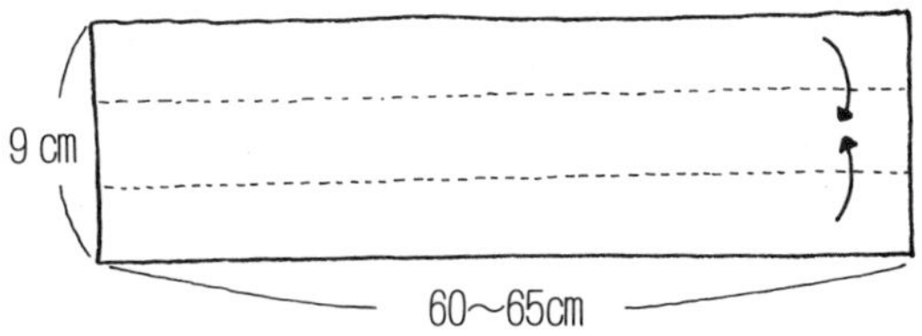

⑥ ⑤の大きさにラシャ紙を切り、3つ折りにして接着剤ではります。

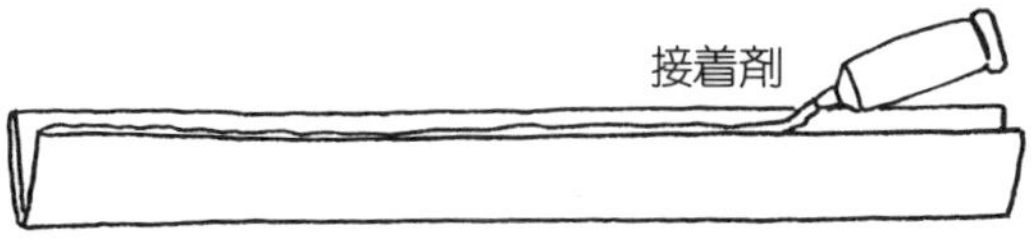

⑦ 両端を折り、輪ゴムを2本はさんで、ホッチキスでとめます。

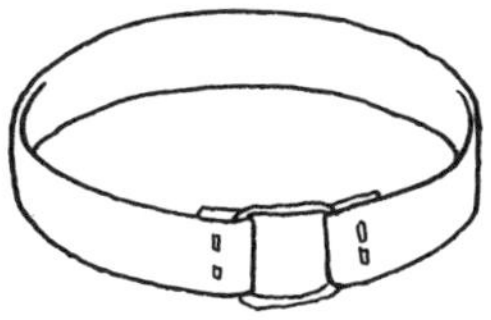

⑧ ベルトに絵を接着剤でつけます。

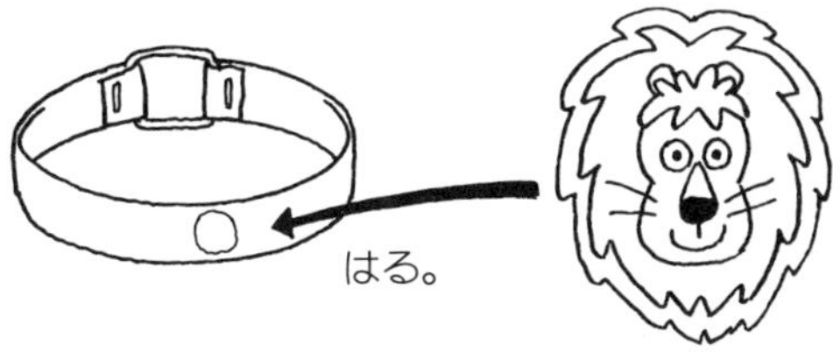

⑨ 裏側から粘着テープでとめます。

[ポイント]

○縁どりの油性ペンが黒ですから、黒のクレヨンはあまり使わないよう助言します。

○ベルトに輪ゴムをつけるとき、危険ですから、ホッチキスの針の裏が表に出るようにとめます。

○子どもが描いた目は、個性が出て、いろいろな表情のお面ができるでしょう。

楽しいクリスマスパーティー

★今日は、クリスマスパーティーです。テーブルを並べたりなど、みんなでパーティーの準備をしましょう。

花と花びん

［作り方］

① 折り紙で、花を作りましょう。

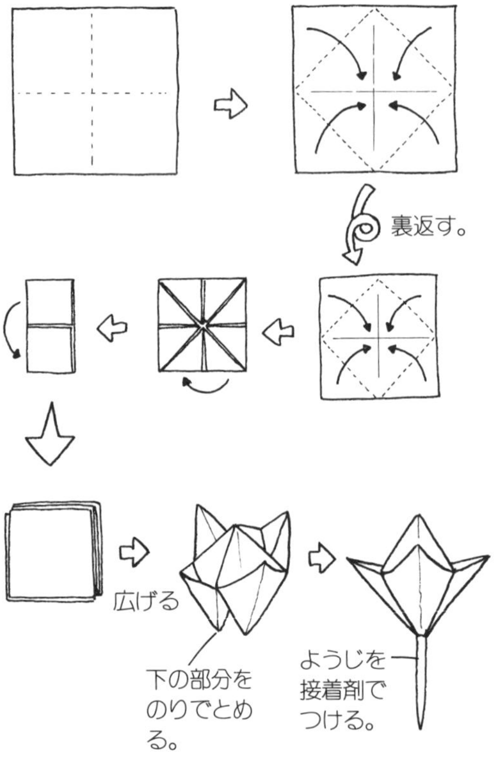

② ゼリーの空き容器に粘土を入れ、花をさします。

花びん敷き

［作り方］

① 上質紙を折り紙の大きさに切ります。

② 三角に３回折ります。

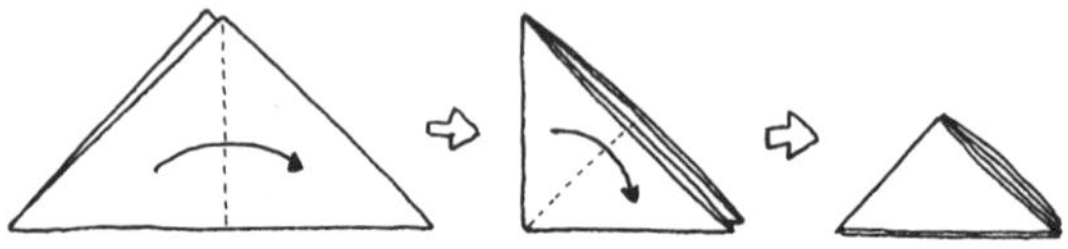

③ ピンキングバサミで切り、広げます。

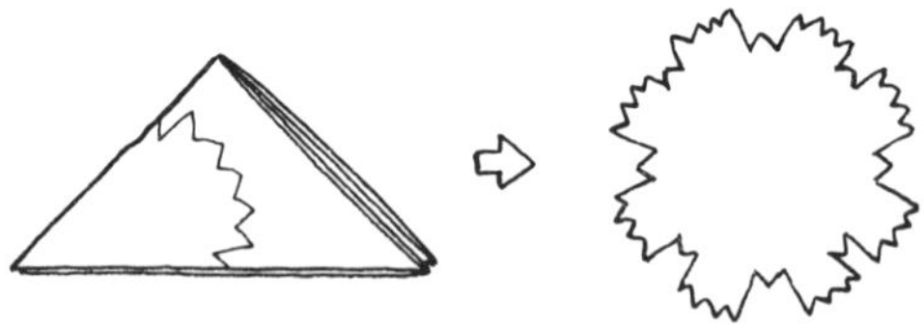

サンタさんからのプレゼント

子どもたちへのプレゼントを大きな袋に入れ、持ってきたように見せます。

部屋の窓か扉を１か所あけておくと、サンタクロースが、そこから入ってきたように見えます。

［作り方］

① 白い布で大きな袋を作り、そこへプレゼントを入れます。

② 口の部分を赤、緑のリボンで結びます。

1月

January

子どもの姿

　保育室に入ると、元気よく「あけましておめでとうございます」とあいさつをする子、保育者が「おめでとう」と言ってから照れくさそうにこたえる子、何もこたえない子、始業日の朝の光景です。夏休みと異なり、休みが短いせいもありますが、スムーズに三学期がスタートします。

　お正月の楽しかった思い出話をしたり、明日からこまや羽子板、カルタ、すごろく、福笑い、たこなどを持ってきて遊ぼうと話すと、しばらく歓声が続きます。お正月遊びは、新しい友達とのグループができたり、ルールを教え合ったり、こまのように熱の入った遊びが続いたりします。

　保育者が身近な素材で作ったおもちゃなどを見せると、「作りたい」と意欲的に作ろうとします。製作に限らず、やってもらうより、自分でやりたがるようになっています。

　寒い日が続くと、厚着になったり、外に出て遊ぶのをいやがったりする子も出てきます。

第1週

今週の予定

・始業式

予想される主な幼児の活動

○新年のあいさつを交わす

○好きな遊びをする

○始業式に参加する
・園長先生の話を聞く
・クラス代表のすもうを応援する
・大型絵本を見る　『三枚のおふだ』

○お正月遊びを楽しむ
・「カルタ遊び」(184)　「羽子板ポン」(185)
・手づくりのこまで遊ぶ
「両手ごま」　「ブンブンごま」(195)

○年賀状の装飾を見る
「あけましておめでとう」(196)

○お正月の楽しかった思い出を話す
・友達の話を聞いたり、話したりする

○紙芝居を見る　『あるくてぶくろ』(191)

第2週

今週の予定

・教育懇談会
・保育参観

予想される主な幼児の活動

○お正月遊びを楽しむ
・「トントンずもう」(185)
・たこを作って遊ぶ
「ビニールだこ」　「折り紙だこ」(194)

○戸外で元気よく遊ぶ
・「ハンカチリレー」(186)　「みんなでポン」(187)
・こままわし、鬼ごっこ

○「トントンずもう」の人形を作って遊ぶ(185)

○保護者の顔を描く
・参観に来てくれている保護者の顔を描く

○歌をうたったり、手遊びを楽しむ
・保護者といっしょに『たきび』『アイアイ』を歌う
・『パンやさんにおかいもの』(192)

○スタンプ遊びをする
・野菜のスタンプをする

○絵本を見る　『かくしたのだあれ』(190)

(注)＊「予想される主な幼児の活動」は、本書の資料を中心にまとめてあります。
＊(　)の数字は、本書のページ数です。

第3週

今週の予定

・身体測定
・避難訓練

予想される主な幼児の活動

○好きな遊びをする

○小動物と遊ぶ（262）
・モルモット、ウサギの抱き方、えさのやり方を知る
・段ボールの家を作る
・動物の好きなえさをやる

○言葉遊びをする
・頭文字〝あ〟のつく字を探す

○リズム遊びを楽しむ 「アブラハムの子」（188）

○「ハンカチリレー」で遊ぶ（186）
・ハンカチの手品を見る 「魔法のハンカチ」（189）
・ハンカチを正しくたたむ

○身体測定を受ける
・保育者からどのくらい大きくなったか聞く

○紙芝居を見る
『たんぽぽえんにはうさぎが二ひき』（191）

第4週

今週の予定

・誕生会

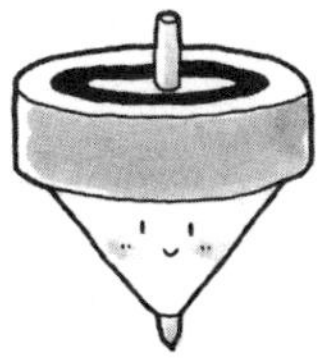

予想される主な幼児の活動

○好きな遊びをする

○干支の話を聞く
・飾りを見る 「ひつじモコモコ」（198）
・自分は何年か知る
・童話を聞く『12支のはなし』

○「くるくるヘリコプター」を作って遊ぶ（197）
・高いところを探して落とす
・羽根の折り方を工夫する

○誕生会に参加する
・ペープサート『5といったらさつまいも』を見る
・クラス代表のこままわしを応援する
・誕生児を祝う

○冬の自然を見る
・園庭の木、花壇、メダカ、金魚など

○節分の話を聞き、豆まきの近いことを知る

○童話を聞く 『ないた赤おに』

正月遊び

カルタ遊び

［用意するもの］

・画用紙、クレヨン、のり。

［作り方］

① 8つ切りの画用紙を$\frac{1}{2}$の大きさに切り、それを半分に折ってのりではりつけます。

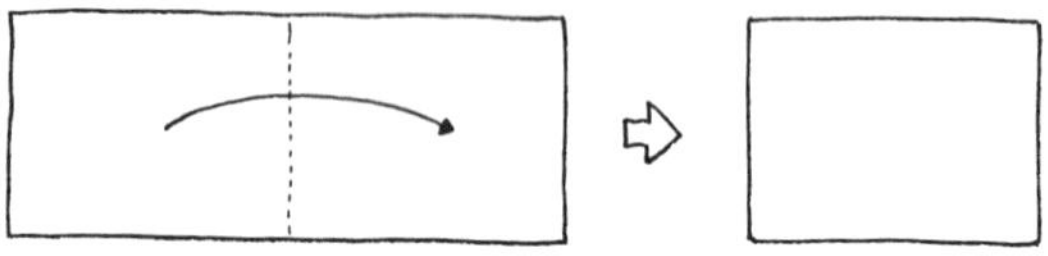

② クレヨンで、子どもたちがよく知っているものの絵を20枚ぐらい描きます。

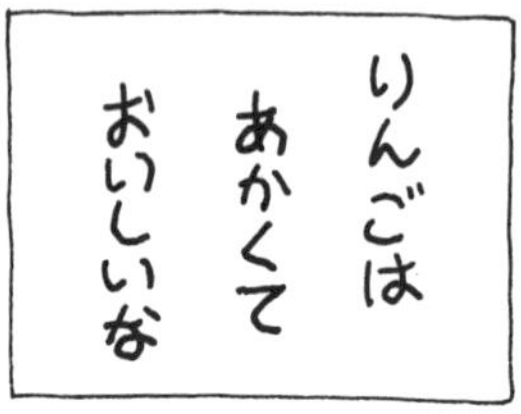

③ 描いた絵に合わせて、言葉を考えて書きます。

〈例〉

○あめ→あめをたべたら、はをみがこう。

○いちご→いちごはミルクでたべましょう。

○うし→うしさんの、おいしいおいしいぎゅうにゅうだ。

○えんとつ→えんとつのぞいたサンタクロース。

○おだんご→おだんご、ころころころりんこ。

○かいじゅう→かいじゅうドラゴン、やっつけろ。

○きりん→きりんのくびはなぜながい。

○くるま→くるまにちゅうい、みぎひだり。

○けいと→けいとのてぶくろうれしいな。

○こま→こままわしのとくいなおとうさん。

［遊び方］

① どんな絵カードがあるか、子どもたちに見せながら読みます。

② カルタとりのルールと遊び方を説明してから始めます。

③ 保育者が読み手になり、言葉カードをよく切って、順番に読みます。

④ 何人かの子どもたちがカードの周りに輪になり、カードを取ります。

⑤ 最後に、何枚とれたか数えてチャンピオンを決めます。

［ポイント］

○絵は、子どもたちの生活の中にある身近なものにするとよいでしょう。

○あまり数を多くせず、20枚ぐらいで遊ぶと、カードがとりやすくなります。

○絵の言葉を身近にすると、子どもたちにわかりやすくなります。

○歌のカルタはよく知っている歌の絵を描き、言葉を読むかわりに歌をうたいます。

羽子板ポン

［用意するもの］

・羽子板、羽根、たこ糸、ネジフック。

［遊び方］

① 天井から、たこ糸で羽根をつり下げます。(下から70～80cmの位置になるように)

② この羽根を羽子板で１人でつきます。

③ １人でつくことができるようになったら、今度は、保育者と子どもでつきます。

④ 友達同士でついても、たこ糸でぶら下がっているので遊びやすくなります。

［ポイント］

○羽根をよく見ていないと、羽子板に当たりません。羽根を見るよう助言しましょう。

○ボールとラケットでも遊べます。

トントンずもう

［用意するもの］

・紙コップ、空き箱、ハサミ、油性ペン。

［作り方］

① 紙コップに、半分ぐらいの切りこみを入れます。斜線の部分は、少し長くします。

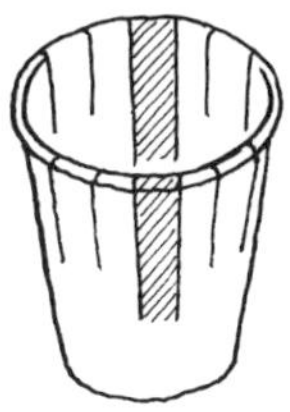

② １本おきに、ハサミで切り取ります。(長い部分は残す)

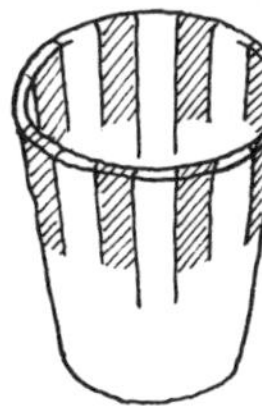

③ 長いところを、手のようにして前に出します。

④ 油性ペンで顔を描きます。

⑤ 箱の裏に土俵をかきます。

［遊び方］

① 人形を２体、土俵の上にのせ、「ハッケよい、のこった！」と、箱をトントンたたき、相手の人形を土俵から出すか、倒すと勝ちです。

［ポイント］

○箱をたたくときは、片手でたたくことを約束しましょう。

ホールで遊ぶ

ボールリレー

［遊び方］

① 5人ひと組になり、縦1列に並び、間隔をあけます。

② 前から順に、またの下へボールをくぐらせ、後ろの人へ送ります。

② 最後の人が前へボールを運び、終了です。

ハンカチリレー

［遊び方］

① 10人ぐらいのグループになり、リレーをします。

② バトンのかわりにハンカチを使い、そのハンカチを頭の上にのせて、ゆっくり走ります。

③ 壁や遊具を触って戻り、次の人へハンカチを渡します。

［ポイント］

○ハンカチを頭の上にのせて歩くことから始めます。

○リレーのときは、ハンカチを落としたら、またそこからやり直しです。

○距離は、短くしたほうがよいでしょう。

みんなでポン

扇形になって、ボール投げをしましょう。

[遊び方]

① 保育者が中心になり、5～6人の子どもと、扇形を作ります。

② 子どもたちが両手で受け取りやすいように投げ、保育者対子どもⓐ、ⓑ、ⓒ、ⓓ、ⓔと、順々に投げ合います。

[ポイント]

○子どもたちが投げるとき、両手で投げるよう助言します。

○ボールを2つにして、保育者が投げると同時に子どもも投げるようにしても楽しめます。

2人でぐるり

[遊び方]

① 2人ひと組になり、両手をつなぎます。

② つないでいる手を離さないように、ぐるりと1回転します。

アブラハムの子

★歌に合わせて踊ります。１番、２番と曲が進むにつれて、徐々に動作がふえていき、全身を動かします。曲も簡単で、覚えやすく、とても楽しい遊びです。

アブラハムの子

加藤孝広・作詞／外国曲

3
アブラハムには しちにんのこ ひとりはのっぽで
あとはちび みーんななかよく くらしてる さあおどりま
1.
(リーダー) (全員)
しょうみぎーて みぎー て
2.～8. 毎回ふやしていく
(リーダー) (全員)
しょうみぎーて みぎー て
(リーダー) (全員)
ひだりて ひだりて
(最後)
(まわっ)て
(全員)
おしまい

[遊び方]

① 保育者がリーダーになって、子どもたちはリーダーのまねをします。

② ２番～６番と、動作をどんどんふやしていきます。

(リーダ)
「みぎーて」
(子ども)
「みぎーて」
右手
左手
右足
左足
頭
おしり

魔法のハンカチ

ハンカチを結びますよ。
息を吹きかけると……
はい！このとおり、ハンカチはほどけました。

※息を吹きかけながら、少し強めに振りおろします。

［遊び方］

① ハンカチを三角に折ります。

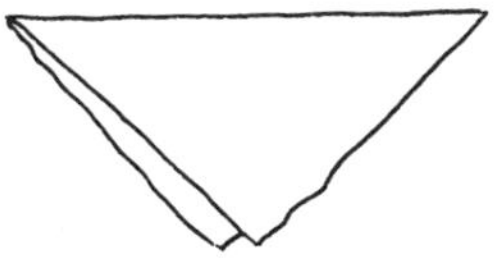

② 左手の中指と人差し指の間にはさみます。

③ もう１つの角を、親指と人差し指の間にはさみ、矢印の方向に右手を輪にくぐらせます。

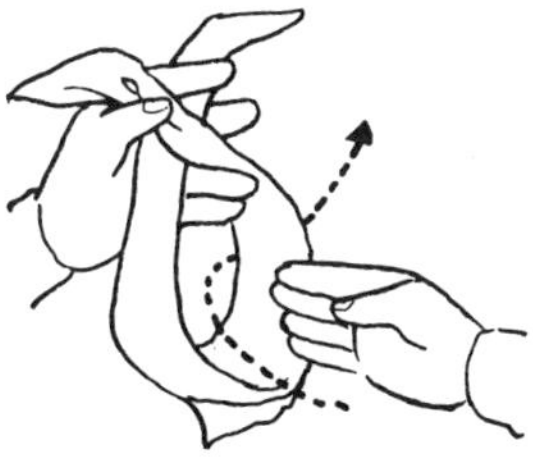

④ 右手でつかんだハンカチを、矢印の方向へ引っぱります。

⑤ 中指できつく押さえたハンカチを、後ろへ引き出します。

⑥ 結びめのできあがりです。

［ポイント］

○子どものハンカチを使って、毎日、何人かずつやってあげると、喜びます。

○ハンカチのたたみ方、スモックのポケットへ新しいハンカチを入れるなど、生活習慣にも結びつけることができます。

絵　本

『くまの　ビーディーくん』　偕成社・刊

ドン・フリーマン／作・絵　松岡享子／訳

ビーディーくんは、セイヤーくんが持っているおもちゃのくまです。ある日ビーディーくんは家出をして、ほらあなへ行きますが……。人形と子どもの心の交流を描いた、温かく、ほのぼのとした本です。

『かくしたの　だあれ』　文化出版局・刊

五味太郎／作・絵

にわとりさんは手ぶくろを、わにさんは歯ブラシを、たぬきさんは……。動物たちがいろいろなものを上手にかくします。数遊びもある、楽しい驚きがいっぱいの絵本です。

『はるのゆきだるま』　偕成社・刊

石鍋美佐子／作・絵

一人で山の中にいる雪だるまのそばを、ある日、春を探しに行く動物たちが通りかかり、すばらしい春の話を聞かせてくれます。雪だるまも春を心待ちにしますが……。

（全国学校図書館協議会選定）

『きいろい　ばけつ』　あかね書房・刊

もりやまみやこ／作　つちだよしはる／絵

黄色いバケツを見つけたきつねの子。ほしくてたまらないのですが、だれのものかわかりません。黄色いバケツに寄せるきつねの子の思いが伝わってきます。

（全国学校図書館協議会選定・日本図書館協会選定）

『3びきのこねこ　はじめてのゆき』　文化出版局・刊

もりつわかこ／作・絵

生まれて初めて雪を見た3びきの子ねこたちは、珍しくてたまりません。さっそくいたずら好きのタマが出ていきます。雪の森の中のようすが伝わる絵本です。

（全国学校図書館協議会選定）

紙芝居

たんぽぽシリーズ『**たんぽぽえんにはうさぎが二ひき**』　教育画劇・制作

いしばししずこ／作　峰村亮而／画

12画面　全７巻　（文部省選定）

たんぽぽえんに、変なうさぎがいました。うさぎのくせに……。

おはなしバラエティ第１集『**あるく　てぶくろ**』　教育画劇・制作

飯島敏子／作　末崎茂樹／画

12画面　全７巻

うさぎのミミたんていは、ねこの赤いてぶくろ探しを引き受けました。でも、それは……。

おはなしドキドキ『**こうさぎと　７いろの　マフラー**』　教育画劇・制作

山本省三／作・画

12画面　全６巻　（文部省選定）

うさぎのおかあさんが、７ひきのこうさぎのために７色のマフラーを編んであげました。でもそのためにたいへんなことに……。

ＣＤ

『**CD保育アルバムとびだせリズム**』　ビクター音楽産業／制作

ひかりのくに／販売

12cmCD盤５枚組。「うたってあそんで」という幼児期に必要なリズム遊びを中心に収録。全63曲。振付と遊び方の解説書付。[1]ミュージカル集　[2]劇あそび集　[3]ダンス集①　[4]ダンス集②　[5]楽器あそび、リズムあそび他

保育図書

『**バイエルであそぼう**』

ひかりのくに・刊

横笛太郎・兼永史郎・中島和子／編著

バイエルを歌に変え、絵かきうたや手遊びにして保育に展開できるように構成した書。遊びの手順などもイラストを添えて、簡単に遊べるように工夫されています。

パンやさんにおかいもの

佐倉智子・作詞／おざわたつゆき・作曲

♩＝126
1. パン パンパン やさんに おかいもの
2. ホイ ホイ たくさん まいど あり
サ ン ドイッチ に メ ロ ン パ ン ね
じ りドー ナ ツ パ ン の みみ
チョコパ ンふ たーつ く だ さ いな
はいどうぞ

遊び方　パンやさんを思い出しながら、楽しく遊びましょう。

①パン　パン　パンやさんに　おかいもの

拍手をします。

②サンドイッチに

両手で顔をはさみます。

③メロンパン

両手で輪を作ります。

④ねじりドーナツ

〝かいぐり〟をします。

⑤パンの　みみ

耳を引っぱります。

⑥チョコパン　ふたつ　くださいな

両手でチョキをし、左右に振ります。

⑦はい　どうぞ

両手を差し出します。

◀指導のポイント▶

○おつかいの役とパンやさん役の、２組に分かれて歌うこともできます。

たこ　たこ　あがれ

★たこあげは、お正月遊びの代表的なものの一つです。思いきり走ってとばしてみましょう。たこあげの経験が少ない子どもたちにとって、自分が作ったたこをあげることは、とてもうれしいことです。

ビニールだこ

［用意するもの］

・手さげのビニール袋、油性ペン、荷物用のひも。

［作り方］

①　ビニール袋に、油性ペンで自由に絵を描きます。

②　荷物ひもを2本用意し、ビニール袋に結びます。

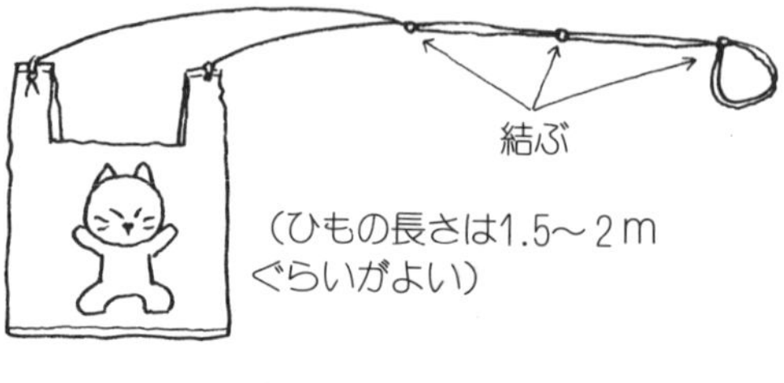

（ひもの長さは1.5～2ｍぐらいがよい）

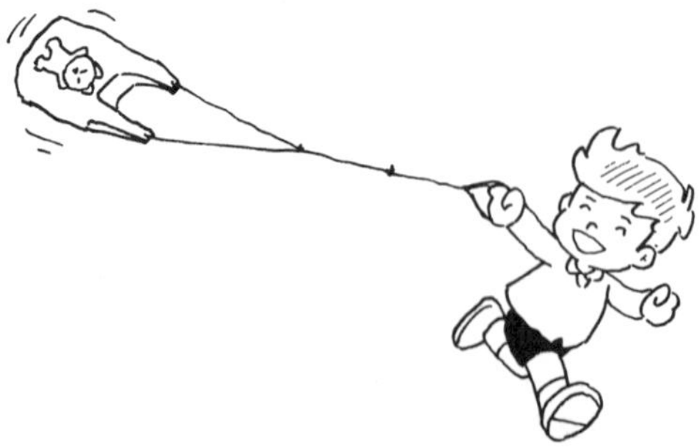

［ポイント］

○厚手のビニール袋は、重みがあって、あまりとびません。薄手のものを使うとよいでしょう。

折り紙だこ

［用意するもの］

・折り紙、糸、セロハンテープ、紙テープ、のり。

［作り方］

①　三角に折り、折り線をつけます。

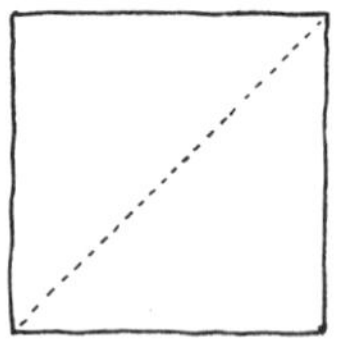

②　①の折り線に向けて、両端を折り上げます。

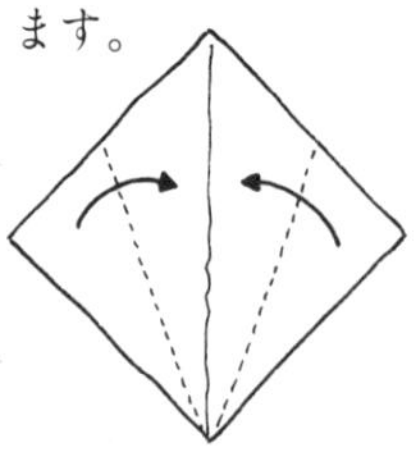

③　半分に折ります。

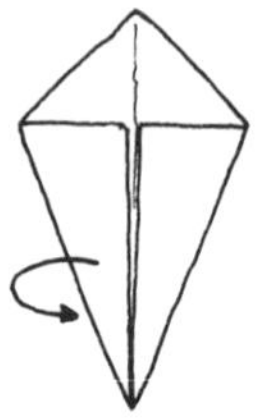

④　折り線をよくつけます。

⑤　開いて、糸をセロハンテープでつけます。

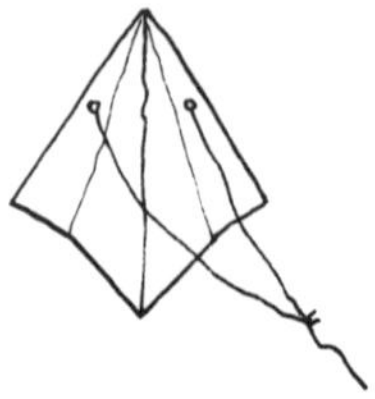

糸の長さ１～1.5ｍ

⑥　紙テープで足をつけます。

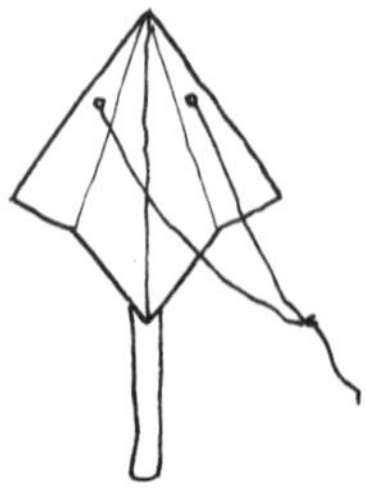

（紙テープの長さ50㎝ぐらい）

［ポイント］

○折りめをきちんとつけると、よくとびます。

こまづくり

★いろいろな素材を使って、こまを作ってみましょう。

両手ごま

[用意するもの]

・段ボール、クレヨン、画用紙、カッター、割りばし。

[作り方]

① 段ボールで直径10cmの円を作ります。

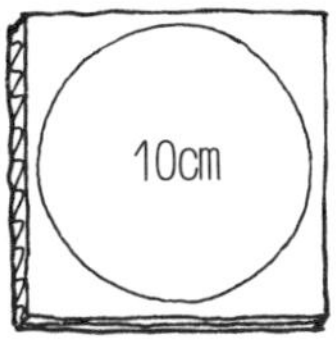

② 段ボールに同じ大きさの画用紙をはります。

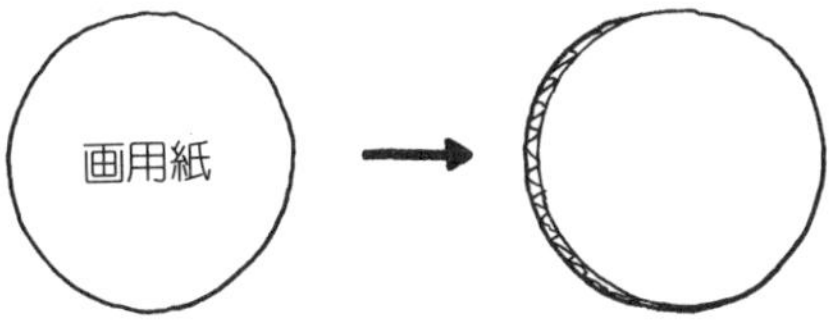

③ クレヨンで模様を描きます。

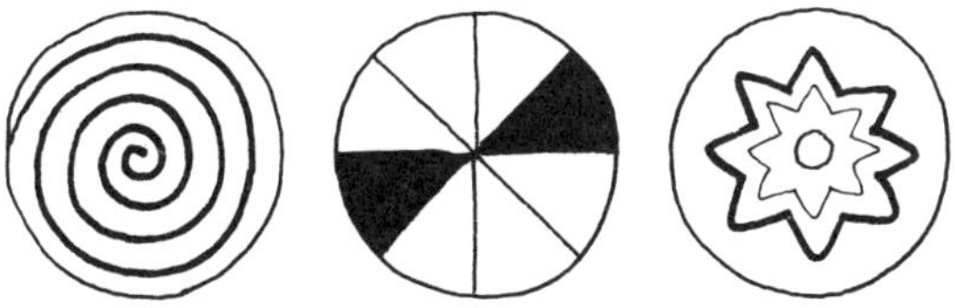

④ 割りばしの先をカッターでけずります。

⑤ 段ボールの中心に、割りばしをさします。

[ポイント]

○中心にさしこまないと、よく回りません。

キャップごま

[用意するもの]

・ケチャップやマヨネーズなどのキャップ、ようじ、千枚通し。

[作り方]

① キャップの中央に、千枚通しで穴をあけます。

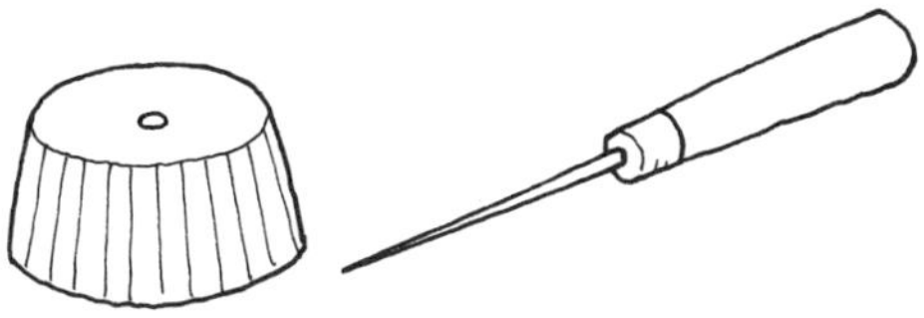

② 穴にようじをさして、できあがりです。

[用意するもの]

・厚紙、たこ糸、千枚通し。

[作り方]

① 厚紙で、直径5cmの円を作ります。

② クレヨンで模様をつけます。

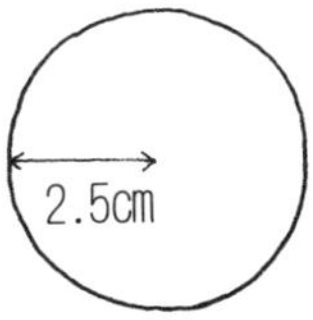

③ 中央に2か所穴をあけ、たこ糸を通します。

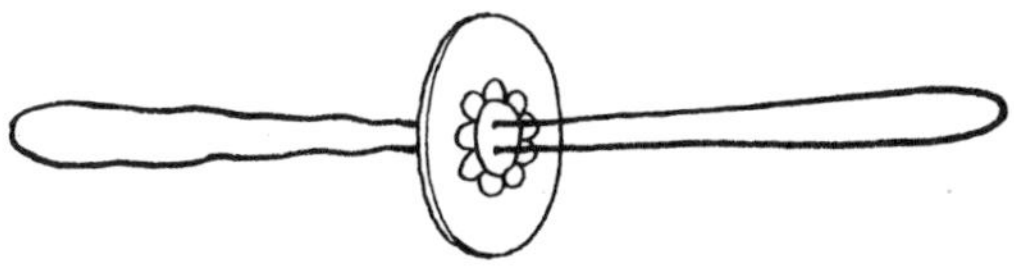

あけましておめでとう

★子どもたちから届いた年賀状を、壁面に飾りましょう。新年に登園して来た子どもたちは、自分の年賀状を見つけて喜びます。

[用意するもの]

・ラシャ紙、包装紙、たこ糸、折り紙。

[作り方]

① ラシャ紙を図の大きさに切り、たこを作ります。

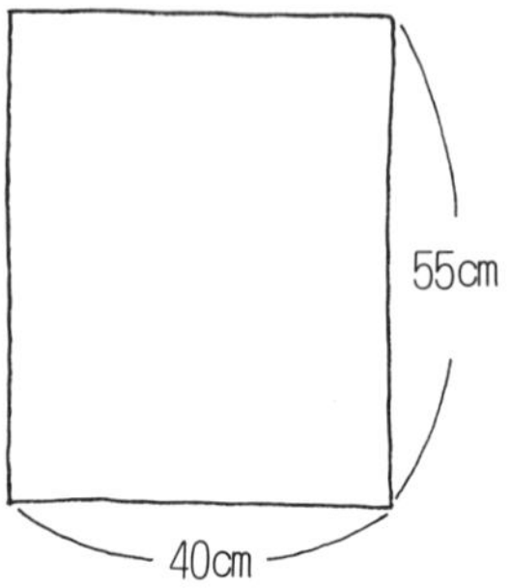
55cm
40cm

② 年賀状が差せるように、切りこみを入れます。

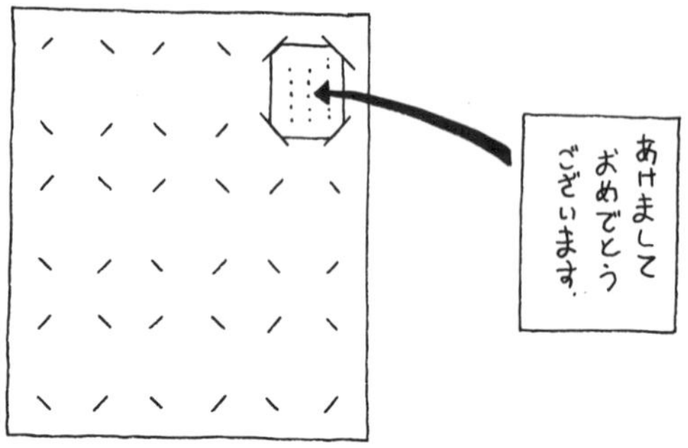
あけまして
おめでとう
ございます。

③ ラシャ紙を切り取って、動物がたこあげをしているところを作ります。

〈クマ〉

こげ茶
黒
茶色

○茶色のラシャ紙を切り、折り紙で表情をつけます。

〈ウサギ〉

ピンク
黒
白

〈雪だるま〉

赤
黒
白

④ たこにたこ糸をつけます。

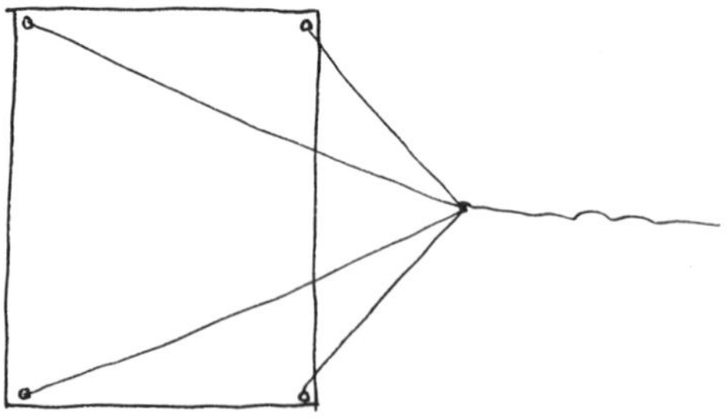

⑤ たこのひもを動物に持たせているようにして、壁にはります。

くるくる　ヘリコプター

★１枚の紙でできる簡単なヘリコプターです。高いところから落とすと、くるくるとよく回りながら落ちていきます。

[用意するもの]

・画用紙、ハサミ。

[作り方]

①　画用紙を切ります。

②　ハサミで切りこみを入れます。

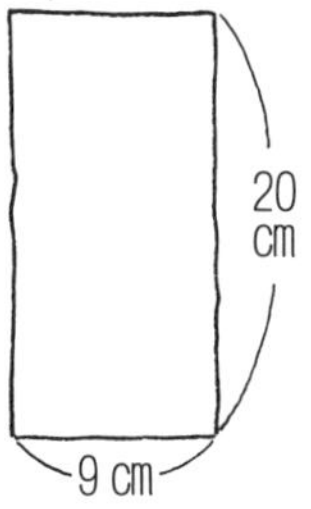

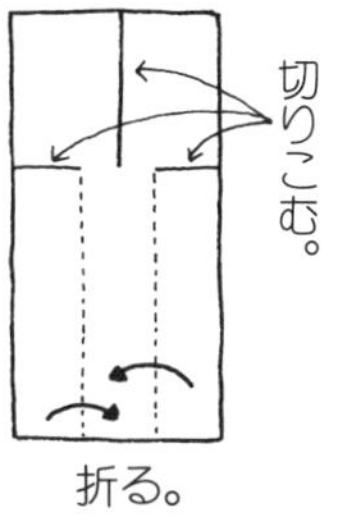

③

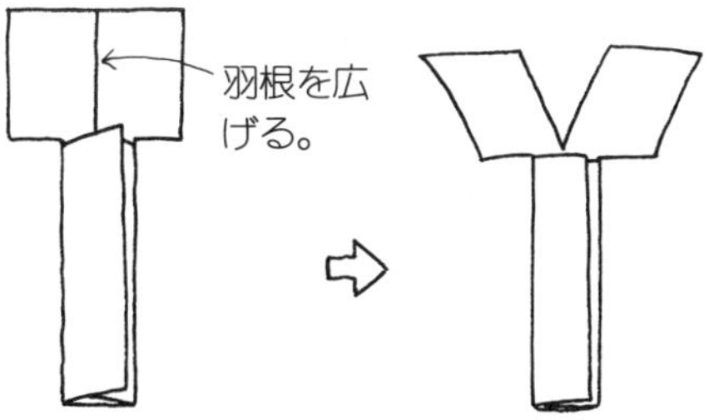

④　周りに、子どもたちが自由に絵を描きます。

[遊び方]

○高いところから落として、くるくると回します。

３枚羽根のヘリコプター

[作り方]

①　図のように、ハサミで切りこみを入れます。

②　縦に３つ折りにします。

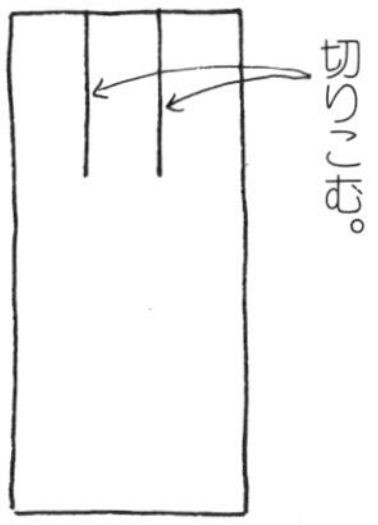

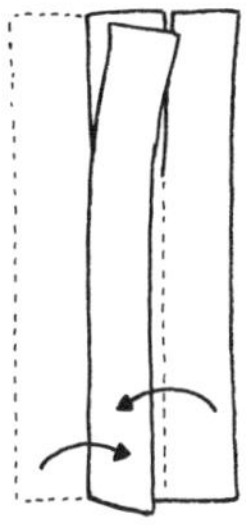

③　羽根を広げて、できあがりです。

[ポイント]

○ ４枚羽根、５枚羽根など、工夫して作ってみましょう。

○羽の折り方を斜めにするなど、工夫してみましょう。

パクパクお獅子

[用意するもの]

・ティッシュペーパーの空き箱、折り紙、緑系の包装紙。

[作り方]

① ティッシュペーパーの箱を、2つ折りになるように切ります。

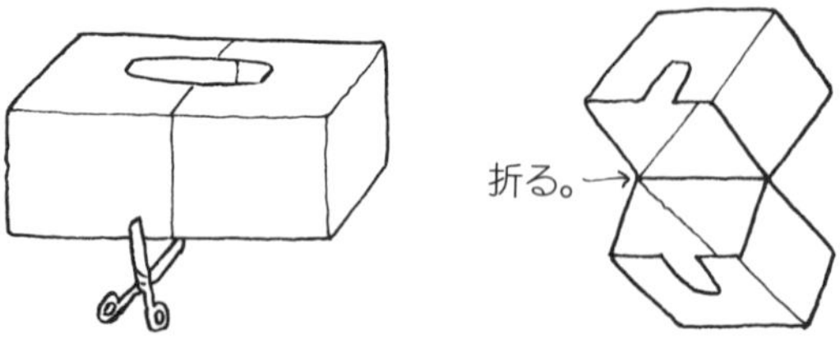

② 周りに赤の折り紙をはります。

③ 折り紙で獅子の顔をつけます。

④ 手を入れるベルトをつけます。

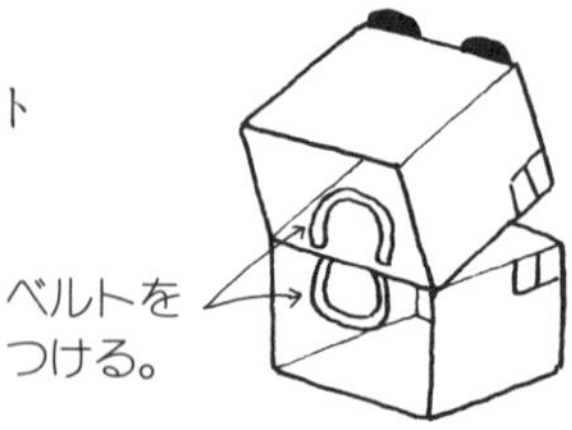

⑤ 包装紙を獅子の口の後ろの部分につけます。

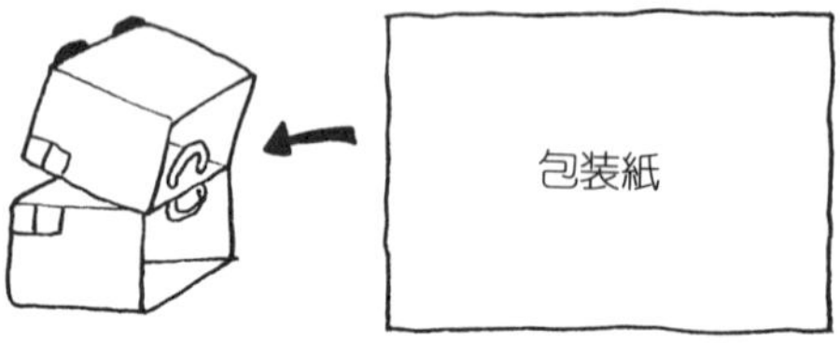

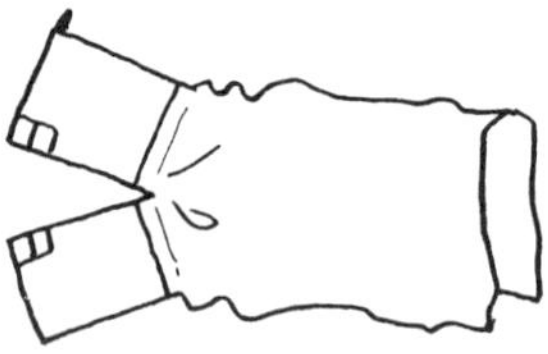

●保育室のアイディア●

ひつじ モコモコ

寒さが厳しくなると、ジャンパーなど、防寒具を着て来る子どもが多くなります。そこで、壁にかけられるよう工夫します。

[用意するもの]

・ラシャ紙、ネジ式のフック。

[作り方]

① ラシャ紙で、ヒツジを作ります。

② ヒツジを壁につけ、その上から体の部分にフックをつけます。

[ポイント]

○フックは、子どもが届く高さにつけるようにします。

2月

February

子どもの姿

「今日は鬼が来る日よ」——保育者のこのひと言で、ちらかしてあった保育室が、あっという間にかたづきます。日常生活の中で〝大きくなった〟という自信を持った行動で、頼もしさを感じさせてくれることもありますが、かたづけ、手洗い、歯みがき、戸をしめる、といった基本的な生活習慣でルーズな面も出てきます。

園庭の遊びでは、年中、年長児の遊んでいる遊びをやりたがる子が出てきます。「せんせい、サッカーやろう」「大きななわとびしようよ」こんな声も聞かれます。年長児へのあこがれが強くなり、いろいろな面で年長児の影響を受けるようになります。

年に何度かの雪が降ったりすると、朝からおおさわぎです。寒いのも冷たいのも忘れて遊びます。散歩に出かけて、日陰に氷がはっていたり、霜が降りていたりすると、興味を持って遊びます。花壇のチューリップやクロッカスの芽などにも関心を向けてみましょう。

第1週

今週の予定

・節分集会

予想される主な幼児の活動

○好きな遊びをする

○豆まきの小道具づくりをする
「まあるい顔のニコニコ鬼」(212)
「豆まきバッグ」(212)

○節分集会に参加する
・絵話を見る『おなかの中に鬼がいる』
・『まめまき』の歌をうたう
・鬼が登場して豆をまく
・豆を年の数だけ食べる

○鬼に関連した遊びを楽しむ
・「赤鬼と青鬼」(203)
・「ハラペコ鬼」(202)

○歌をうたう
・パネルシアターを見ながら『コンコンくしゃん』を歌う
・『雪やこんこ』

○絵本・紙芝居を見る
『はっくしょんしてよかばくん』(208)
『あみものだいすきアミアミおばさん』(209)

第2週

今週の予定

・交流保育

予想される主な幼児の活動

○好きな遊びをする

○年長児との交流保育に参加する
・なわとびを見せてもらい、とび方を教えてもらう
・発表会でうたった歌をお互いにうたう
・いっしょに散歩をする

○雪遊びごっこをする
・風船だるまで遊ぶ　「空とぶ雪だるま」(204)
・新聞紙を使って遊ぶ　「雪合戦」(205)
・「かまくら」を作って遊ぶ (213)

○雪遊びごっこの絵を描く
・いろいろな色彩具を使って描いてみる

○絵本を見る
『ぞうくんねずみくん』(208)

○手遊びを楽しむ　『ぞうさんとねずみさん』(210)

○粘土で遊ぶ
『粘土造形の指導』(209)

(注) ＊「予想される主な幼児の活動」は、本書の資料を中心にまとめてあります。
＊(　　)の数字は、本書のページ数です。

第3週

今週の予定

・避難訓練

予想される主な幼児の活動

○ままごと遊びをする
・いろいろな小物を使って遊ぶ（214）

○ホールに飾ってあるおひなさまを見る
・ひな祭りの近いことを知る
・『うれしいひなまつり』の歌をうたう

○花壇のチューリップや水栽培のようすを見る
・チューリップの芽を確かめる（236）
・ヒヤシンスの花の形やにおいを知る（244）

○デカルコマニーをして楽しむ
・絵画展に出品することを聞いて、気に入った作品を選ぶ

○パンダとクマのビデオを見る
『わくわく動物ランド』（209）

○言葉遊びをする
・知っている擬音や擬声をあげて話し合う

○絵本を見る 『ばしん！ばん！どかん』（208）

第4週

今週の予定

・絵画展
・誕生会

予想される主な幼児の活動

○好きな遊びをする

○友達といっしょに遊ぶ（206）
『一ぴきのぞうさん』『ロンドン橋』

○色に興味を持って遊ぶ
「色鬼」「カラーコーディネイト」（207）

○絵画展を楽しむ
・各クラスを回って鑑賞する
・保護者を案内して見てもらう
・かたづけを手伝う

○誕生会に参加する
・職員劇『ももたろう』を見る
・クラス代表のまりつきを応援する
・誕生児を祝う

○絵本・紙芝居を見る
『ともだちほしいなおおかみくん』（208）
『ワウケワとわし』（209）

ハラペコ鬼

★鬼は怖いもの、乱暴者とされ、悪いイメージがありますが、このようなゲームにしたら、愛着を感じるかもしれません。

鬼のお面

[用意するもの]

・お茶やのりの缶(内ぶたがビニールのもの)、両面テープ、カッター、画用紙、クレヨン、ハサミ。

[作り方]

① 缶の内ぶたより少し大きめに、口をあけた鬼の絵を描きます。

② 缶の内ぶたに、鬼の口に合わせた穴をあけます。

③ 両面テープでふたに鬼の絵をはります。

④ 缶につけます。

はし

[用意するもの]

・割りばし、ビニールテープ。

[作り方]

① 子どもの手に合わせて、はしの先を切り、短くします。

② ビニールテープで巻きます。

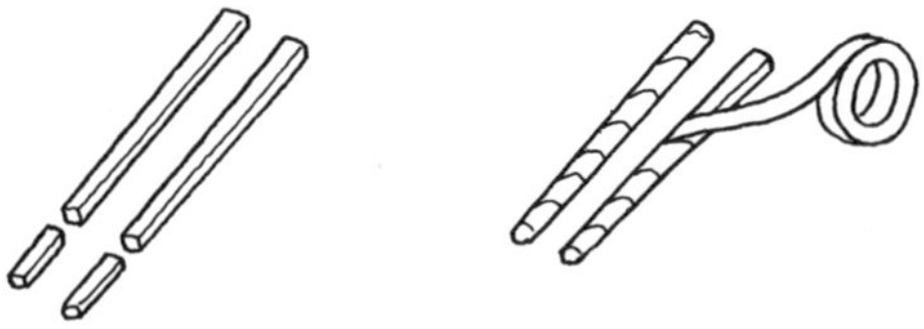

[遊び方]

① 2人ずつで対戦します。

② はしで豆まきの豆をつまみ、鬼の口に入れるゲームです。豆が落ちると「カランカラン」と音が鳴ります。

③ 鬼のおなかがいっぱいになると鳴らなくなることにし、早く鬼のおなかをいっぱいにさせたほうが勝ちです。

[ポイント]

○はしで豆をつまむことにより、手先の訓練、はしの練習になります。

○使い方を誤ると、友達を傷つけたりするので十分注意し、落ち着いてゲームをします。

赤鬼と青鬼

★節分の豆まきの導入や遊びの発展にこんなゲームをしてみませんか。的当てにもなるので、投げる練習にもなります。

[用意するものⒶ]

・空き箱、鬼の顔の絵、棒（１ｍぐらい)。

[作り方Ⓐ]

①　箱の四面に鬼の顔をはったものを２つ作ります。

②　棒の両端に、ひもでつるします。

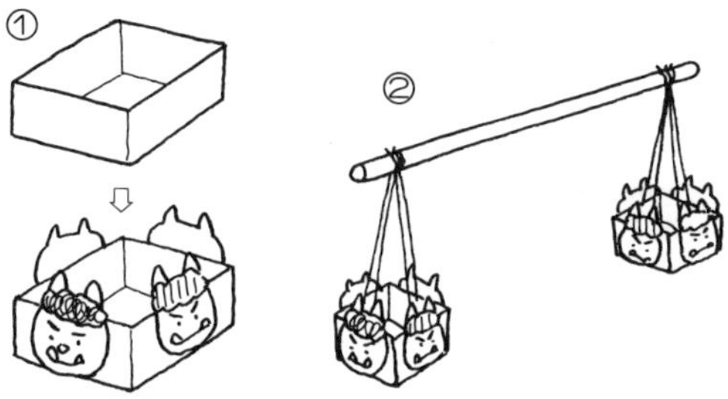

[遊び方Ⓐ]

①　２チームに分かれます。(赤鬼と青鬼)

②　箱の中に５個ずつお手玉を入れます。棒は金魚やさんのように肩から下げ、お手玉を落とさないように旗を回ってきて、次の人にタッチします。

③　お手玉を落とした場合は、その場で拾って箱に入れ直します。

[用意するものⒷ]

・空き箱、鬼の顔の絵、粘着テープ、ひも。

[作り方Ⓑ]

①　（作り方Ⓐの①に同じ）

②　箱の底に粘着テープでひもをつけ、首に結べるようにします。

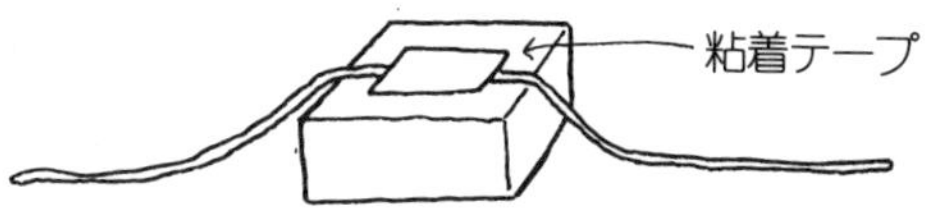

[遊び方Ⓑ]

①　２人ペアになります。

②　箱を頭にのせる子を２人決め、その子の首にひもを結んで固定します。

③　１ｍぐらい離れたところからお手玉を投げ、合計10個投げるうちにいくつ箱に入ったか競います。

④　箱が頭にのった子は、キャッチしやすいよう動いてかまいません。

[ポイント]

○数をかぞえながら同時に投げます。数をかぞえることに慣れるでしょう。

風船だるま

★風船の雪だるまを作って遊んでみましょう。しぼんだり割れたりしたら解けたことに見たててもおもしろいでしょう。

[用意するもの]

・白い風船、両面テープ、油性ペン。

[作り方]

① 大小2つの白い風船をふくらませます。

② 両面テープで1か所をとめます。結び目を鼻やおへそに見たてると、かわいいでしょう。

③ 油性ペンで目や鼻を描きます。

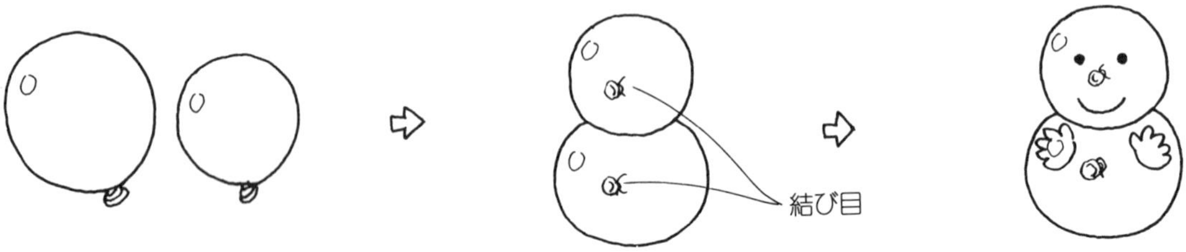

空とぶ雪だるま

[遊び方]

① 輪になります。

② 雪だるまが床に落ちないように、交代にたたいていくゲームです。1人が2回続けてたたかないことにします。

③ 強くたたくと割れたり、雪だるまがくずれたりするので、そっとたたきます。

[ポイント]

○手袋をして風船をたたいてもよいでしょう。タッチがやわらかな感じになります。

雪だるまの引っ越し

[遊び方]

① 代表の子が、雪だるまをかくします。

② 30数えるまでにかくし、みんなでかくし場所を探します。

[ポイント]

○冬は防寒具がたくさんあるので、子どものオーバーもかくし場所の一つです。外でしたら落ち葉、砂の中に埋めてもおもしろいです。

○鬼の子に保育者がついて、かくし場所を探してあげましょう。

新聞紙で雪遊び

★雪合戦をしたり、雪だるまを作ったり、経験させてはあげたいものの、雪がない地方もあります。
そこで、紙を使って雪合戦から雪だるまづくりへと発展させて遊んでみましょう。

[用意するもの]

・新聞紙、模造紙２枚、粘着テープ、油性ペン。

雪合戦

[遊び方]

① 新聞紙を１人に１枚ずつ配ります。ちぎって紙吹雪にして飛ばします。

② 次に紙吹雪を集め、ギュッと握って玉にし、雪合戦をします。２チームに分かれて陣地を作り、投げ合うとおもしろいでしょう。

[ポイント]

○巧技台やとび箱を塀がわりにして、かくれながら遊んでみましょう。

雪だるま

[遊び方]

① 新聞紙に、みんなの作った玉を入れてくるみます。

② 形を整えて、何重にもくるみ、丸くなったところで白い模造紙で包みます。

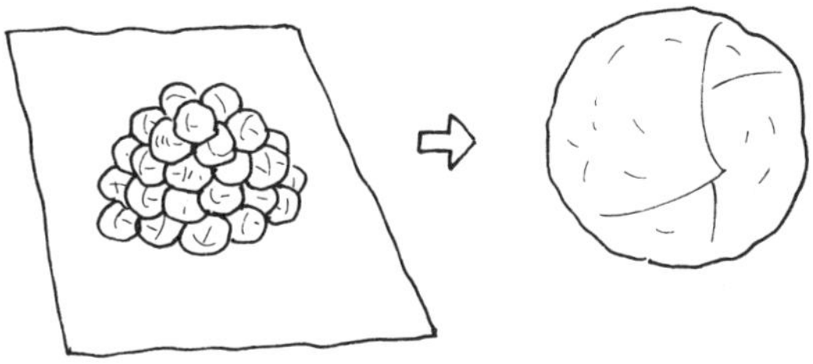

③ 大小２つ作り、大きいものの上に小さいものをのせ、見えないところを粘着テープでとめます。油性ペンで、目、鼻、口を描き入れます。

[ポイント]

○おもちゃのバケツを帽子にしたり、軍手を胴にはって手にしてもかわいくなります。

繰り返し遊び

★繰り返しのあるお話や遊びを好むのも、３歳児の特徴です。

ぞうさんとくものす

作詞／作曲・不明

1. ひとりの
2. ふたりの
3.さんにんの
4. よにんの
5. ごにんの
ぞうさんクモのすに　かかーってあそんでおりました
1～4あんまりゆかいになったので　もひとりおいでとよびました
5あんまりおおぜいのったので　ドスンといとが　きれました

[遊び方]

① 1人がぞうになり、他の子は座ります。ぞうさんになった子は、右手をぞうの鼻のように左右に揺らし、左手は腰の位置で前かがみになります。

② 歌い終わったときに、近くにいた子の頭をなでます。

③ なでられた子はぞうさんになり、前の子の腰に右手でつかまります。

④ 最後の1人も、ぞうになったら、「♪あんまり大勢乗ったので　ドスンと糸が切れました」で、全員つながっていた手を離します。

[ポイント]

○「ぞうさん」のところを他の動物の名前にしても遊べます。

ロンドン橋

高田三九三・訳詞／イギリス民謡

軽快に ♩＝100
mf
ロン ドンばしが　おちる　おちる　おちる
ロン ドンばしが　おちる　さあ　どう　しましょう

[遊び方]

① 2人が向かい合い、両手を肩の位置で合わせます。

② 他の子は1列になり、歌をうたいながらアーチをくぐります。

③ 歌い終わったところでアーチを下げ、つかまった子とアーチの1人が交代します。

④ アーチの子は、交互に交代していき、だれもつかまらなかったときは、もう1回歌います。

[ポイント]

○子ども同士だとアーチが低くなってしまいますので、腰をかがめて入ってあげます。アーチの子は、ひじを十分のばし、幅をあけて通りやすくします。

色で遊ぶ

★色の名前がわかるようになりました。色を使った遊びを紹介しましょう。

色鬼

［遊び方］

○鬼が色を指定します。その色を触りにいくまでに鬼がタッチできたら、交代します。

［ポイント］

○鬼はひと目見てわかるように、帽子をかぶります。タッチしたら、帽子を渡します。

○色がすぐ出てこないときは、だいだい色だったらミカンの絵、灰色だったらネズミの絵をはってあげます。子どもの身近な名称で色を言えるようにしてあげましょう。

カラーコーディネイト

［用意するもの］

・Ｂ５判のボール紙に、同じ色で違ったものを描いた絵カードを２枚ずつ組に作ります。

例：赤…リンゴとイチゴ、オレンジ…カキとミカン、白…ウサギと雪だるま、灰色…ゾウとネズミ、黄…バナナとレモン。

［遊び方］

① 作ったカードをバラバラに床に並べます。

② ピアノで行進曲を弾き、曲に合わせて１列のまま１方向に進みます。

③ ピアノがとまったらカードを１枚拾い、自分と同じ色を持っている友達を探します。見つかったら、手をつないで座ります。

［ポイント］

○同じ色の仲間を探すのが目的なので、速さは競いません。

○ゲームに慣れてきたら、カードは裏返して置きます。

絵本

『ともだちほしいな　おおかみくん』　岩崎書店・刊

さくらともこ／作　いもとようこ／絵

げんき森に住む心優しいおおかみくんは、友達がほしくてたまりません。ところがみんなは、怖いおおかみだと思いこんで……。思いやることの大切さを伝える、ほほえましい絵本です。

『ぞうくんねずみくん』　小峰書店・刊

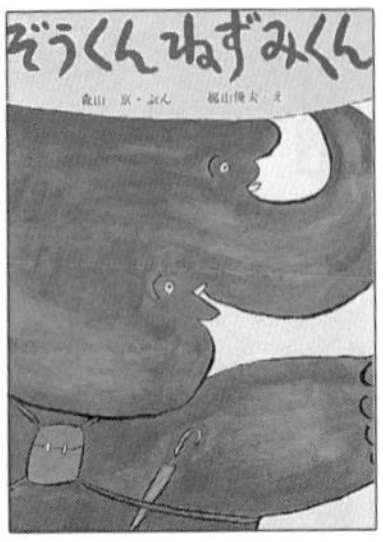

森山　京／文　梶山俊夫／絵

おおきなぞうとちっちゃなねずみが、散歩の途中で出会います。体の大きさは違っても、遊ぶのが大好きなぞうとねずみです。繰り返しの文章が、絵が、子どもの想像力を広げていく絵本です。

『はっくしょんしてよかばくん』　小峰書店・刊

矢崎節夫／作　岡村好文／絵

はっくしょん！かばくんがくしゃみをすると、みんな吹き飛びます。落ち込んだかばくんを見て、みんなはいいことを思いつきました。愉快なお話です。（全国学校図書館協議会選定）

『ばしん！ばん！どかん！』　冨山房・刊

ピーター・スピア／作・絵

わたなべしげお／訳

身近な生活を中心にした、いろいろな音が、文字による説明ではなく、絵のおもしろさを通して、わかりやすく認識できる絵本です。

（日本図書館協会選定）

『ねむっちゃだめだよ　かえるくん』　PHP研究所・刊

さくらともこ／文　塩田守男／絵

かえるたちは、森のみんなから雪の話を聞いて、見たくなりました。冷たい池に入ったり、大きな音をたてたりと、眠らないように一生懸命。ほのぼのとしたお話です。

（全国学校図書館協議会選定）

紙芝居

おはなしバラエティ第2集『**ワウケワと　わし**』　教育画劇・制作

J・バッカム／作　矢玉四郎／脚色

勝又　進／画　12画面　全6巻

インディアンの子ワウケワがけがをしたわしの子を助けました。

やがて大きくなって……。

コアラちゃんシリーズ『**あみものだいすきアミアミおばさん**』

教育画劇・制作

山本省三／作・画　（文部省選定）

12画面　全6巻

あみものが好きなアミアミおばさんは、どんなものでもあんで作ってしまいます。おまけにおばさんは親切もの……。

ビデオ

『**わくわく動物ランド**』　TBS／制作著作

パック・イン・ビデオ／発売元

全10巻

TBS系テレビで放映の人気番組「わくわく動物ランド」を幼児向けに編集したビデオです。1巻で2種類の動物を紹介。VHS20分。

①チンパンジーとニホンザル　②キリンとシマウマ　③ライオンとチーター　④ゾウとカバ　⑤パンダとクマ　⑥コアラとカンガルー　⑦リスのなかま　⑧いろいろなペンギン　⑨ラッコとアザラシ　⑩クジラとイルカ

保育図書

『豊かな感性を育てる一**粘土造形の指導**』　ひかりのくに・刊

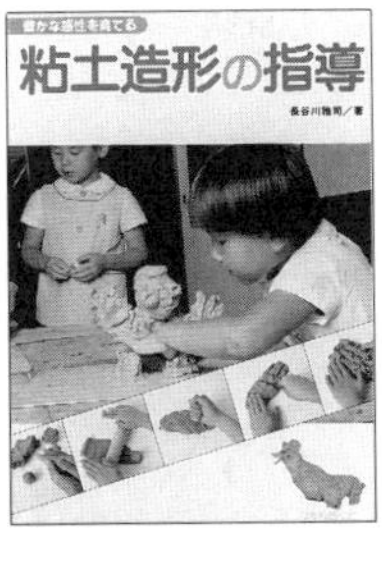

長谷川雅司／著

子どもの自己表現としての粘土作品をどう見ればよいのかをテーマに構成しています。子どもらしく、美しい粘土作品を多数カラーで紹介します。

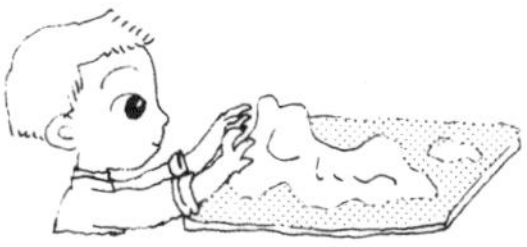

ぞうさんとねずみさん

阿部　恵・作詞／作曲

D
1. ぞう さんの(マ フラー)は でっかいぞー
2. ねずみ さんの(マ フラー)は ちっちゃいねー
A
これくらい これくらい
これくらい これくらい
D
こ れ く ら い ー

遊び方

①ぞうさんの

両手で両ひざをたたきます。

②マフラーは

両手を上にあげます。(できるだけ大きい動作で)

③でっかい（①に同じ。）

④ぞー（②に同じ。）

⑤これくらい

両手で適当な大きさを示し、歌に合わせて少しずつ広げます。

⑥これくらい

思いきり大きく広げます。

⑦ねずみさんの

両手を胸に当てます。

⑧マフラーは

両手を小さく広げます。（できるだけ小さな動作で）

⑨ちっちゃい（⑦に同じ。）

⑩ねー（⑧に同じ。）

⑪これくらい……

両手で適当な大きさを示し、歌に合わせて少しずつせばめていきます。

⑫これくらいー

せばめたまま、両手を上下に振ります。

◀指導のポイント▶

○マフラーのかわりに、帽子、セーター、手袋、マスクなどでも遊んでみましょう。

○動作は、それぞれの品物に合わせて遊びます。ぞうさんのくしゃみは　でっかいぞー　ハッハッハッハッ　ハクション！（大きい声で）ねずみさんのくしゃみは　ちっちゃいねー ヒッヒッヒッヒッ ヒックション！（小さい声で）

豆まきの小道具づくり

★顔にかぶせるお面は、3歳児では抵抗を感じるものです。おでこにチョコンとのせるお面なら、顔が見えて、かわいいですよ。

まあるい顔のニコニコ鬼

［用意するもの］

・紙皿小1、絵の具、筆、クレヨン、ハサミ、画用紙、接着剤、ホッチキス、ゴム、毛糸。

［作り方］

① 紙皿の裏を、好きな色（絵の具）で塗ります。

② クレヨンで目、鼻、口を描きます。

②

③ 画用紙に角を描きハサミで切り取ります。

④ ホッチキスでお面にとめます。

④

⑤ 毛糸を適当な大きさに丸め、ひたいに接着剤でつけてできあがりです。

⑤

［ポイント］

○紙皿は丸みがあるので、裏にを描くと、ひたいにフィットします。

○ホッチキスは、針の折れ目が肌に当たらぬようにします。

○角を1本にするか2本にするかは、自由にします。

豆まきバッグ

［用意するもの］

・牛乳パック、色紙、接着剤、ホッチキス、ハサミ。

［作り方］

① 牛乳パックを、底から5cmぐらいのところで切ります。

② 色紙を手でちぎります。

③ 色紙の裏に接着剤をつけ、牛乳パックにはります。

④ 牛乳パックの残りを、2×10cmに切り、これにもはります。

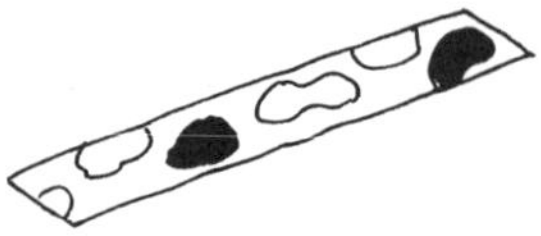

⑤ ホッチキスで持ち手をとめます。

⑥ できあがり。

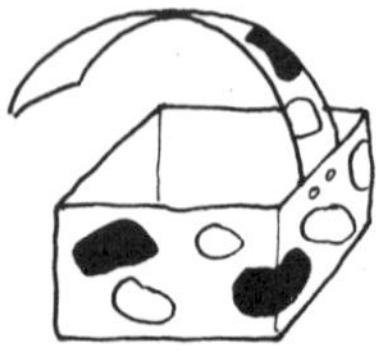

［ポイント］

○牛乳パックは、水をはじく加工がされているので、のりより接着剤が適しています。

かまくら

★段ボール箱を利用して、かまくらを作ってみましょう。中は意外と暖かく、ままごとや絵本を見る子もみられます。

[用意するもの]

・段ボール箱(大)、接着剤、新聞紙、竹またはワイヤー、(布)粘着テープ、上質紙(B５判)、模造紙(白)。

[作り方]

①　段ボール箱をくずし、広げます。

②　一面を接着剤ではり合わせ、３枚つなぎます。

③　段ボール箱を立てます。

④　段ボールのクッションになっているところにワイヤーまたは竹をさします。(さし口は粘着テープで固定します)

⑤　底の形に段ボールを敷きつめます。

⑥　新聞紙をB5判の大きさに切って接着剤ではり、厚みが出たら、上質紙を上からはって仕上げます。

[ポイント]

○七夕のササ飾りで使った竹をとっておき、縦に割って使います。竹はしなるので、ワイヤーより形になりやすいでしょう。

○小さいままごと用のテーブルや、座布団を入れてあげましょう。

①

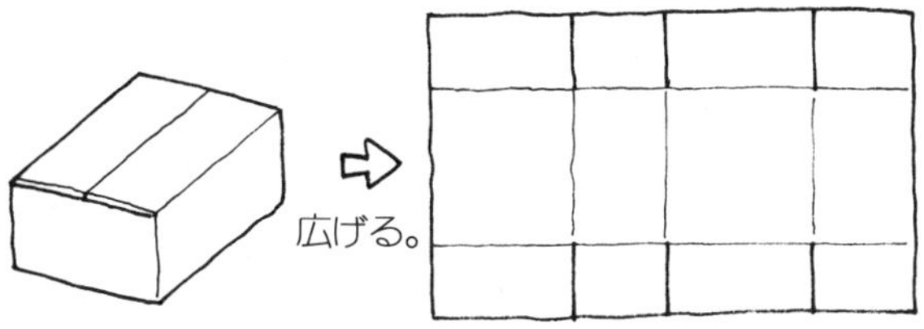
広げる。

⑤

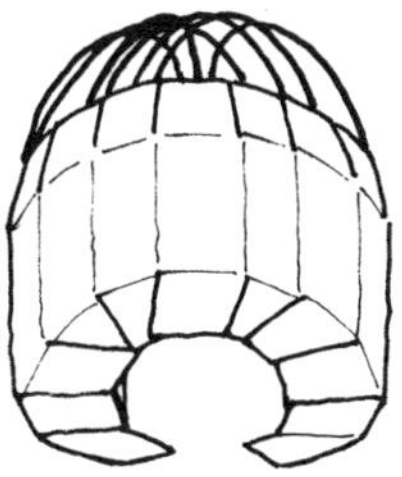

②

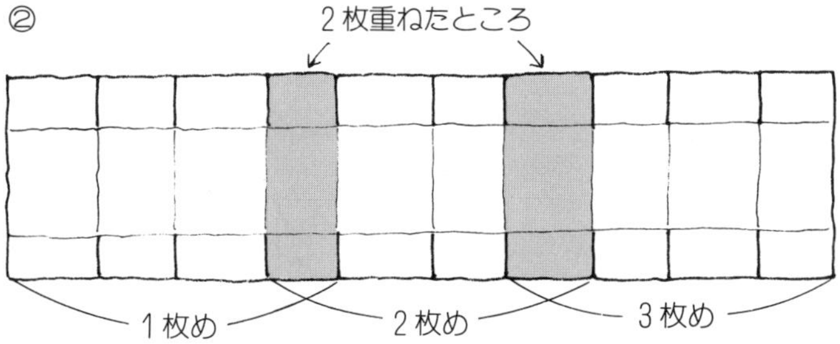
2枚重ねたところ
1枚め
2枚め
3枚め

⑥

新聞紙の上に上質紙をはる。

③

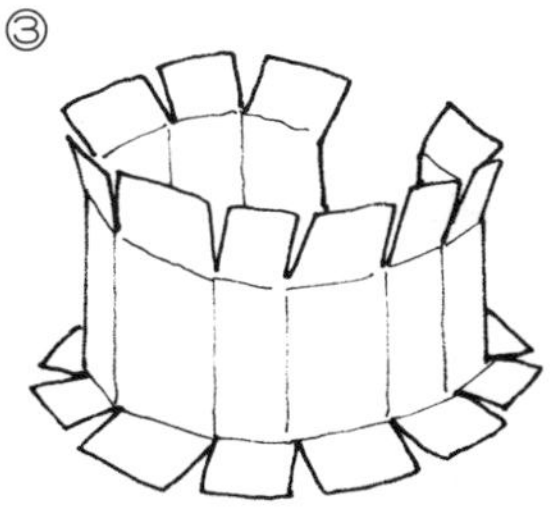

④

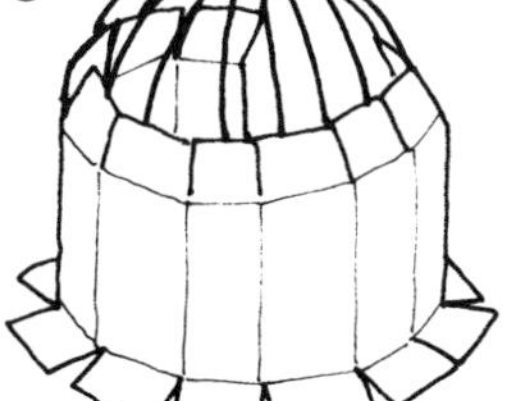

ままごと遊びの小物づくり

★保育室や砂場などで、特に役割を決めたわけではなくても、ままごと遊びをしている光景をよく見かけます。手づくりのちょっとした小物があると、遊びはさらに発展します。

おんぶひも

［用意するもの］

・布（90×180cm）、ミシン糸、ハサミ、バックル2個。

［作り方］

① 下図のように布を裁断します。

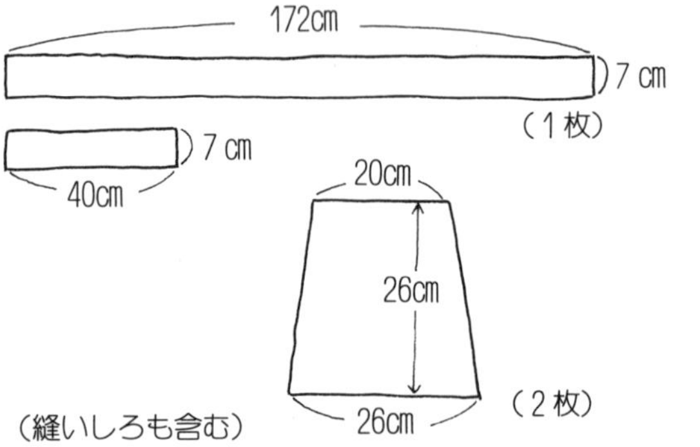

② 表を合わせて2枚重ね、両わきを縫い、表に返します。

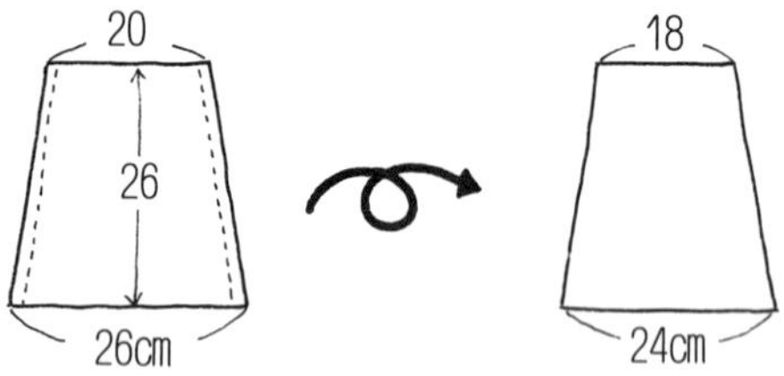

③ 縫いしろを1cm折り、②を中心にはさんで縫います。

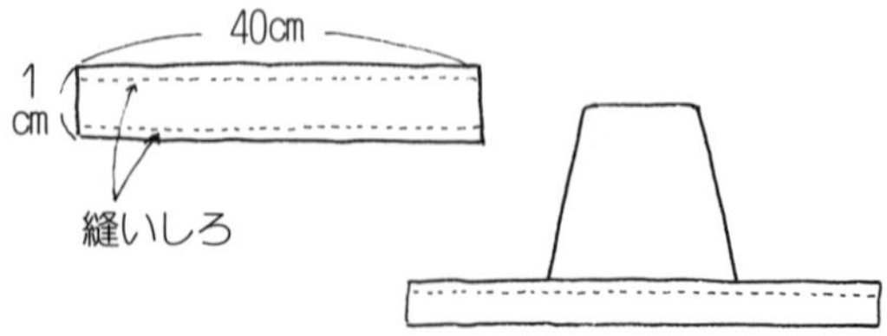

④ 両端にバックルをつけます。

⑤ 縫いしろを1cm折り、はさんで縫います。

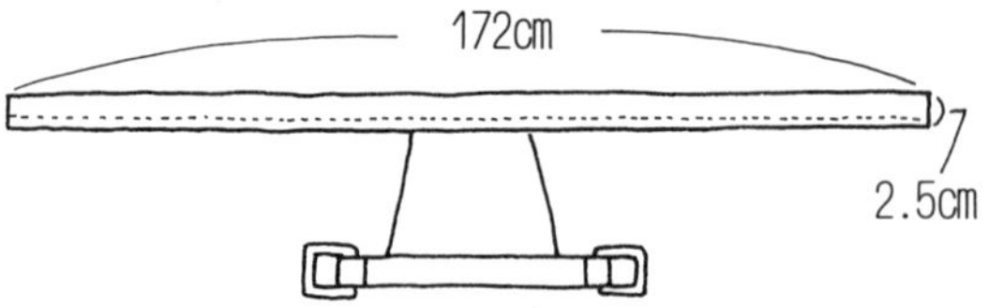

［ポイント］

○3歳児の背中には、この大きさがピッタリです。

○かわいいプリント柄を選んであげるか、背中の部分にアップリケなどをつけてあげましょう。

○大きいぬいぐるみをオンブするときは、布を2m用意して裁断します。

布団

[用意するもの]

・キルティング、バイヤステープ、レース、ミシン糸。

[作り方]

〈敷き布団〉

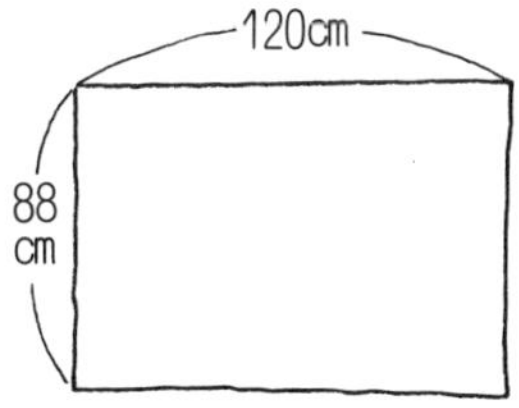

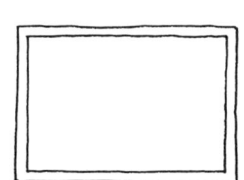

① キルティングを120×88cmに裁断します。

② 端をバイヤステープでくるみ、ミシンで縫います。

〈かけ布団〉

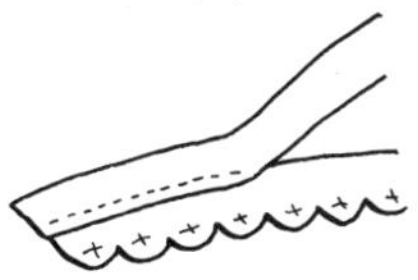

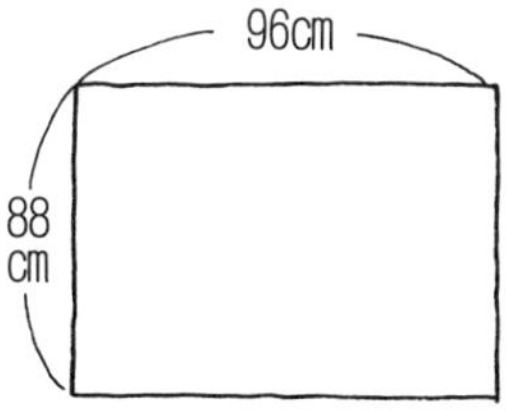

① バイヤステープにレースをはさみ、縫います。(長さ88cm)

② キルティングを88×96cmに裁断します。

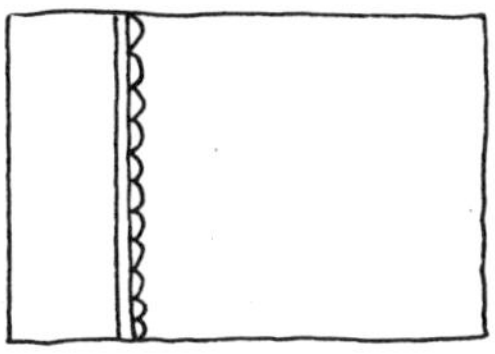

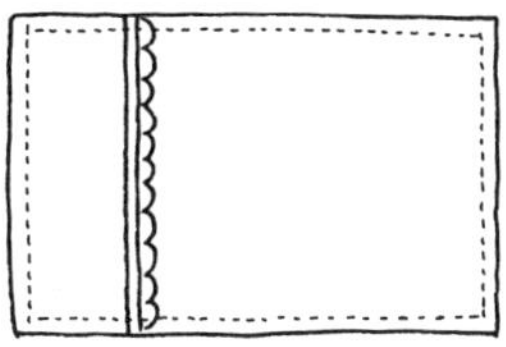

③ えりから20cm下のところに、レースを縫いつけます。

④ 周りを三つ折りにして、縫います。

[ポイント]

○ 3歳児のサイズです。(子どもが寝られます)

○かけ布団はプリント柄で、敷き布団は同系色の無地にするとよいでしょう。

スカート

[用意するもの]

・木綿の布 (90×60cm)、ゴム、ミシン糸。

[作り方]

① 中表に合わせ、縫いしろを1cmとり、縫います。

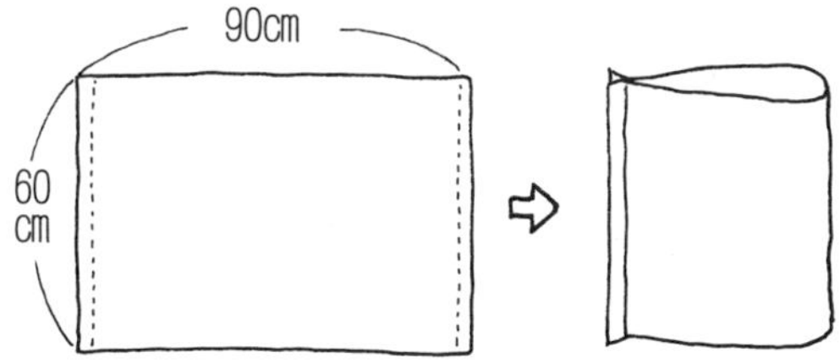

② 片側を三つ折りにしてミシンで縫います。1か所1.5cmぐらい、ゴム通しの穴を縫わずに残しておきます。下も三つ折りにして縫います。

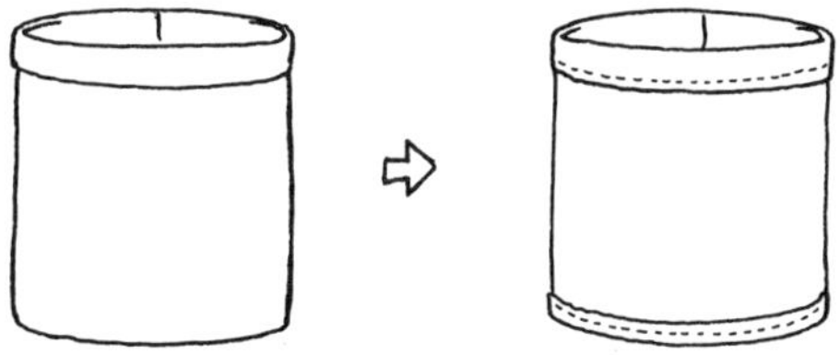

③ ゴム通し穴にゴムを入れ、ひっくり返します。

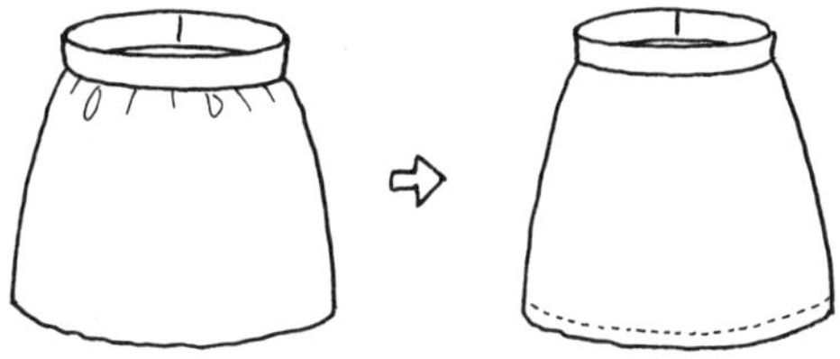

[ポイント]

○リボンをつけたり、途中に切りかえをつけてあげると、かわいくなります。

エプロン

[用意するもの]

・木綿の布、バイヤステープ、ミシン糸。

[作り方]

① 下図のように布を裁断します。

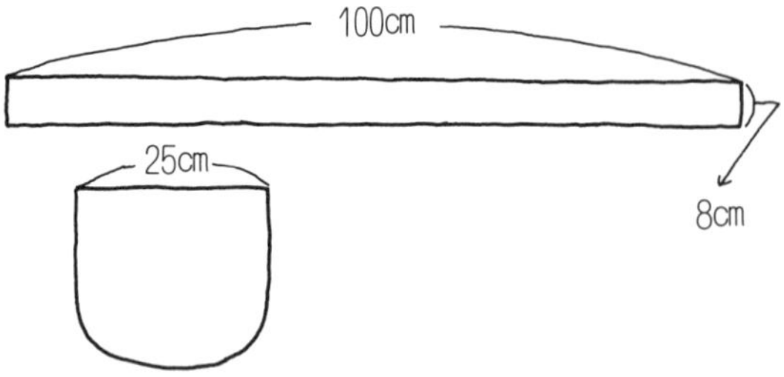

② バイヤステープではさんで縫います。

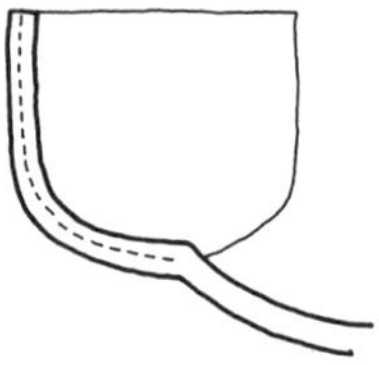

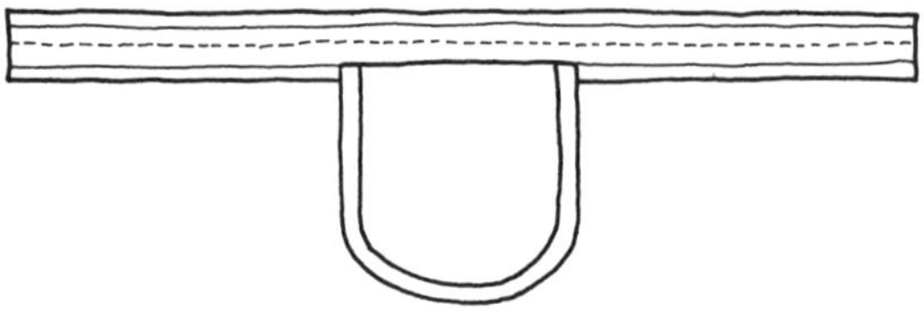

③ 縫いしろ１cmを折り、②をはさんで縫います。

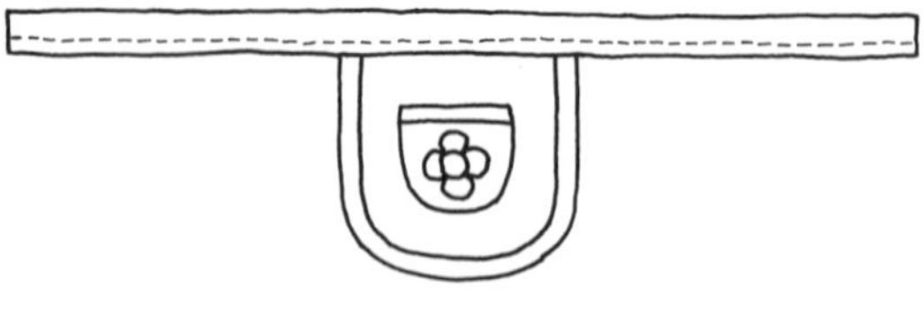

[ポイント]

○縁にレースをつけたり、ポケットをつけてもよいでしょう。

ままごとサークル

[用意するもの]

・段ボール、布粘着テープ、水性ペイント。

[作り方]

① 段ボールを40×50cmぐらいに切ります。（６枚）

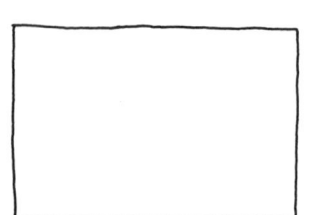

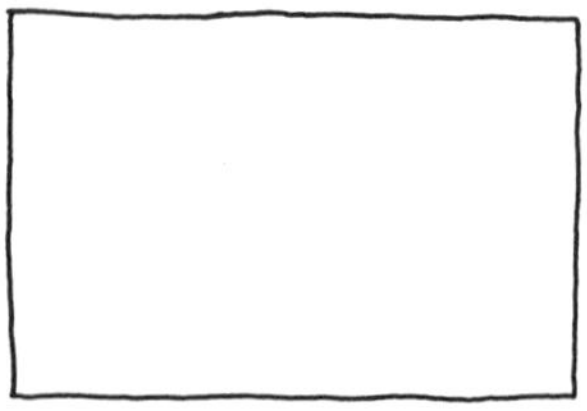

② 布粘着テープで、５mmぐらいのすき間をあけてはりつなげます。

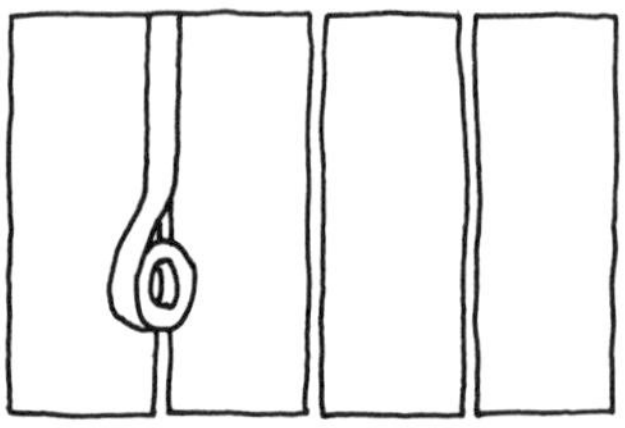

③ 表裏両面とも水性ペイントで塗ります。

④ 好きな絵を描きます。

[ポイント]

○段ボールをはり合わせるとき、５mmぐらいのすき間をあけると、折りたたんでしまえます。

○段ボールは、多少大きさが違ったり、上のほうを丸くカットすると、ひと味違ったサークルになります。

3月

March

子どもの姿

友達とのかかわりが活発になり、いろいろな友達とも遊べるようになってきました。遊びの持続時間も、すいぶん長くなっています。

年中組になることに期待を持ち、年中組との交流保育の後には、ときどき年中組をのぞきに行き、いっしょに遊んでくる子も見られます。

季節の変化も感じられるようになり、保育者の言葉かけで、植物の芽のふくらみや動物の変化などを知り、「ほんとだ」「気持ちよさそう」などと、関心を持ちます。

〝やりたい〟〝やってみたい〟という意欲を大切にしながら見守るようにします。

お別れ会に参加して、年長児と別れるということが切実なものとなり、プレゼントを大切にしまう姿が見られます。逆に、新しい年少児へのプレゼントづくりや、部屋を明け渡すための大掃除を経験すると、〝年中児になる〟ということが実感として感じられるようになります。

第1週

今週の予定

・ひな祭り集会
・個人面談

予想される主な幼児の活動

○好きな遊びをする

○おひなさまの製作をする
・「壁かけおひなさま」(230)
・「お花の冠」(231) をつけて記念写真を撮る

○ひな祭り集会に参加する
・遊戯『うれしいひなまつり』を見る
・『おひなさま福笑い』を楽しむ
・ひなあられのおみやげをもらう

○カレーライスづくりをする
・パネルシアターを見る『カレーライス』
・買い物に出かけて材料を買ってくる
・カレーライスづくりをする
・みんなで食べる

○わらべうた遊びを楽しむ
・『イモムシゴロゴロ』(220)

○紙芝居を見る 『ブーくんのおひなさま』(227)

第2週

今週の予定

・園外保育

予想される主な幼児の活動

○年中組になる話を聞く

○一年間の絵を綴る表紙にする手型、足型をとる

○年長児の卒園の話を聞き、プレゼントづくりをする
「コスモスの花束」(233)

○鬼遊びをする

○園外保育に持って行く春探し「探検家グッズ」を作る (222)

○園外保育に出かける
・公園の花木や人の服装などから、春の近いことを知る
・自由に遊ぶ

○鉄棒や雲ていの練習をする

○楽器遊びをする
『おおきなたいこ』(228)

○絵本を見る 『あそびたいものよっといで』(226)

(注) ＊「予想される主な幼児の活動」は、本書の資料を中心にまとめてあります。
＊( ) の数字は、本書のページ数です。

第3週

今週の予定

・お別れ会
(誕生会)

予想される主な幼児の活動

○好きな遊びをする

○屋外遊びをする
「石けりすごろく」「ケンパージャンケン」(222)

○絵の具を使って好きな絵を描く

○お別れ会に参加する
・年中児のお祝いの言葉を聞く
・年長児のお別れの言葉を聞く
・人形劇『さるとおじぞうさま』を見る
・誕生児を祝う
・年長児の卒園演奏を聞く

○次年度の年少児に壁面飾りを作る
「チューリップ」「サクラの木」(232)

○道具箱の整理をし、用具を持ち帰る

○紙芝居を見る 『おにいちゃんになりたい』(227)

第4週

今週の予定

・大掃除
・終業式

予想される主な幼児の活動

○好きな遊びをする

○大掃除をする
「お掃除ごっこ」(223)

○新しいクラスの保育室、くつ箱を見学に行く
・年中児の話を聞く

○保育者からの進級のプレゼントを受ける
「進級おめでとう」(234)

○終業式に参加する

○絵本を見る
『こぎつねでんしゃはのはらゆき』(226)

わらべうた遊び

かごめかごめ

わらべうた

mp ♩＝120
か ごめ かごめ かごのなかの とりは
いついつ でやーる よあけの ばんに
つるとかめと すべった うしろのしょうめん だーれ

1年間いっしょに過ごしてきたお友達の声がわかるかな？

[遊び方]

① 輪になって手をつなぎ、鬼は目かくしして座ります。

② 左回りに回りながら、歌をうたいます。

③ 歌い終ったところで、鬼の真後ろにいた子が動物の鳴きまねをします。

④ 鬼は目かくししたまま、だれの声か当てます。

[ポイント]

○鬼がだれの声か当てられないときは、ヒントを出してあげましょう。ヒントは、「ウサギが好きな子」など、よいところをアピールしてあげます。

イモムシゴロゴロ

わらべうた

イモムシ ゴロゴロ ひょーたん ぽっくりこ
きれるじゃ ないぞ ころぶじゃ ないぞ

春を意識して、イモムシが出てくるわらべうたで遊んでみましょう。

[遊び方]

① しゃがんで手でひざをかかえ、曲に合わせて動きます。

② 1曲歌い終わったところで、友達と1対1でジャンケンします。

③ 負けた子は勝った子の後ろにつき、腰につか

まります。

④ 1曲終わるごとにジャンケンし、1列になるまで続けます。

[ポイント]

○しゃがんで進むのはむずかしいことです。慣れるまでは立って行ってもよいでしょう。

探検家グッズ

★ポカポカお日さまに誘われて、春を探しに行ってみましょう。こんな小物があると、子どもたちは、探検家になった気分です。

望遠鏡

[用意するもの]

・トイレットペーパーの芯、クレヨン、ニス。

[作り方]

① トイレットペーパーの芯にクレヨンを塗ります。

② ニスを塗り、色落ちしないようにします。

帽子

[用意するもの]

・紙袋（幅18cmぐらい）、クレヨン、ホッチキス。

[作り方]

① 紙袋を裏返します。

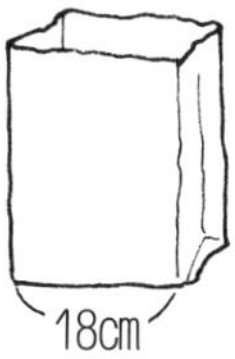

② 紙袋を、頭囲に合わせて切ります。

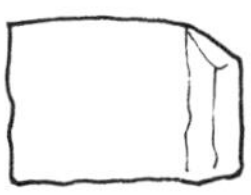

③ クレヨンで絵を描きます。

④ 袋をかぶり、余分なところをホッチキスでとめます。

お弁当

[用意するもの]

・粘土、新聞紙。

[作り方]

① 粘土でおにぎりやウィンナーを作ります。

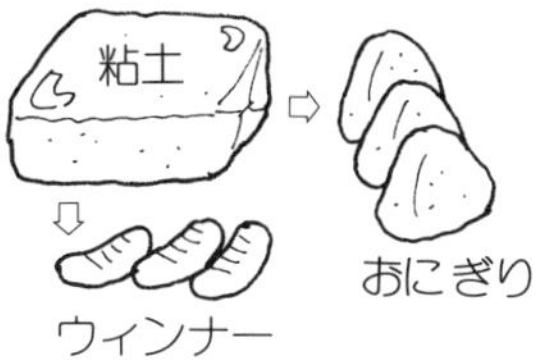

② 新聞紙でくるみます。

③ できあがり。

[遊び方]

① カバンに望遠鏡、帽子、お弁当、ロープ（なわ）を入れます。肩から下げず、リュックサック風に背負うと、雰囲気が出ます。

② 園庭や散歩などに出かけて、春を見つけてみましょう。

屋外遊び

石けりすごろく

［遊び方］

① 園庭に石灰で四角を描き、4つに区切ります。

② スタートの位置から石をけります。1回で四角まで届かないときは、届くまでけります。

③ 石が入ったら、マスの番号により、指示されたことをして、また帰ってきます。(指示の内容は全部違えます)

④ マスから出してしまったときは、列の最後に並び直します。

［ポイント］

○指示の内容は、経験させたいことを入れるとよいでしょう。(スキップでジャングルジムを1周する、ブランコに乗って10回こぐなど)。また、園長先生と握手するなどを入れ、ふだん接する機会の少ない人とのスキンシップを楽しむのもよいでしょう。

○指示の内容は紙に絵で示し、近くにはっておくとわかりやすいでしょう。

ケンパージャンケン

［遊び方］

① 園庭に円を描き、ケンケンパーができるようにします。

② 途中の円に保育者がいて、そこまで来た子とジャンケンします。子どもが勝ったら次へ進みます。

③ グーで負けたらしゃがんで丸くなったまま、チョキはカニで、パーはペンギンになってふりだしに戻りましょう。

［ポイント］

○途中に休むことのできる大きい四角を入れ、その中は両足で休んでよいことにします。

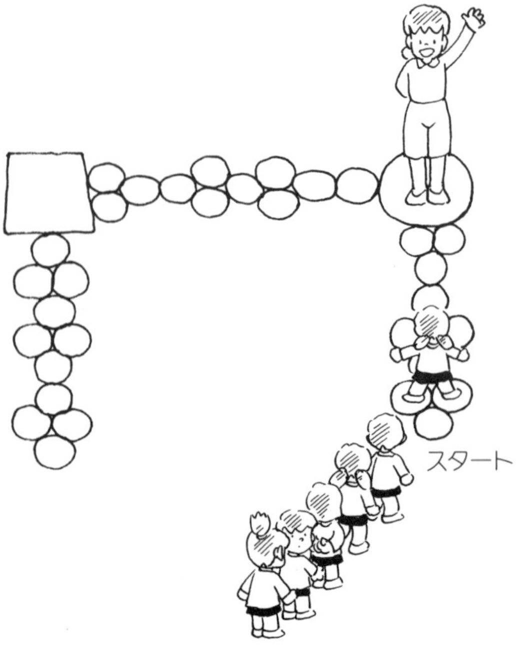

お掃除ごっこ

★来月は４歳児クラスに進級します。一つ大きくなる喜びとともに、年下の子への思いやりの心も育てたいものです。保育者といっしょに、３歳児室を掃除してかたづけ、次のクラスの子が気持ちよく使えるようにしてあげましょう。

［用意するもの］

・ぞうきんを人数分、日本手ぬぐいまたはバンダナ。

［遊び方］

① 頭にバンダナなどをかぶせてあげ、大掃除のスタイルになります。お掃除やさんになったつもりで、自分のロッカーや引き出しをふきます。

② イスをふきます。

③ 床をふきます。

［ポイント］

○次の人に気持ちよく使ってもらおうという気持ちを育てたいために行うものなので、きれいになったか否かより、ひととおり、自分の使ったものを掃除することに注目してください。

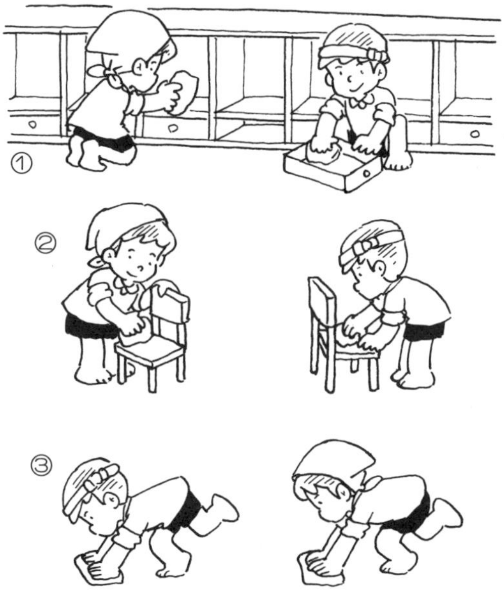

［遊び方］

① オモチャ箱のオモチャを１か所に出し、分類していきます。〝ブロックやさん〟や〝ぬいぐるみやさん〟などのお店の人とオモチャを分類していく〝運送やさん〟に分かれます。

［ポイント］

○〝オモチャの病院〟をお店の中に加えると、修理の必要なオモチャや、こわれて使えないオモチャを発見することができます。

マット遊び

★マットを使って表現遊びをしたり、トンネルを作ったりして、思いきり寒さを吹きとばしましょう。

動物になって歩く

［遊び方］

○マットの上で、いろいろな動物になりきって、歩いたり、はったりしてみましょう。

○友達のまねをしてみるのもいいし、3歳児なりに違ったやり方を考えるのも楽しいでしょう。

〈ライオン歩き〉
・強そうに。
〈ワニ歩き〉
・低くなって。
〈ウサギ歩き〉
・ピョン
ピョン
〈忍者歩き〉
・音をたてないように。

マットのトンネル

［遊び方］

○マットを使ってトンネルを作ります。マットのトンネルは、頭をぶつけても痛くない、柔らかいトンネルです。

○長くつなげると中はまっ暗になりますが、こわがる子もいますので、保育者がいっしょにくぐります。

〈小さなトンネル〉
・腹ばいになってくぐる。
〈大きなトンネル〉
・中腰になって歩く。
〈長いトンネル〉
・暗いよ！

横転

[遊び方]

○ 1人で横転します。

○ 2人以上で横転します。

○坂道やお山（障害物）を作り、横転します。

[ポイント]

○曲がらずにまっすぐに進むのはなかなかたいへんです。できるようになったら、おおぜいでやったり、障害物を作ったりして、競争しても楽しいでしょう。

〈1人で〉

○平らなところで

○坂道で

○先生の上を越えちゃおう

〈2人以上で〉

○手をつないで

・ねじれないように、
手を離さないように。

○親ガメと子ガメになって

・孫ガメも乗せられるかな？

○くさりになって

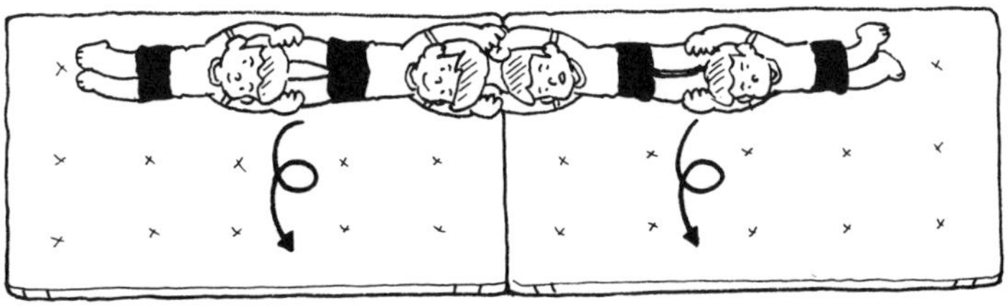

絵本

『こぎつねでんしゃは　のはらゆき』　小峰書店・刊

南塚直子／文・絵

家へ帰る電車を待っていた女の子の前に、いつもと違う電車が来て、止まりました。運転手のこぎつねに誘われて、女の子は「はるの　のはら」へと向かいます。春を待ち望む気持ちを描いた絵本です。

『あそびたいもの　よっといで』　岩崎書店・刊

あまんきみこ／作　田中秀幸／絵

こぐまのくうが野原でなわとびを見つけ遊んでいると、女の子がやって来ました。女の子はくうと遊ぼうと思い近づいていきますが、驚いたくうはどんどん、山のほうへ走っていき……。心温まるお話です。

『ぼくんち　ひっこし』　金の星社・刊

山本省三／文　鈴木まもる／絵

ぼくんちひっこしするんだ。でも、ひっこしって何をするのかな？ひっこしやさんが来て、荷物をつめて、いよいよあしたひっこし……。とても、おもしろい本です。

『たぬきのえきちょうさん』　ポプラ社・刊

舟崎靖子・真理／作　黒井　健／絵

かぼちゃ畑三丁目は、一日に５本しか汽車が通らない小さな駅ですが、今日もまた駅長のたぬきさんと、動物さんたちの楽しい一日が始まります。

『よもぎのはらの　おともだち』　PHP研究所・刊

あまんきみこ／作　やまわきゆりこ／絵

ともちゃんとケンカした次の朝、たあちゃんが庭に出てみると、雪の上に、てんてんてん……、小さな足あとが続いています。それを見ながら歩いて行くと……。

（全国学校図書館協議会選定）

紙芝居

おはなしワクワク第１集『**ブーくんの　おひなさま**』　教育画劇・制作

小沢　正／作　加藤　晃／画

12画面　全６巻

小さくなってしまったブーくんが、ひな段をのぼって、おひなさまのきものにさわろうと……。

コアラちゃんシリーズ『**おにいちゃんに　なりたい**』　教育画劇・制作

チト　イトー／作・画

12画面　全６巻　(文部省選定)

ブータンはお兄ちゃんにいじめられてばかり。そこで自分もお兄ちゃんになりたくなりました。でも、おかあさんは、……。

ビデオ

『**どうぶつえほん**』　ひかりのくに／販売

全10巻

いきいきとした大自然の中の生き物たちのビデオです。１巻15分のカラーテープ。VHSのみ。

①パンダ・カンガルー・コアラ　②ライオン・カバ・サイ・チーター　③ゾウ・キリン・シマウマ　④ゴリラ・チンパンジー・オランウータン・ニホンザル　⑤ペンギン・ラッコ・ヒグマ　⑥チョウ・カマキリ・ウスバカゲロウ・トンボ　⑦セミ・テントウムシ・カブトムシ・アシナガバチ　⑧クマゲラ・カワセミ・ハクチョウ　⑨フクロウ・オオタカ・アホウドリ　⑩ウシ・ウマ・ヒツジ

保育図書

『**お話でてこいのおじさんのお話**』　ひかりのくに・刊

佐野浅夫／著

俳優の佐野浅夫さんが、保育雑誌で発表した数々のお話の中から10編を選び、絵本風にまとめた童話集です。全編にト書き入りでしかも２色構成。心温まるお話ばかりです。

おおきなたいこ

小林純一・作詞／中田喜直・作曲／早川史郎・編曲

おおきなたいこ　どーんどーん　ちいさなたいこ　とんとんとん
タンブリン
カスタネット
大だいこ
小だいこ
おおきなたいこ　ちいさなたいこ　どーん　どーん　とんとんとん
タンブリン
カスタネット
大だいこ
小だいこ

遊び方　大きな太鼓と小さな太鼓の対比を楽しみながら遊びましょう。

①おおきな　たいこ

両手で大きな輪を作ります。

②どーん　どーん

手をグーにして、太鼓をたたくまねをします。

③ちいさな　たいこ

両手で小さな輪を作ります。

④とん　とん　とん

指で太鼓をたたくまねをします。

⑤おおきな　たいこ

①に同じ。

⑥ちいさな　たいこ

③に同じ。

⑦どーん　どーん

②に同じ。

⑧とん　とん　とん

④に同じ。

◀指導のポイント▶

○楽器を用意して、リズムに合わせて遊んでみましょう。正確さよりも楽しむことが大切です。

ひな飾りづくり

★３月３日は桃の節句。ひな祭りです。園のホールや玄関に飾ってあるおひなさまをうっとりながめている光景はどの園でも見られます。近ごろは、マンションや団地に住んでいる子が多いので、珍しいかもしれません。

壁かけおひなさま

[用意するもの]

・千代紙、折り紙、のり、ハサミ、画用紙、色画用紙(赤)B5判、千枚通し、ひも、クレヨン。

[作り方]

① 千代紙を２cm幅に切ります。

② 赤い色画用紙の周りにはります。

③ おだいりさまとおひなさま用の折り紙を、半分に折ります。

④ 輪の角を中央で重ね、おだいりさまは右を上、おひなさまは左を上にします。

⑤ 画用紙におだいりさまとおひなさまの顔を描き入れ、ハサミで切ります。

⑥ 台紙に洋服と顔をはります。

⑦ 千枚通しで穴をあけ、ひもを通してつり下げるようにします。

[ポイント]

○冠や扇は小さいので保育者が用意してあげ、子どもははるだけがよいでしょう。

○折り紙の違う色を重ねるか、千代紙を重ねて折ると、十二単衣のように見えます。

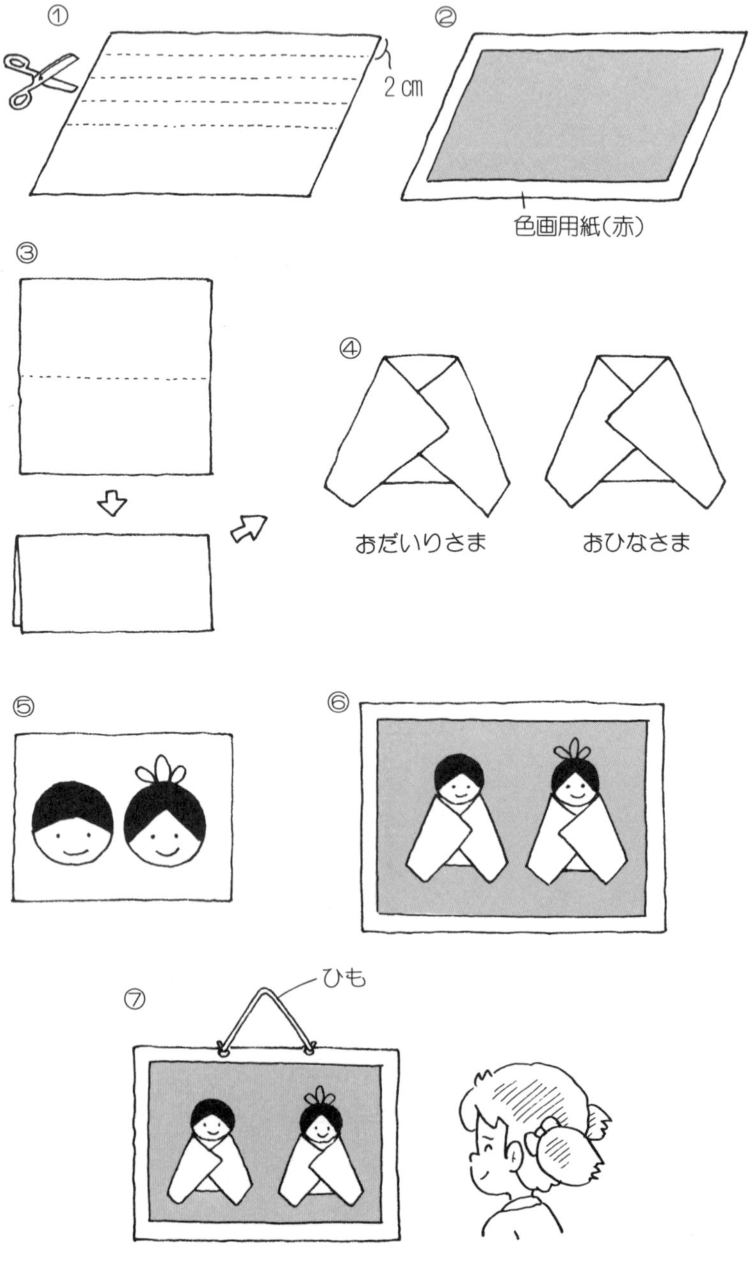

お花の冠

[用意するもの]

・京花紙 (白とピンク)、ホッチキス、リボンテープ (紫と白)、ハサミ。

[作り方]

① 京花紙をジャバラ折りにし、中央をホッチキスでとめます。

② 子どもの首に結べるくらいの長さにリボンテープを切り、とめた上に結びます。

③ 紙を１枚ずつ開き、花にします。

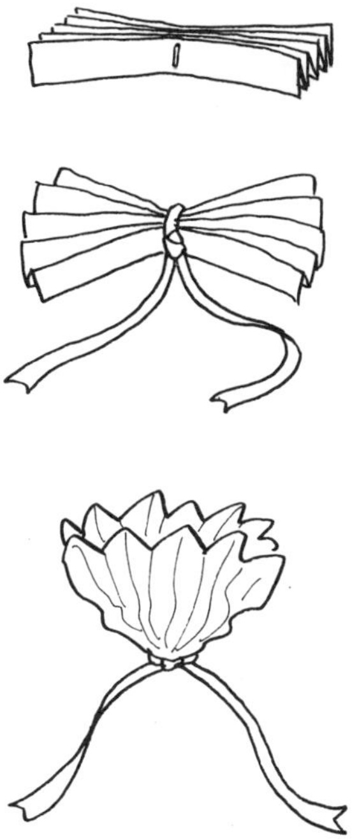

[ポイント]

○男の子には白い花、女の子にはピンクの花をつけてあげます。

○３歳児は空想の世界が好きです。冠をつけてあげることで、自分もおひなさまになった気分を味わえるようです。

三方

[用意するもの]

・スチロール皿、牛乳パック、黒の折り紙、接着剤、粘着テープ、ハサミ。

[作り方]

① 牛乳パックを切ります。

② スチロール皿の底に牛乳パックの底を合わせ、粘着テープでとめます。

③ ５㎝角ぐらいに切った黒の折り紙をはります。

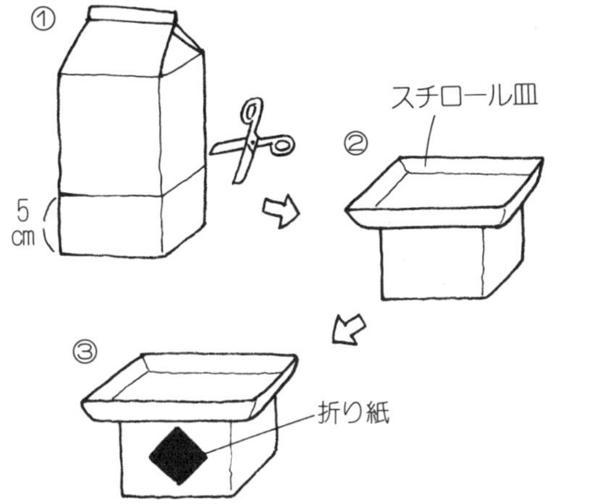

[ポイント]

○おひなさまの小道具、小物は、魅力的で触りたくなってしまいます。食器の形態も現代とは違うので、三方に似せたものを作り、ひなあられを入れて食べると、子どもたちはすっかりおひなさま気分になります。

次年度の年少さんへの壁面飾り

★この頃になると、言葉づかいも幼稚さが抜け、体型もすっかり幼児です。４歳児進級に向けての期待を高めていくとともに、自分たちもお兄さん、お姉さんになったという自覚が育つよう、次年度の年少組さんにステキな飾りつけを作ってあげましょう。

チューリップ

［用意するもの］

・折り紙。

［作り方］

A．花（赤、白、黄、ピンク）

① 三角に折ります。

② 中心近くから斜め上に折り上げます。

③ 裏返してできあがり。

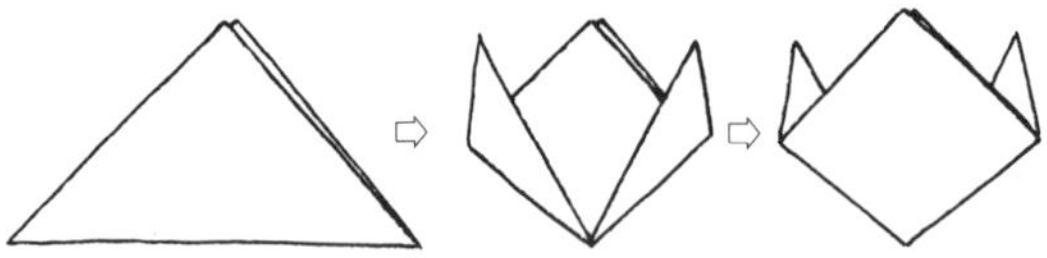

B．葉（緑、黄緑）

① 三角に折り、また開きます。

② 中心の線にそって折ります。

③ 反対側も折ります。

④ 半分に重ねます。

⑤ 半分に折ります。

⑥ できあがり。

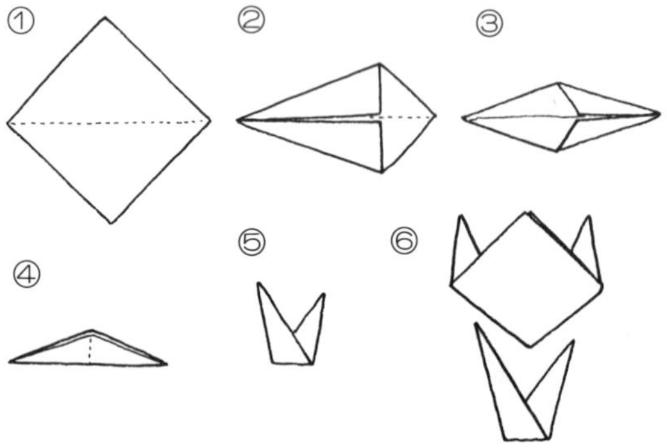

サクラの木

［用意するもの］

・色画用紙、ハサミ、のり、絵の具(ピンク)、脱脂綿、平たい皿（スタンプの準備)。

［作り方］

① 色画用紙（茶）を木の形に切ります。

② ピンクを図のような形に切ります。

③ 木と花をはり合わせます。

④ 平たい皿にピンクの絵の具を入れ、脱脂綿を入れて、スタンプの準備をします。

⑤ サクラの花びらのように子どもが指でスタンプします。

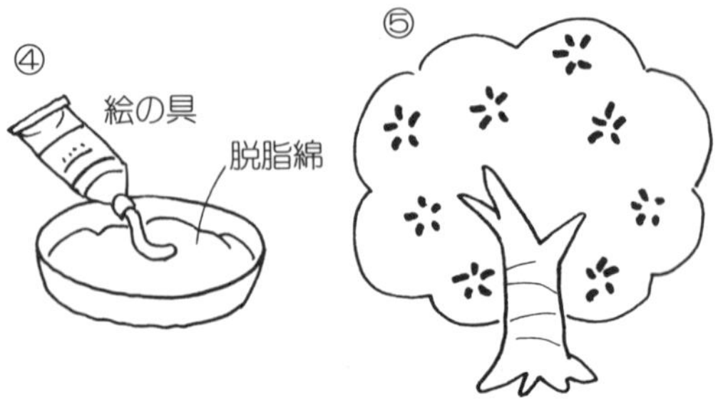

［ポイント］

○花びらは、スタンプでなく、保育者が花びらに切った色紙をはってもよいでしょう。

○チョウや冬眠から覚めた動物を加え、楽しい装飾にしてください。

年長さん、ありがとう

★遊んでくれたり、手をつないでやさしくしてくれた年長さんが卒園です。お世話になったお兄さん、お姉さんに、手づくりのプレゼントをしましょう。

コスモスの花束

[用意するもの]

・白とピンクの紙テープ、色画用紙(黄)、ハサミ、ピンキングバサミ、竹ひご、モール(緑)、色油性ペン(緑)、セロハン（透明)、リボンテープ。

[作り方]

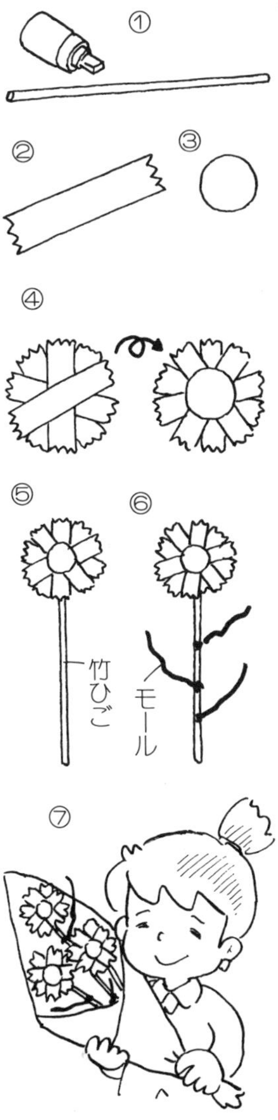

① 竹ひごを緑の油性ペンで塗り、染めます。

② 紙テープをピンキングバサミで切ります。

③ 色画用紙を丸く切ります。

④ 色画用紙に紙テープをはり、花びらにします。

⑤ 竹ひごをはさみ、2枚はり合わせます。

⑥ モールを短く切り、竹ひごに巻きます。

⑦ 何本かまとめ、ラッピングします。

コスモスの植木鉢

ヨーグルトの空き容器を鉢にすると、室内に飾れ、卒園式の演出にもなります。

[用意するもの]

・包装紙、ヨーグルトの空き容器、ハサミ、粘土。

[作り方]

① ヨーグルトの空き容器に粘土を入れます。

② コスモスの花のついた竹ひごを、粘土にさして立てます。

③ 包装紙を細かく切ります。

④ 切った包装紙を手でもみ、クチャクチャにします。

⑤ 包装紙をヨーグルトの容器に入れ、土のかわりにします。

[ポイント]

○容器にアクリル絵の具を塗ると、つやがあって鮮やかですし、紙をはっても手づくりのよさがひき立ちます。

進級おめでとう

★子どもたちは、一つ大きいクラスになる期待でいっぱいです。進級を機会にこの一年を振り返り、子どもひとりひとりを思い出してみましょう。

[用意するもの]

・B6判の色画用紙、紙ナプキン(小)、のり、画用紙、サインペン。

[作り方]

① 紙に円を描き、その中にクラスマークを描いて印刷し、人数分作ります。

② ハサミで切り取ります。

③ 色画用紙の片面を印刷します。

④ 表紙にも印刷します。

⑤ 半分に折ります。

⑥ 紙ナプキンにクラスマークをはり、カードの表にはります。

[ポイント]

○その子のよいところ、成長したところをアピールしてあげます。

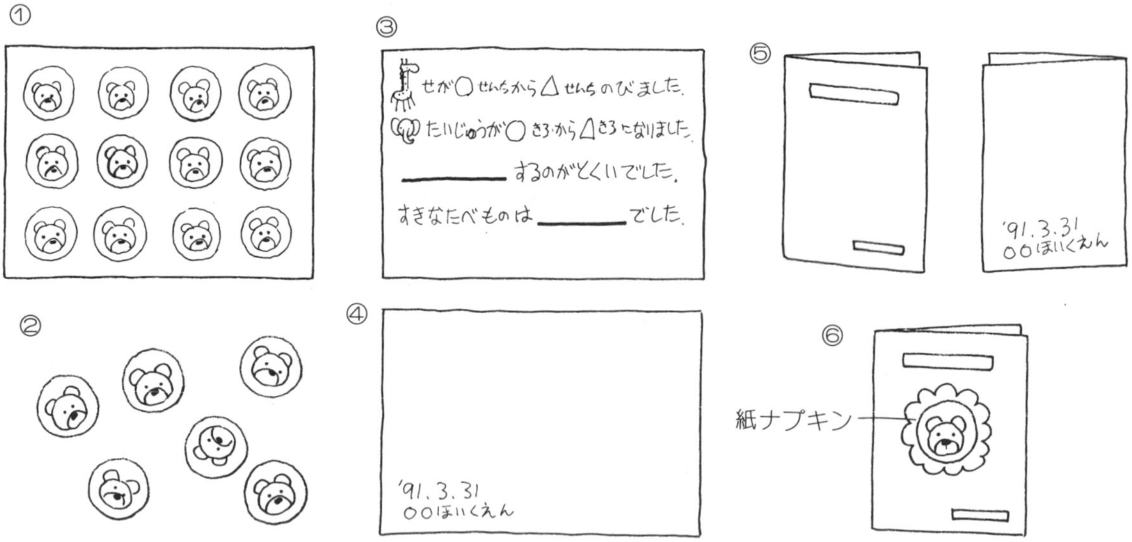

[カード例]

栽培

子どものかかわり

身近にある植物と触れ合ったり、花や野菜の栽培を経験することは、とても大切なことです。

四季の変化の中で、草花や木の葉を使っていろいろに遊んで楽しんだり、それぞれの植物に合った正しい世話をしながら、生命の不思議さや美しさ、親しみ、収穫の喜びなどを感じることができるからです。

さらに栽培では、継続的な世話をしながらその植物の一貫した生長の姿を見ることもできます。小さな種や苗からきれいな花が咲いたり、野菜が実ったりすることは大変な驚きです。生命の神秘さえ感じます。

「芽が出たよ！かわいい芽だね」「トマトは、下から赤くなるんだ。もうすぐ食べられるね」親しみを持って育てることができます。

じょうぶで子どもでも育てやすく、親しみの持てるもの。各季節に合った代表的な植物を選んで栽培してみましょう。

●取り上げた栽培物●

チューリップ

チューリップは、真っすぐに伸びた1本の茎の先に、大きな花を一つだけ上向きに咲かせます。ユリの仲間なので、葉は船の形で、茎から直接花びらがついています。

チューリップは、もとはトルコの野山に咲いていました。名前もトルコ語のツルバン（頭に巻くターバンのこと）からきています。

春のやわらかな日を浴びて花開くチューリップは、色鮮やかでかわいらしく、新入園児の不安定な気持ちを和ませてくれます。

●チューリップさんに会いに行きましょう●

4月の保育室を見回してみると、必ずといっていいほどチューリップの飾りを目にします。カラフルな折り紙や模造紙のかわいいチューリップ。それだけ子どもたちにとって、親しみの持てる花だといえます。

そこで、泣いている子や、どこへ行けばよいか、何をしたらよいかわからず迷っている子などといっしょに、チューリップの咲いている花壇へ行ってみましょう。「チューリップさんがゆきちゃんに会いたいんだって。行ってみましょう」こんな言葉かけで緊張している子の体を動かしてみてください。

「チューリップさん、こんにちは。ゆきちゃんですよ。よろしくね」

「こんどは赤いチューリップさんにもごあいさつしようよ」

「ゆきちゃん、何色のチューリップが好き？」……

きっと、心を開いてくれます。少しずつ子どもの輪を大きくしていくとよいでしょう。

●触れ合いのポイント●

- 切り花にして花びんに飾っておくのも悪くありませんが、新入園児には外に出て解放的な気分を味わいながらチューリップを見ることにも意義があります。
- 「チューリップさん、○○組のお友達ですよ」「みんなで、チューリップさんのお歌をうたいますから聞いてください」などと、積極的にかかわるようにしましょう。

くらしと観察

チューリップのさくまで

▲10月　土に植えられた球根

▲2月　芽が出てくる

▲根がどんどん伸びている

▲3月　葉が大きくなり
つぼみができる

▲4月　茎がどんどん伸びて
くる

▲1週間後、つぼみが色づく

秋に植えられた球根は、冬の間はねむっている。春になって目をさますと、どんどん大きくなり、やがて花を咲かせる。花が終わると、土の中では新しい球根が育ち始める。

◀花が開いてからも、土の中のひげ根から養分を吸って、大きくなっていく。

昼、開いている花

夕方になって閉じた花

チューリップの花は、昼は開いていて、夜になると閉じる。毎日、これを繰り返しながら大きくなっていく。

育ててみよう

10月ごろに植える。

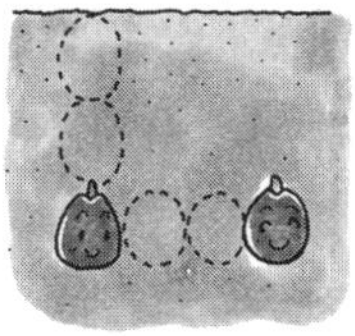

深すぎると芽が出ないよ。
きゅうくつなのもかわいそう。

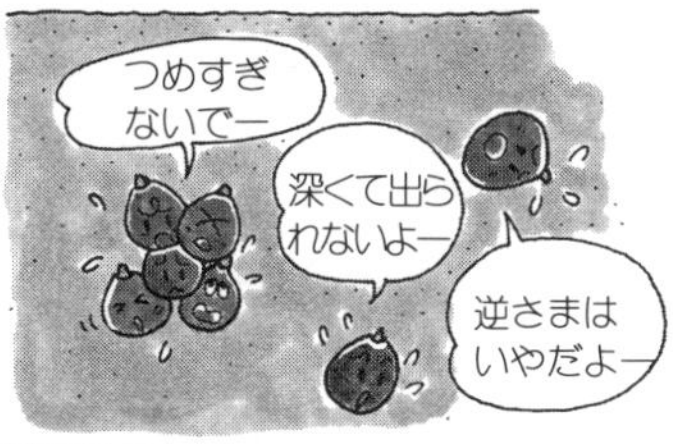

つめすぎないでー
深くて出られないよー
逆さまはいやだよー

芽の出るほうを上にして植えること。
深さは球根の大きさの3倍ぐらい。
球根と球根の間は2個ほどあける。

チューリップは、秋に球根を植える。球根は、冬に土の中で根を出し、春に成長を始める。たっぷりと蓄えられた養分が、芽や葉をどんどん育てるので、大きくて重い球根を選んで植えるとよい。春になると、きれいな花を咲かせる。

●鉢植えをしよう

芽が、かすかに見えるぐらいに浅く植え、たっぷり水をやる。

●来年もチューリップを咲かせよう

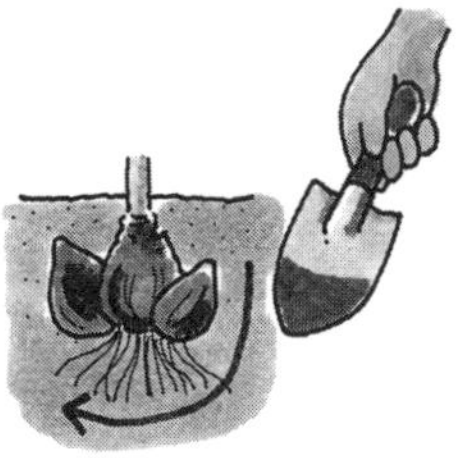

①球根を傷つけないよう周りを大きく掘り起こす。

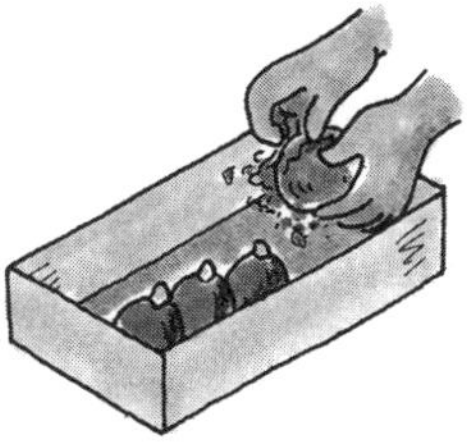

②葉や茎を取り除き、日陰で乾燥させる。

③乾燥させたら、土をはらう。

チューリップ
色あか

網などに入れ、風通しのよい、涼しい所につるしておく。

名前や花の色なども忘れずにつける。

アサガオ

アサガオは、鉢植えや垣根にからませて楽しむ夏の花です。茎は長く伸びてつるになり、左巻きに巻きつきます。ラッパの形の花は、５枚の花びらが合わさってできています。

種をまく時期は、八十八夜（5月2日ごろ）の前後がよいでしょう。遅くても、立夏（5月6日ごろ）までにはまくようにしましょう。

保育室前の日当たりのよい場所にプランターを２～３鉢用意して栽培してみましょう。5月上旬ごろの種まきですから、新入園児の場合はたいへんですが、それでも子どもたちといっしょにまくことで、その後の成長や開花への興味の持ち方が違います。

●大きくなったかな●

種まきがすむと、登園してすぐに水やりをしたがる子が出てきます。数人の子が交代に水やりをしていると、刺激されてだんだんとやりたがる子も増えます。

「いつ芽が出るか楽しみね。かわいい葉っぱが出てくるわよ」

保育者のちょっとした言葉かけで、いつ出てくるのかとても楽しみにしてくれます。

芽が出ると、登園時にお母さんをプランターの前まで引っぱって行き、知らせている子もいます。

「おおきくなったかな？」

「先生、あのね、さっきよりアサガオ大きくなったみたい」

気になって、一日に何度も見に行く子や、少しの変化も見過ごさないで報告してくれたりする子も出てきます。

●触れ合いのポイント●

- 『３歳児には無理だから……』と思わないで、できるだけ子どもたちも参加させましょう。そのほうが、自分たちのアサガオという意識が持てます。
- 花が咲いたら、しぼんだ花を集めて色水遊びをしてください。

くらしと観察

●花が開くようすを見よう

花の開く時間は、その日の天気や温度で違うが、名前の通り朝早く開いて、昼にはしぼんでしまう。早起きをして見てみよう。

3：00 A.M.

つぼみのねじれがほどける

3：30

先のほうが少し開き始める

4：00

だんだん開いていく

4：30

夜明け前にすっかり開いた

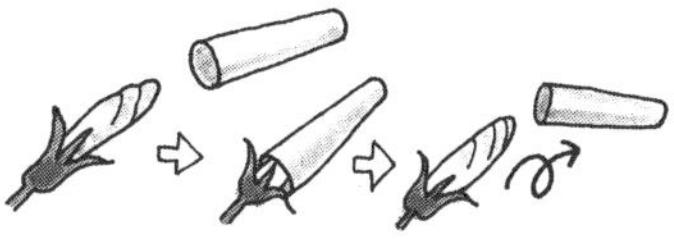

明日咲きそうなつぼみに、紙で作った帽子をかぶせておくと、少し遅く起きても、開くようすが見られる。

育ててみよう

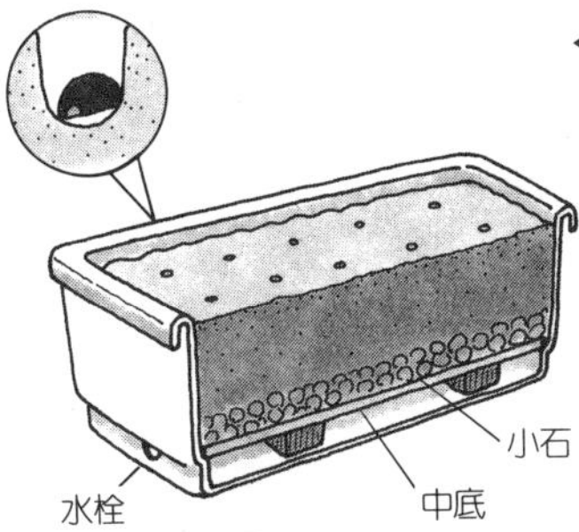
小石
水栓
中底

◀指で2㎝ぐらいの穴をあけ、早く芽が出るように一晩水につけておいた種を2、3粒ずつ植える。

普通の庭土と、腐葉土を半分ずつと、砂を少し混ぜた土を準備する。

◀静かにゆっくりと水をやる。いつも土の中を乾かさないこと。（5～7日で芽が出る）

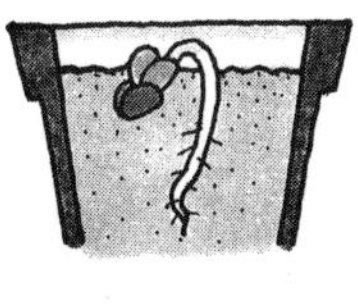

◀日当たりのいい場所に置いてやる。（8～10日でふた葉が出る）

●いろいろな葉の形●

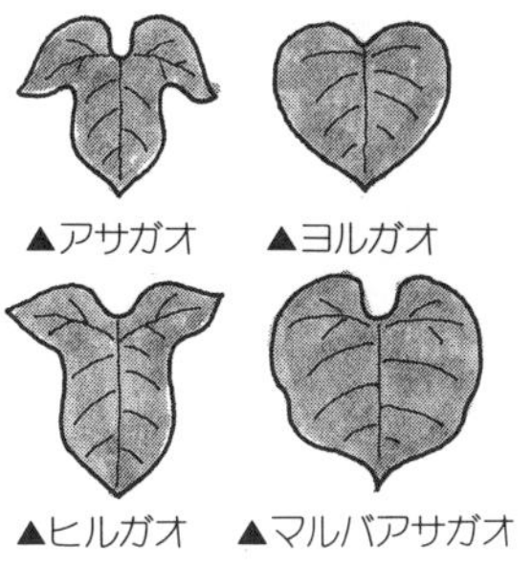
▲アサガオ
▲ヨルガオ
▲ヒルガオ
▲マルバアサガオ

みんなアサガオの仲間で、よく似た花を咲かせるけれど、葉の形は少しずつ違う。

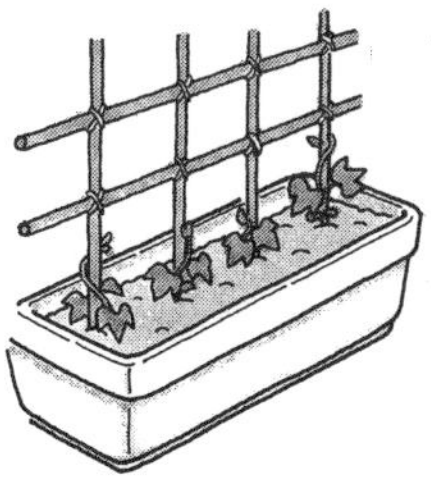

◀つるが10～15㎝に伸びたら、支えを立ててやる。水やりは、毎日、朝のうちに葉や茎にかけないようにする。

◀ふた葉の間から本葉が出てきたら、よい苗だけ1本残して、ほかは間引く。

トマト

トマトは、赤く熟した実を食べる野菜です。ナスやジャガイモと同じ仲間で、花の形やつくりは、みんなよく似ています。

赤くってかわいい名前でみんなに好かれそうなのに、野菜として食卓に乗るときらいな子が多くなるのがトマトです。

いろいろな機会に栽培しているトマトと触れ合いながら、トマトに対して愛着を持つようにしましょう。

●トマトってかわいいね●

できたら、花をつけるころからトマトを意識させたいものです。都会の子は、トマトが一年中スーパーで売られていますから、トマトが実った感動などを味わったことがない子がほとんどです。

「これがトマトよ。今、花が咲き始めたでしょう。あそこにトマトができますよ」

こんな話から始めてください。

その後は、屋外遊びの途中で足を止めて見るようにします。

お面をいくつか用意して『トマト』の歌をうたったり、実をつけ始めたら簡単な指人形を作って「ぼくはね、お日さまがとっても好きなんだ。お日さまの光をいっぱい浴びて、赤くておいしいトマトになります。赤くなったらみんなで食べてね」などと話してやるのもよいでしょう。小さな実をたくさんつけたり、徐々に赤くなるようすは、きっと驚きの目で見つめます。

●触れ合いのポイント●

- 観察というより、親しみを持ってトマトに触れ合えるようにしましょう。そのために、お面をつけて、歌をうたったり、指人形なども役立ちます。
- 赤く実ったトマトは、少しずつ分けてみんなで食べてみましょう。自分たちが見守ったトマトですから、おいしくいただけます。

くらしと観察

トマトは熟すにつれて赤くなってくるが、日の光に当てたほうがもっと赤く、おいしくなる。トマトは太陽が好きな野菜で、雨は苦手である。

ナスの花

ピーマンの花

ジャガイモの花

◀トマトは、下のほうからだんだん赤くなってくる。

育ててみよう

①5月のはじめごろ、種を3～5粒まく。

②本葉が出たら、2本だけにして、ほかは抜き取る。

寒い地方ではビニールでおおいをしてやる。

③本葉が3枚になったら1本だけにする。

茎が伸びてきたら、ビニールをだんだんに切り取ってやる。

④花が咲き始めたら、支えの柱を立てる。

●葉のようすで育ちぐあいがわかる●

元気よく左右に広がって、色も濃いのが健康のしるし。

●こんなこともできるよ…ポマト●

ジャガイモの茎にトマトの茎を接ぎ木すると、土の中にジャガイモができ、地上にトマトが実る。1本で2つの野菜ができることになる。

サツマイモ（ジャガイモ）

サツマイモは、栄養分をたっぷりためて太った根を食べる野菜です。アサガオと同じ仲間で、花の形が似ています。茎もつるになりますが、上に伸びず、地面をはって広がります。つるにはたくさんの葉がついていて、葉でつくられた養分が根に送られ、いっぱい貯えられて、イモになります。

サツマイモといったら、焼きイモにふかしイモ、スイートポテトにイモようかん、大学イモ。どれもおいしくいただけます。それだけに、3歳児でもイモ掘りの期待は高いのですが、栽培の過程は地中が目に見えませんから、関心が薄れてしまうことがあります。

●絵本や紙芝居、歌などで期待を高めよう●

絵本や紙芝居では、掘るまで見ることができない地中のようすを伝えてくれます。

「サツマイモは、土の中で、栄養をたくさん吸ってムクムク、ムクムクって大きくなっています。今はちょうど、これくらいの大きさかな。……」

などと、絵を見ながら具体的に話してやることができます。

「みんなが年長さんと掘るときには、どのくらい大きくなっているのかな。ジャンボサツマイモもあるかもしれないね。赤ちゃんサツマイモ、太いのや細いのも……」

と、期待を高めながら待てます。

また、『でぶいもちゃん　ちびいもちゃん』や『やきいもジャンケン』などの楽しい歌をうたうのもよいでしょう。

●触れ合いのポイント●

- イモ掘りの前だけ関心を持つのでなく、ときどきつるや葉のようすを見るようにしましょう。絵本や紙芝居を栽培している場所で見たり、歌をうたったりすることもできます。
- 掘ったサツマイモをみんなで洗って、ふかして食べてみましょう。大きなおいもも小さなおいもも、どちらも人気です。

くらしと観察

サツマイモは、もともと暖かい土地のイモなので、寒さは苦手ですが、暑さや乾燥には強く、日当たりがよく、水はけのよいところならどこでも育てることができます。

袋でイモを
育てよう

●準備するもの

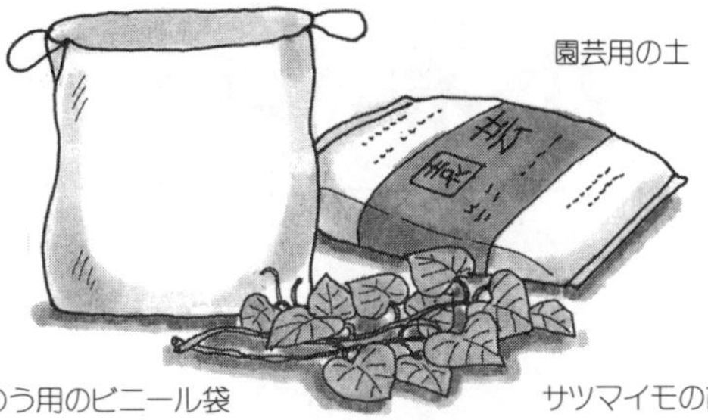
園芸用の土
土のう用のビニール袋
サツマイモの苗

→はる→なつ→あき→

①袋に土をつめる
②苗を植える
③水をたっぷりやる

▲つるが伸びて、葉がいっぱい茂ってきた。

真夏のひでり続きのとき以外、水はやらなくてよい。

いらないよ

●苗の植え方●

普通は水平に植える。苗が短かったり、袋が小さいときは、斜めに植えるとよい。

育ててみよう

［ジャガイモ］

● 3月のはじめごろ

芽の出るところを2～3個残して、2つか4つに切り、10㎝くらいの深さに植える。

● 4月のはじめごろ

根や茎が伸びて、地上に芽を出す。

● 5月の終わりごろ

花が咲き、土の中でジャガイモはだんだん大きくなる。

▲6～7月、取り入れ

ボールぐらいに太ったら、取り入れる。

水栽培（ヒヤシンス）

土で栽培する代わりに、水で育てる方法を水栽培といいます。球根には養分が貯えられているので、水だけでも育ちます。この場合、根も呼吸できるように、水面に空気が触れて酸素が溶けこめるようにしておきます。

3歳児は、続けて観察することはむずかしいにしても、球根から根や芽が出て花が咲いたという感激を味わいながら楽しむことができます。

●球根はきれいな水が好き。
芽はお日さまが好き●

水栽培を始める日に、2月か3月ごろ花が咲くので楽しみに見守ろうと話してやります。

「名前はヒヤシンスという花です。どんな形のどんな花が咲くのかな……」

根が伸びたころには、

「球根は、きれいなお水が好きなんだって。水がにごってきたら、先生に教えてね」

と、水替えを見せてやりましょう。

「先生、根からごはんを食べてるの？」

こんな反応も返ってきます。

芽が出たら、

「お花の芽は、きれいな水ともう一つ、お日さまも大好きです。このお部屋でいちばんよくお日さまが当たるところに置いてあげましょう」

と、みんなで置き場所を話し合います。

その後も、ときどき芽がふくらんだり、伸びてきたことを話題にします。花が咲いたら、花のようすを見たり、においをかいでみましょう。

●触れ合いのポイント●

・いつも全員いっしょというのではなく、水替えのときなどは近くにいる子に声をかけてやるようにします。

・どの花も水栽培ができるわけでないこと、本来は土に植えるものだということを話してやりましょう。

花を咲かせよう

①10月の終わりごろから、水栽培を始めます。

②根が出るまでは、球根の底が水びたしになるようにし、根が生えてきたら水を減らし、酸素を取り入れやすくする。

注意すること

①水は入れすぎても、少なすぎてもよくない。

②根が出たら球根を取り出さないようにする。

③木炭を入れておくと水が濁らない。

④根がびんの底に届くまで、根に光が当たらないようにする。

水は濁ったら取り替える。

●びんの工夫●

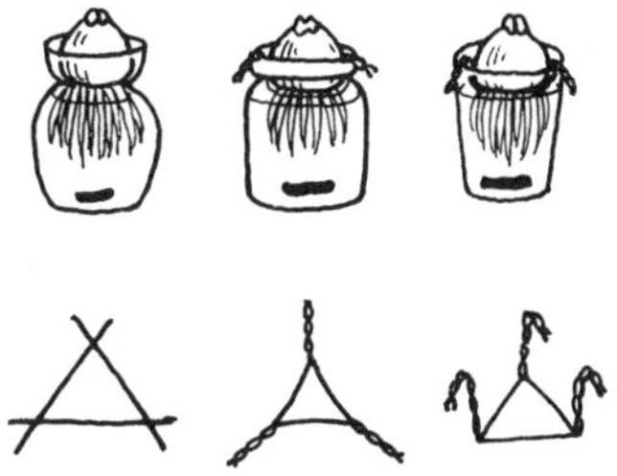

球根を乗せる台は、ビニールでくるんだ針金で作るとよい。

●ミズゴケや小石を使って球根を育てよう

コーヒー茶わんやワイングラスにミズゴケを入れて、クロッカスのように小さな球根を植える。

水盤や洗面器に小石を敷いて、スイセンやアイリスなどの背が高くなる球根を植える。

年間栽培表

※栽培時期については地方によって多少異なります。

栽培物／月	チューリップ	アサガオ	トマト	サツマイモ	ジャガイモ	ヒヤシンス（水栽培）
3	つぼみ				種イモを植える	花が咲く
4	花が咲く					
5		種をまく	種をまく	苗を植える		
6	球根を保管					球根を保管
7		花が咲く		葉が伸びる	とり入れ	
8			とり入れ			
9						
10	球根を植える	種をとってしまう		とり入れ		水栽培をはじめる
11						
12						
1						
2	芽が出る					つぼみ

飼育

子どものかかわり

子どもたちは、虫やウサギなどといった小動物が大好きです。

「せんせい、この虫の背中におもしろい模様があるよ」「ダンゴムシが、あの石の下にいたの。ほら」「この葉っぱ、ウサギにあげてもだいじょうぶ？」「あの小鳥、元気ないね。病気かな……」。

このような声が毎日聞かれます。

園で飼育している小動物に触れ合ったり、保育室で飼育してみると、他ではできないさまざまな経験ができます。

食べる物がわかったり、きたない目にあったり、成長の姿を見て驚いたり、不思議に思ったり、出生や死に直面して喜んだり悲しんだりなど……。

子どもたちは、このようなさまざまな経験を通して、動物への親しみや愛情を深めたり、弱い者へのいたわりの気持ちをはぐくみます。けっして知識だけのものではありません。身近に触れ合うことによって育つのです。

●取り上げた飼育物●

アマガエル

アマガエルは、近くの山や公園、畑の周りで見られ、カエルの仲間ではいちばん親しまれています。卵から子ガエルになるまでは水の中で暮らしますが、カエルになると水辺から離れた草むらや木の上で、ハエやカなどの小さな昆虫を食べて大きくなります。

▲オスは、のどにある鳴き袋を大きくふくらませる。鳴き声は、袋で大きな音になり、100ｍ離れていても聞こえるほど大きい。

散歩に出かけたときなどによく目にします。生き物の好きな子はつかまえようとしたり、保育者につかまえてとよくせがみます。つかまえても、生きたえさを与えて飼育するのがむずかしいので、帰りには逃がしてやるように指導します。しかし、２～３日間くらいだと死なさずにすみますから、一度飼ってみましょう。

●ケロちゃん元気でね●

つかまえたアマガエルを、２～３日間だけ飼うことを話して飼育箱に入れます。どうしたらアマガエルが快適に過ごせるのか、３歳児なりに考えてみましょう。池（水）や葉っぱがあったほうがよいというような声は出てきますから、絵本や図鑑を広げて確かめてみます。

「カエルさんに、かわいい名前をつけてあげましょう」

こんな言葉かけで、より親しみを持てるようにします。

「先生、ケロちゃん動かない。何してるの？」

「箱にくっついてる」

２～３日ですが、さまざまな発見があります。帰してやる日が来たら、みんなでつかまえた場所に行って放してやります。

「ケロちゃん元気でね！」「さよなら」

子どもたちから声がかかります。

●触れ合いのポイント●

・観察するとか飼育の方法がわかるというのではなく、クラスの仲間が増えたというような感覚で接するようにしましょう

・中にはいやがって近づかない子もいますが、友達が触れ合う姿を遠巻きに見ていることも意味があります。無理をしないことです。

くらしと観察

▼卵を産む前に交尾するオス（上）とメス（下）

▲卵

▼小さなオタマジャクシ

▲あしがはえる。

▼しっぽが縮む。

オタマジャクシ

●飼い方

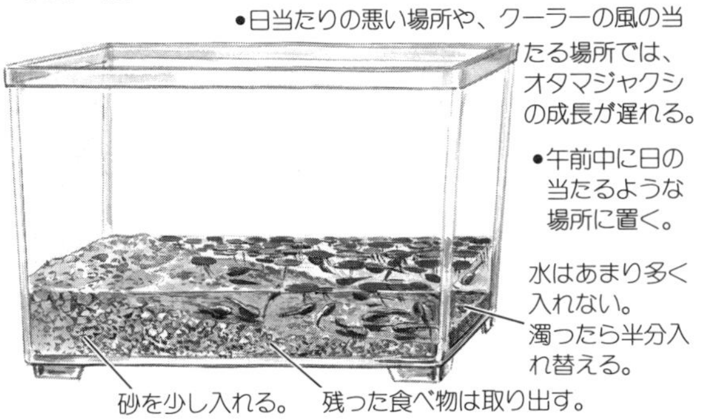
•日当たりの悪い場所や、クーラーの風の当たる場所では、オタマジャクシの成長が遅れる。
•午前中に日の当たるような場所に置く。
水はあまり多く入れない。濁ったら半分入れ替える。
砂を少し入れる。
残った食べ物は取り出す。

●えさ　ゆでた野菜、煮干し、ごはん、かつおぶしなど。

●オタマジャクシの持ち帰り方

田んぼや池には、アマガエル、トノサマガエル、ツチガエル、ウシガエルなどいろいろなオタマジャクシがいる。違う色や形のものを探すようにする。

あまりたくさん持ち帰らないようにし、元気に逃げ回るオタマジャクシをとり、水もいっしょに少し入れる。

カエル

●飼い方

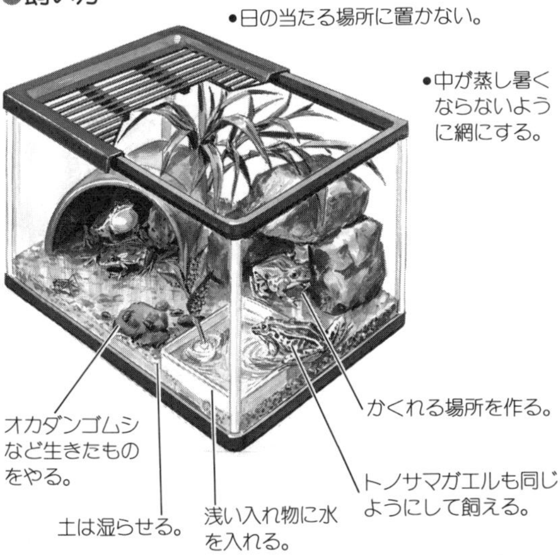
•日の当たる場所に置かない。
•中が蒸し暑くならないように網にする。
かくれる場所を作る。
オカダンゴムシなど生きたものをやる。
トノサマガエルも同じようにして飼える。
土は湿らせる。
浅い入れ物に水を入れる。

●カエルの持ち帰り方

・お尻をつつくと、網の中へ入る。

・後ろから素早く、網でかぶせる。

・ビニール袋やふたで密封される入れ物は、中が暑くなりカエルが弱るので使わない。網袋や虫かごに、草や木の葉を湿らせて、中に入れる。

●えさ　小さなケムシ、アブラムシ、カ、ハエ、ミルワームなど。

ザリガニ

一般にザリガニといっているのはアメリカザリガニのことで、名前のとおり、アメリカから移されてきた生物です。もとは、ウシガエルのえさにするために飼われていたものが逃げ出し、日本各地に住みついたものです。なんでも食べ、少しぐらい汚れた水の中でも住めるので、田畑の周りや人家近くのみぞなどでも見つかります。エビの仲間で、イセエビの親類になります。

興味はあるけれども、ハサミが怖くてなかなか近づけないのがザリガニです。

保育者がサッと手を伸ばして、ザリガニをつかんで見せたりすると、子どもたちから尊敬のまなざしで見られます。

●ザリガニって力持ち●

2～3匹いっしょの水槽に入れておくと、けんかをします。それを見つけた子の中には、

「やめろ！やめなさい!!」

と本気でザリガニの仲裁に入る子もいれば、ザリガニの動きの素早さ、けんかのすさまじさにあっけにとられる子もいます。

ときには子どもたちを集めて、こんな遊びをしてみましょう。

割りばしを用意して、ハサミで割ばしをはさませます。割りばしを持ちあげるとザリガニもいっしょに持ち上がります。

「わあ！ザリガニって力持ちだね」

などと大喜びします。

また、この方法だと、子どもたちもあまり怖がらずにザリガニをつり上げることができます。

●触れ合いのポイント●

- さわりたがっている子には、ザリガニのつかみ方を教えてやりましょう。はさまれると、大人でもがまんできないような痛さですが、一度はさまれると、二度目からは細心の注意を払ってつかむようになります。
- ザリガニに関する絵本や紙芝居があったら見て、理解を深めるようにしましょう。

くらし

〈春〉 サクラが咲くころ、土中が暖かくなり、目をさます。

〈夏〉 水が少なくなると、熱くなりすぎるのでザリガニは岩の下に逃げる。

〈秋〉 水が冷たくなると、あまり動かなくなり、物陰にかくれる。

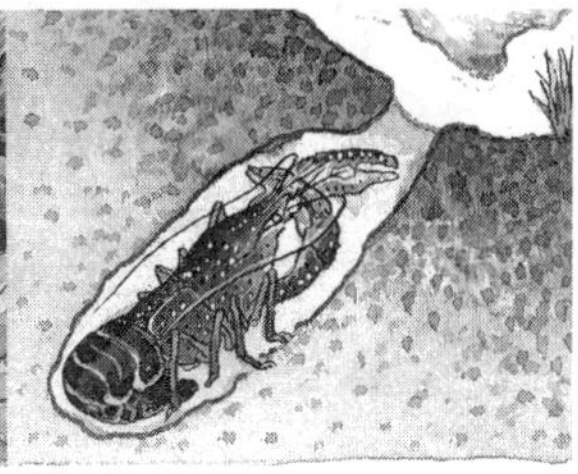

〈冬〉秋の終わりごろから春の始めまで冬越しをする。

つかまえ方

●ザリガニつり

・たこ糸の下にクギや石などを結び、おもりにする。えさはめざし、するめ、ちくわなどがよいが、鶏肉の皮など生のえさがよくつれる。

・大きいものと小さいものと、別々に入れる。

・池の周りは、すべりやすく、草がかぶさったりしているので、安全には十分に留意する。

飼い方

●オス・メスの見分け方

オス	メス
〈はさみ〉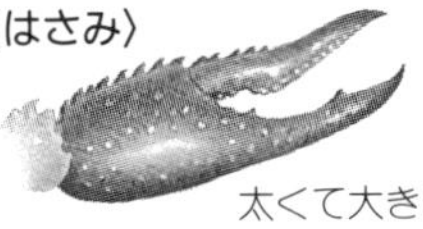太くて大きい。	〈はさみ〉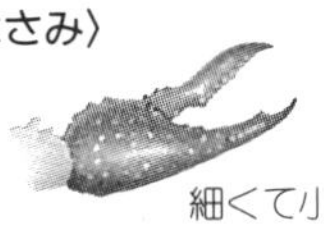細くて小さい。
〈はら〉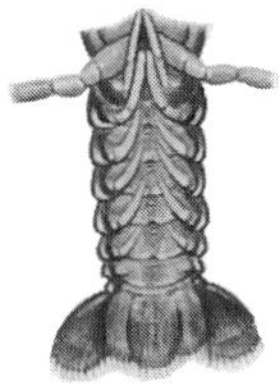・はら足が少ない。	〈はら〉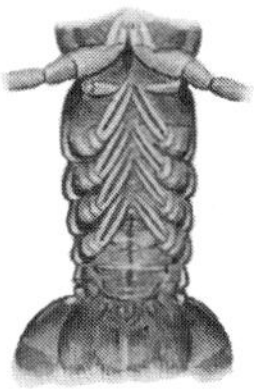・はら足が多い。

・胸の部分を上からそっとつかむようにすると、はさまれない。

・どんな入れ物でもよいが、できるだけ広いもののほうが飼育しやすい。何びきも入れて飼うとけんかをするので、たくさん入れない。

水をたくさん入れるときは、エアレーションをする。
石や植木鉢を入れ、かくれる場所を作る。
ぬいだ殻は、後で食べるので、そのままにしておく。

●**えさ**　魚（頭など）、煮干し、野菜、貝、ペレット（市販のえさ）

メダカ

メダカは、北海道を除く日本各地の池や流れのゆるやかな小川などに住んでいます。冬季間は温かい所や草がかぶさった下などにかくれて冬越しをしていますが、暖かくなると岸辺や浅いところで、群をつくって泳ぎます。口が上を向いているので、水に落ちたり、流されてくる小さな昆虫や、ミジンコなどの小さな生き物を食べています。

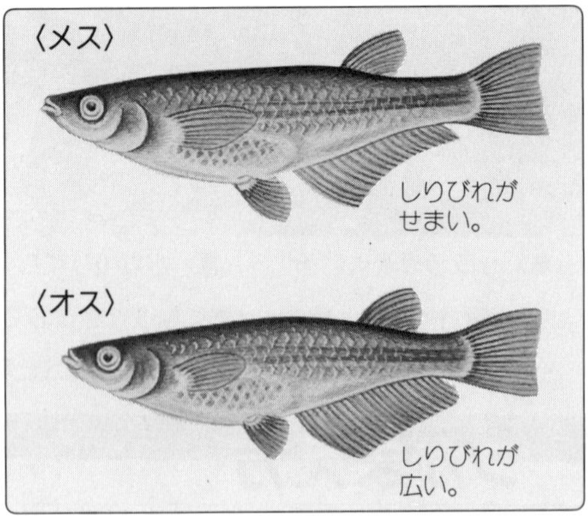
〈メス〉
しりびれがせまい。
〈オス〉
しりびれが広い。
【オス・メスはここで見分ける】

〝めだかのがっこうは　かわのなか……〟の歌は知っていても、本物のメダカをよく見たことのない子もたくさんいます。園庭の池や水槽から、数匹借りてきて、じっくり観察してみましょう。

●お魚の赤ちゃん？●

池や水槽の水といっしょにメダカを飼育箱に入れて泳がせます。１～２時間とはいえ、小石や水草もあるとよいでしょう。

「先生、メダカはお魚の赤ちゃん？」

「いつ大きくなるの？」

と、聞いてくる子もいます。

網ですくって見せながら、

「メダカさんは、これで大人です。魚の中で、いちばん小さいんだって。だから、メダカの赤ちゃんは、もっともっと小さいの」

こんな話をします。

泳ぐ姿を見たり、えさも少しやってみます。ただし、えさをやりすぎると、水が腐ってメダカが死んでしまうことも教えましょう。

最後に、メダカの赤ちゃんが生まれたら、またみんなで見合うことを約束して、もとの池や水槽に戻してあげます。

●触れ合いのポイント●

- 小さな生き物をいたわる気持ちを育てたいものです。もとに戻すときに、「メダカさんありがとう。げんきでね」などと言葉を添えてやりましょう。
- 池や水槽にいるメダカも、ときどきのぞいて見るようにします。『めだかのがっこう』の歌声も、きっとやさしい声になることでしょう。

いつ大きく
なるの？
先生. メダカは
お魚の赤ちゃん？

くらしと観察

・卵をぶら下げたメスは、水草などの間を泳ぎながら、卵を水草に産みつける。

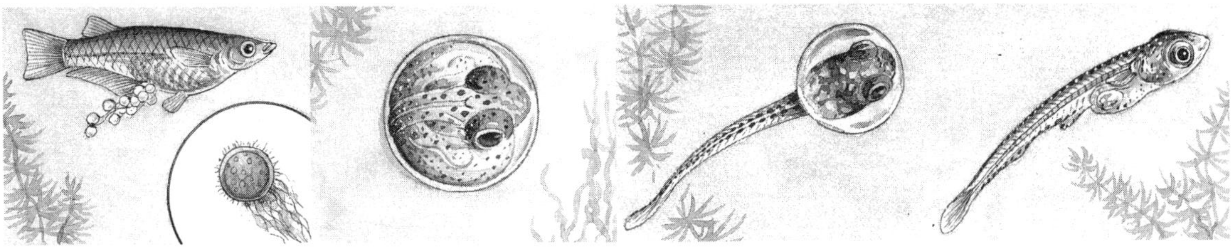

▲卵をぶら下げるメス　▲卵の中の子ども　▲卵から出ようとする　▲生まれて５日目

とり方・持ち帰り方

山や海、川などに遊びに行って、草花や生息している生き物をむやみに持ち帰るより、その場でよく観察することがいちばん大切で、知る楽しみにもつながる。子どもたちが持ち帰りを強く希望したときは、自分たちで世話ができる数におさえるようにし､それが"自然"と友達になる第一歩であることを知らせる。

●持ち帰りの入れ物

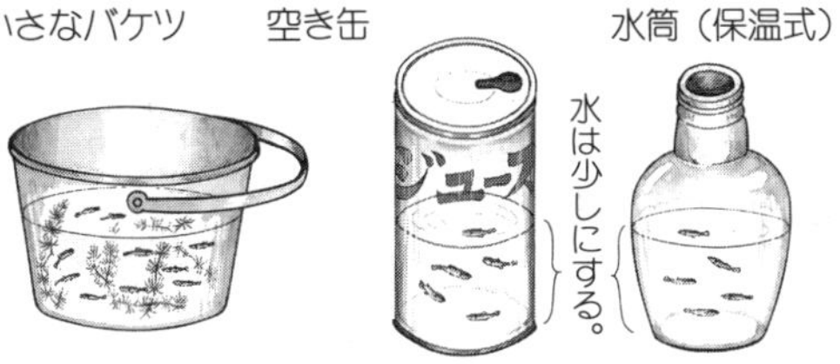
小さなバケツ
空き缶
水筒（保温式）
ジュース
水は少しにする。

●メダカをとろう

・メダカが逃げても、網をしずめておくと、やがてまた戻ってくる。メダカが網の上を通ったら、網を上げてすくいとる。

・浅い川で網を持っていないときは、２人でタオルやハンカチを持ってしずめ、メダカが通ったら持ち上げてとる。

飼い方

メダカが小さいからといって、小さな水槽に入れたり、たくさん入れすぎないように注意する。口がせまくて深いものより、浅くて広い入れ物のほうがよい。見ていて、メダカがちょっと少なすぎる感じでちょうどよい。中に水草や少し大きめの石などを入れてやると、物陰ができて、メダカが安心する。

●えさ　ミジンコ、ボウフラ、イトミミズ、買ったえさを細かくする。

- 明るい場所か、午前中日の当たる場所に置く。
- 豆腐、肉、魚、野菜など、みんなが食べているものを小さくかんでやってもよい。

フィルターの綿は、1週間くらいで洗う。
残ったえさは、取り除く。
石や水草を入れる。
洗った砂を入れる。

カタツムリ

カタツムリは、海に住むサザエや池に住むタニシと同じ貝の仲間です。大昔は水の中に住んでいたので、陸の上で住むようになっても、雨の日が大好きです。やわらかい草や木の葉、枯れた木の皮などを食べて暮らします。

5月から6月にかけて雨の多いころはよく見かけますが、夏になると殻の口に膜をはり、木の葉の陰の部分などで眠ります。

【クチベニマイマイとアジサイ】

カタツムリに、逃げられたり、かまれたりすることはありませんから、3歳児クラスでも飼育できます。

少し大きめの飼育箱を選び、2～3週間、大切に飼ってみましょう。

●大発見の連続●

「わぁ、すごい！カタツムリが壁を伝わって、こんなところまで来ている。みんな見て！」

保育者の言葉かけで集まってきた子どもの中から、いろんな反応が出てきます。

「ここ線がついている」

「くっついてる」

「のびたよ」

「つのが動いている、ほら！」

言葉として出てこない子もいますが、じっと真剣なまなざしでのぞいています。

少し慣れたら、保育者が手のひらに乗せて、子どもたちに見せてやりましょう。

体を触ると殻の中に入っていまい、つのを触るとつのを引っ込めてまた出します。触れる子には手のひらに乗せてやりましょう。乗せてもらったものの、ぬるぬるして気持ち悪がる子もいます。

●触れ合いのポイント●

- 子どもたちの興味や関心を大切にしますが、カタツムリは弱い動物で、おもちゃのように扱うと、すぐに弱って死んでしまうことを伝えましょう。
- ひととおりの体験ができたら、また自然の中へ戻してやりましょう。

くらしと観察

ほとんどの動物はオスとメスに分かれているが、カタツムリは雌雄同体で、交尾した2ひきは、約2週間で両方とも卵を産む。

▲カタツムリの交尾

▲産卵

▲生まれたときから殻がついている

交尾後のカタツムリは、いつもと同じように食べたり休んだりしているが、やがて木からおりてきて、やわらかいところを探し、頭のほうの足でゆっくり穴を掘る。卵は、首の横のあたりの穴から20〜60個産むが、1個の卵を産むのに10〜20分もかかる。

とり方・持ち帰り方

●持ち帰り方

カタツムリは昼はかくれているので、薄暗い場所や草や木の茂った場所を探す。カタツムリを見つけたらそっと殻を持ってとり、網の袋や虫かご、紙箱などに入れて持ち帰る。

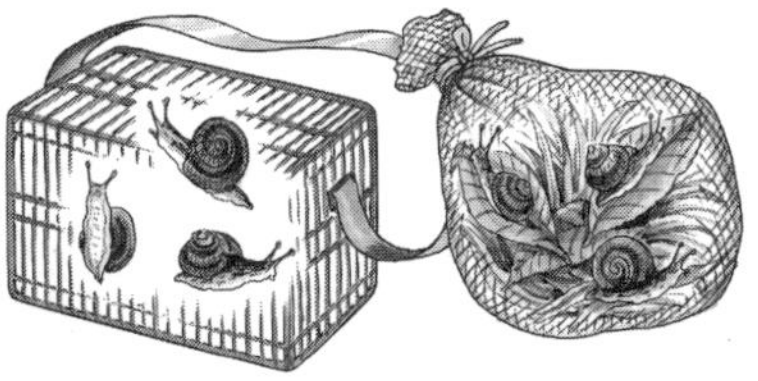

▼触った後は必ず手を洗う。

飼い方

•日の当たる場所、クーラーの風の当たる場所に置かない。

周りが汚れたら、きれいにふき取る。
えさ入れは、いつもきれいに洗う。
1週間に1度は、中を全部きれいに掃除する。
かくれる場所を作ってやる。
えさはいつも新しいものをやる。

●えさ　リンゴ、キュウリ、カボチャ、ニンジンなど。

▲やすりのような歯でけずって食べる。

カタツムリは、湿った場所が大好きだが、あまりびしょびしょにすると弱ったり、死んだりする。土は湿らせても、中の空気がこもらないように、目の荒いふたをする。ガラスが汚れたらふいたり、食べ残したえさは新しいものに取り替えたりして、いつもきれいにしてやる。

カブトムシ

カブトムシは、甲虫《こうちゅう》の仲間ではいちばん大きく、山奥よりも人家の周りの林に多くいます。これは、幼虫が畑の肥料用に腐らせたワラや落ち葉を食べるためです。また、成虫のえさは樹液ですので、クヌギ、コナラ、アベマキなどの雑木林に住んでいます。夕方から夜明けにかけて食事をするので、早起きして樹液の出ている木を見て回ると、出会えます。

▲飛ぼうとしているカブトムシ

カブトムシがクラスの仲間入りした日は、子どもたちも大喜びです。なかなか飼育箱から離れようとしない子もいます。

●最初の出会いを大切に●

カブトムシと子どもたちを出会わせた初日には、こんな工夫をしてみましょう。

子どもたちが登園してくる前に、カブトムシの入った飼育箱を保育室のピアノの上などに置いておきます。そして、中が見えないように適当な布地や包装紙をかけておきます。

登園してきて気づく子がいたら、「後のお楽しみ」と言って、朝の活動や自由遊びの時間を過ごします。思いきり遊んで、子どもたちが落ち着いた時間に、飼育箱をおもむろに取り出します。

「今日は、とってもいいニュースがあります。今日から新しい友達が○○組さんに仲間入りです。この中にいます。だれでしょう……」

と、期待を持たせながら紹介します。

歓声があがって、しばらくはワイワイ、ガヤガヤといろんな反応が出ますので、だまって見守ります。興奮がやや覚めたところで、飼育のしかたや注意などを話してやりましょう。

●触れ合いのポイント●

・最近は自然破壊で、カブトムシの住む場所がなくなり、だんだんと生息している数が少なくなっていることを話してやりましょう。

・えさは、自分たちが昼食を食べる前にやるなどと決めておくと、忘れずにいつも関心を持っていられます。

くらしと観察

●カブトムシの一生

▼夏の終わり
▲秋～冬～春
▲夏のはじめ
▼夏
▲夏

カブトムシは、卵から成虫になるまで1年かかる。夏の終わりに産まれた卵は冬には大きな幼虫になり、そのまま冬越しをし、春の終わりごろ土の中に部屋をつくり、夏にさなぎから成虫になる。

飼い方

・一つの入れ物にあまり多く入れると、けんかをする。力が強いので、じょうぶなふたをし、重いものを乗せるか、テープでとめる。日の当たる場所やクーラーの風の当たる場所には置かない。

・腐葉土の作り方は、落ち葉、ワラ、古い畳などを湿らせ、半年から1年ぐらい置いておく。シイタケ用の古い木をもらって細かくくだいてもよい。ないときは園芸店で腐葉土を買い、湿らせてから使う。

●えさ　リンゴ、バナナ、ナシ、スイカ、蜂蜜や黒砂糖を水で薄めてガーゼや布にしみこませる。

●カブトムシは昼間は眠っていて、夜、活動する。

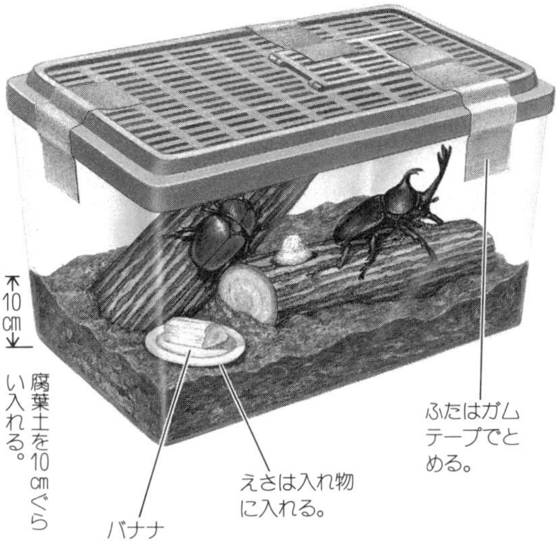
10㎝
腐葉土を10㎝ぐらい入れる。
ふたはガムテープでとめる。
えさは入れ物に入れる。
バナナ

卵の産ませ方

オス1ぴきにメス2ひきを入れ、できるだけたくさんの腐葉土を用意する。オスは死んでもメスは生き残って卵を産むので、えさを忘れずに与える。メスは土にもぐって卵を産みつけ、夏の終わりに死ぬ。

卵を産ませる飼育を始めてから2週間ぐらいしたら卵を取り出し、腐葉土を入れたシャーレの上に乗せ、ときどき霧吹きで水をかけて湿らせる。10日ぐらいたつとふ化する。

オス1匹、メス2匹を入れる。

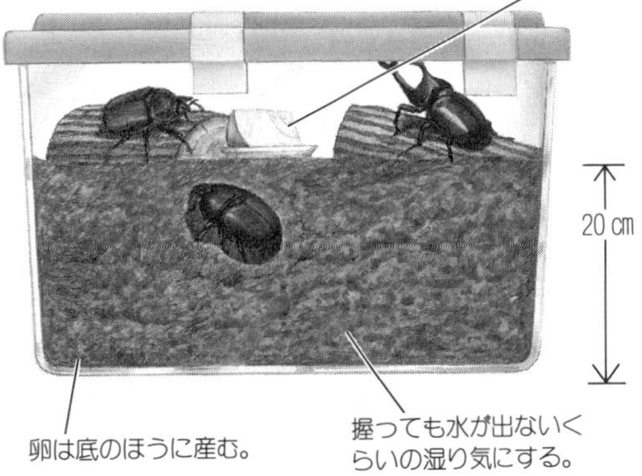
リンゴ
20㎝
卵は底のほうに産む。
握っても水が出ないくらいの湿り気にする。

●腐葉土を20㎝ぐらい入れる。

クサガメ

クサガメは、池や川に住み、ザリガニ、弱った魚、水の中に住む昆虫などなんでも食べます。メスは夏ごろ水辺近くの土に穴を掘り、5～6個の卵を産みます。3か月ぐらいで子ガメが生まれます。カメは日なたぼっこが大好きで、天気がよければ水から出て日なたぼっこをしますが、人の足音で水の中に逃げこんでしまいます。少し遠くから、そっと観察してみましょう。

天気のよい日、カメが気持ちよさそうにこうら干しをしている姿を、子どもたちといっしょに、そっとのぞいてみましょう。

●カメに触ってみよう●

飼育しているタライを囲んで、じっくりカメのようすを見てみます。じっとしていて、なかなか動きません。しばらく見たら、保育者がカメの頭にちょっと触ってみましょう。

「頭が引っ込んだ」

「手も少し引っ込んだ」

初めて経験した子は、驚きの表情です。

今度は、そっとこうらを持って持ち上げると、首も手も足も尾もみんなこうらの中に引っ込めます。経験のある子や興味のある子には、やってみるように促してみましょう。

「引っ込んだ」

「また出てきたよ」

「ぼくもやる！」

話が弾みます。何回かのうちに、えさもやってみましょう。大きな口を開けて、煮干しやミミズをパクリと食べてしまう姿に大喜びします。

●触れ合いのポイント●

・煮干しを食べさせるには、水につけておいて、やわらかくしてやるとよく食べます。手をかまれないように甲らや尾を持ってやりましょう。

・カメの歩く姿を見ることができたら、みんなでカメ歩きをしながら遊んでみましょう。

・『うさぎとカメ』のお話をして、カメのことについて知っていることを話し合ってみるのもよいでしょう。

くらしと観察

・カメ、ヘビ、トカゲの仲間は、寒くなると体も冷たくなり、気温が15℃以下になると冬眠する。クサガメは、冬眠の間は死んだようになっていて空気を吸わなくてもいいので、池や川の深いところや、岸辺の穴の中などにもぐりこむ。

水の中
土の中

●たいていは水の中で冬越しをしているが、ときには土の中でも眠る。

・春になって、水底や土の中まで暖かさが伝わると、冬眠していたカメは目をさまし、はい出してくる。

▲目をさましたカメ

▲池に向かうカメ

【オス・メスの見分け方】

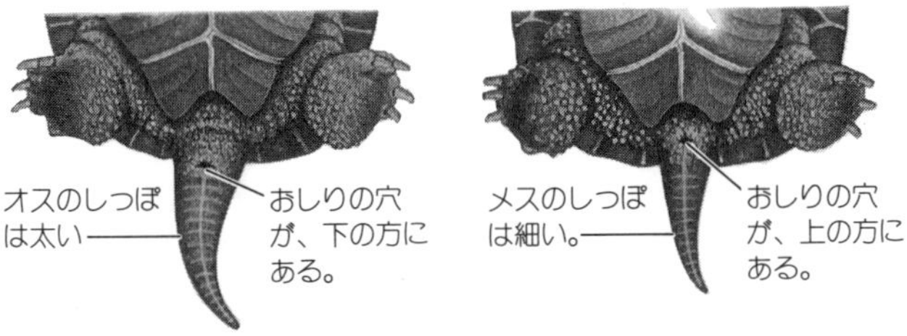
オスのしっぽは太い
おしりの穴が、下の方にある。
メスのしっぽは細い。
おしりの穴が、上の方にある。

・カメは、かたい甲らとうろこ、強いつめを持っていて、手足、頭、尾を甲らの中に引っこめることができる。甲らは丸くなっているので、ひっくり返るとなかなか起き上がれないが、首を長く伸ばし、頭を使って起き上がる。

飼い方

・カメは鋭いくちばしを持っている。大きなカメはかむ力も強いので、慣れているカメでも指をかまれないように注意する。

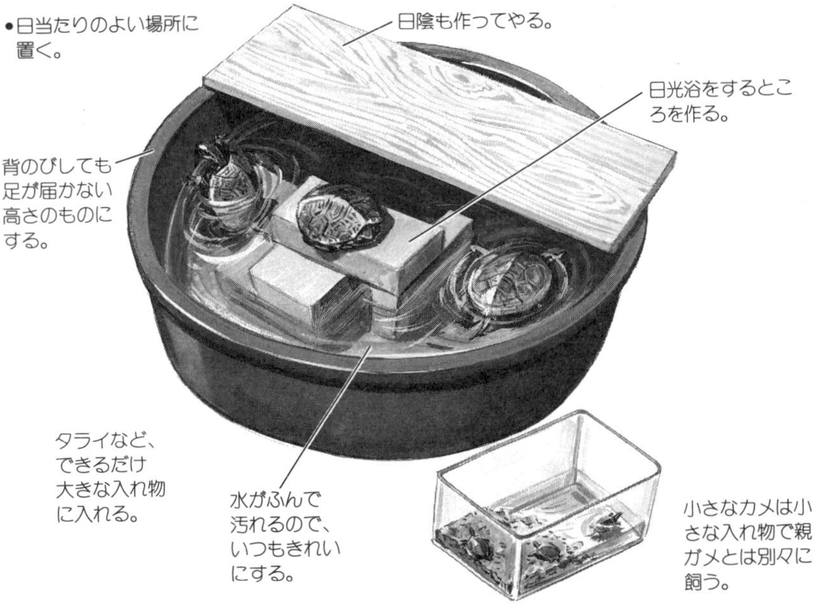
●日当たりのよい場所に置く。
日陰も作ってやる。
日光浴をするところを作る。
背のびしても足が届かない高さのものにする。
タライなど、できるだけ大きな入れ物に入れる。
水がふんで汚れるので、いつもきれいにする。
小さなカメは小さな入れ物で親ガメとは別々に飼う。

●えさ　ミミズ、リンゴ、バナナ、野菜、肉、ペレット（市販のえさ）など。

・なんでも食べるので、いつも園で食べているものを与えてもよい。

スズムシ

スズムシは､昔から秋に鳴く虫として親しまれ､自然の中では草が茂っており、少し湿った場所に住んでいます。

飼うときは、きちんとえさをやったり、掃除をしたりして、毎日見てやることが大切です。できれば観察したことを、ノートなどに記録していきましょう。

子どもたちが直接飼育するのがむずかしくても、かかわりを持たせたい生き物はたくさんあります。スズムシもその一つです。

年長児や保育者が世話をするようすやスズムシが成長する姿を見ながら、興味や関心を持つようにします。やがて、年長になってからの飼育に期待を寄せるようにもなるでしょう。

●この小さい虫なーに？●

ふ化したばかりのスズムシは小さくて、よく見ないと気づかないほどです。

「よーく見て、ほら小さな虫がたくさんいるでしょう」保育者のこんな問いかけに対して、さまざまな反応が返ってきます。

「見えない」「いた、いた。いっぱい」「この小さい虫なーに？」

「夏の終わりから秋ごろ、リーン、リーン、ときれいな音を聞かせてくれるスズムシよ。年長組さんが、毎日えさをやったり、お水をシュッシュッて霧にしてかけて、お世話をしてくれているんです」

こんなやりとりからスタートして、折に触れて見るようにします。

●触れ合いのポイント●

- 世話をしてくれている年長児の姿もいっしょに見る機会を作るとよいでしょう。小さな生き物に細心の注意を払っているようすがわかります。
- えさの種類やどのような状態で置かれているのか知るようにします。
- 夜だけでなく、日中でも薄暗い場所に置くと、鳴いているときがあります。静かに音色を楽しみましょう。

くらしと観察

・脱皮を繰り返しながら成長し、７回めの脱皮で成虫になる。

月	1	2	3	4	5	6	7	8	9	10	11	12
	春の終わりにふ化する 					皮を脱いで大きくなる 		親になる 			卵で冬越し 	
	冬		春			夏			秋			冬

飼い方ー成虫の世話

・土を少し湿らせる。登れるようにかまぼこ板を立てたり、かくれ場所になるものを入れ、草などを植える。えさは直接土の上に置かない。たくさん飼うと長生きしないので、少なめに飼う。

●**えさ**　けずりぶし、煮干し、ナス、リンゴ。

・えさは、入れ物に入れるか、竹串にさして与える。

•日の当たる場所や、クーラーの風の当たる場所には置かない。

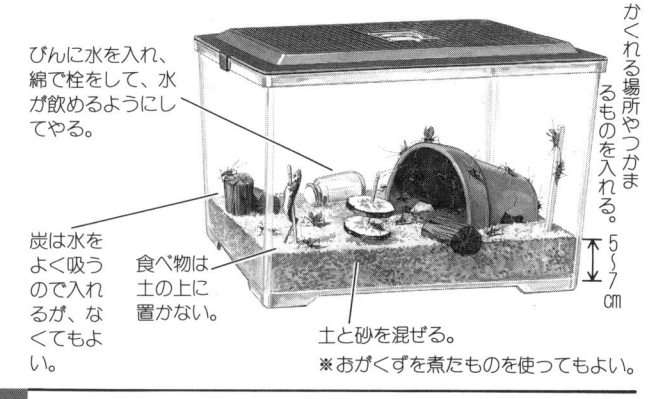

かくれる場所やつかまるものを入れる。
びんに水を入れ、綿で栓をして、水が飲めるようにしてやる。
5〜7cm
炭は水をよく吸うので入れるが、なくてもよい。
食べ物は土の上に置かない。
土と砂を混ぜる。
※おがくずを煮たものを使ってもよい。

飼い方ー卵の世話

メスが全部死んだら、きれいに掃除をする。土を湿らせてビニールでふたをし、寒くて日の当たらない場所に置く。秋から春まで卵のままなので、別の小さな入れ物に卵と土を移しておいてもよい。土が乾くと卵が死んでしまうので、月に１回ぐらいは湿り具合いを調べる。

•日の当たらない寒い場所に置く。

• オスもメスも死んだら、土の上をきれいに掃除して、平らにならしておく。

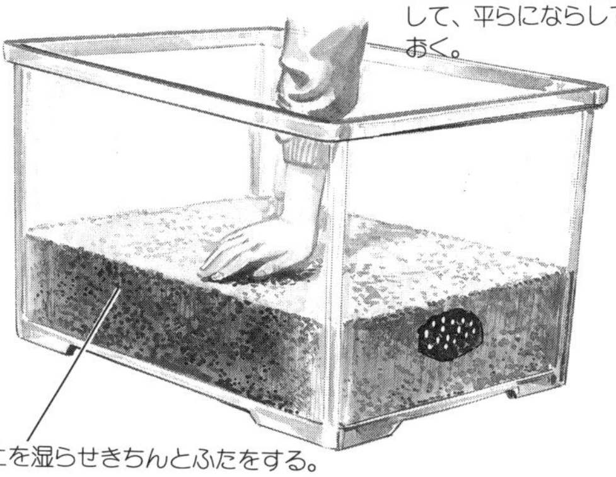
土を湿らせきちんとふたをする。

【オス・メスの見分け方】

▼オスは羽が大きくて鳴く　▼メスは卵を産む管《くだ》がある

【つかまえ方】

体がやわらかいので、つまんだりしない。コップの中に追いこんでから入れ物に移す。

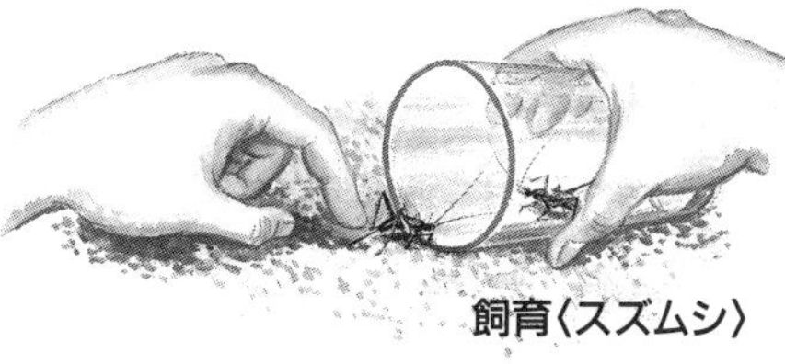

ウサギ

ウサギは、長くて大きな耳と、用心深くあたりを見回すパッチリとした目をしています。前足に比べて後ろ足が長くて力も強く、ぴょんぴょんとはねるように走り、後ろ足だけで立ち上がることもできます。
カイウサギは、土の中に穴を掘って暮らしていたアナウサギを飼い慣らしたもので、今でも穴を掘るのがじょうずです。

幼児にとって最も親しみの持てる動物の一つです。新学期、かわいい子ウサギと遊べるように計画するとよいでしょう。

●ウサギさん、お友達になろうね●

新しい環境になじめず不安で泣いている子も、ちょっとしたことがきっかけで安定することがあります。
「園にかわいいウサギの赤ちゃん、生まれたのよ。見に行きましょうか」
と、ウサギの飼育場まで出かけてみましょう。
「ほら、かわいい子ウサギさんいるでしょう。ウサギさん、みどり組のともくんですよ。お友達になってね」
こんな言葉かけから始めて、徐々に心を開いていくようにします。
泣いていた子から、
「あのね、ともくん、動物園でも見たことあるよ……」
ポツリとこんな言葉が聞けたらしめたものです。

●触れ合いのポイント●

・保育者がウサギを抱きかかえて、子どもたちに頭や背をやさしくなでさせてみましょう。やわらかい毛にやさしく接すると、おとなしく気持ちよさそうにしていることなどがわかり、一層親しみが持てます。
・一見おとなしそうに感じますが、大声に驚いたりすると急に跳び出して、足でけられたり、えさをやる際に指をかまれたりして、大きな事故になることがあります。十分に注意を払いましょう。

くらしと観察

▲前歯は長く鋭い。一生伸び続ける。

▲穴掘りが得意。

▲後ろ足ではねるように走る。

●野山に住むのは別のウサギ●

（夏）　（冬）

野山に住むノウサギは、カイウサギよりも足が長く、素早く走り回る。草色の毛だが、北に住むものは冬になると白い毛に変わる。

●抱き方●

耳は大切なところなので、耳だけをつかんでぶら下げない。

落とさないように、座って、やさしく抱いてやる。

飼い方

●**えさ**　ニンジン、トウモロコシ、サツマイモ、ハクサイ、タンポポ、クローバー、パン、おから、ペレットなど。

- 小屋を置く場所は雨の降りこまない、犬や猫の来ない所、夏は涼しい日陰、冬は風の吹きこまない日当たりのよい所がよい。

上に開くようにすると便利。
板で目かくしをする。
びんにきれいな水をたっぷり入れておく。
湿気が上がらないように、間をあける。
金網はふんは落ちるが、足は落ちないくらいの網の目のものがよい。
ふん尿受け。

・キツネやワシにねらわれる弱い動物なので、土の中の穴にかくれて暮らしていた。ふんや尿が多く、小屋が汚れると、湿気やカビのために病気にかかりやすくなるので、毎日きれいに掃除をする。

・なるべく広い小屋で、少ない数でゆったりと暮らせるようにする。

・えさは1日に2回与え、食べ残しはすぐに片づける。野菜を大きく切って与えるが、ネギ、ホウレンソウ、ショウガなどは与えない。

・前歯が伸び続けるので、木切れなどのかたいものを入れる。

・ときどき小屋から出して、十分に遊ばせる。

・耳やおしりが汚れているときは病気なので、毎日注意して見る。

執筆者一覧

（敬称略）

［監　修］

創造保育研究会代表　阿部　恵

［執　筆］

阿部　　恵　　芦川　浩之　　芦川　律子　　飯塚喜代美
大里　尚美　　大澤　規子　　森　　早苗

（撮影協力）
栃木県那須町・那須みふじ幼稚園
東京都江東区・東砂幼稚園
東京都多摩市・おだ学園幼稚園
大阪市・育徳園保育所
神奈川県小田原市・小田原愛児園

［レイアウト・デザイン］

表紙　DOM DOM　　口絵　生駒弘子　　本文・目次　アキデザイン

［写真・イラスト］

写真	伊藤ふくお	今森　光彦	樫原　　歩
	佐々木幸一	牧野　公夫	渡部　　洋
表紙イラスト	川壁　裕子		
本文イラスト	太田　恵美	大竹　昌夫	大森さやか
	川壁　裕子	菊地　清美	栗原　　清
	小出　信子	塩田　守男	柴田亜樹子
	末崎　茂樹	たじまじろう	寺田　　繁
	畠山　恭子	林　　正巳	安井　敬造
	山崎　錬三		
編集スタッフ	大西　隆道	安藤　憲志	
	小川　千明	大橋久美子	樽井千鶴子

年齢別保育資料②　**3歳児の保育資料12か月**　©1991

1991年7月　初版発行
1997年1月　9版発行

Printed in Japan

監修者　阿部　恵
発行人　岡本　健
企画編集　吉森正憲・図師伸幸・平野　彰
編集人　斎藤　明彦
発行所　ひかりのくに株式会社
印刷所　図書印刷株式会社

〒543　大阪市天王寺区上本町3-2　郵便振替00920-2-118855
TEL（06）768-1151（代表）
〒175　東京都板橋区高島平6-1-1　郵便振替00150-0-30666
TEL（03）3979-3111（代表）

〒532　大阪市淀川区西中島5-14-10（大阪営業所）
〒108　東京都港区高輪1-3-13（本社）

ISBN4-564-60591-7　C3337　JASRAC出9013822-609